A CURA DI LUCA STEFANO CRISTINI

AL SERVIZIO DEL REICH
LE MEMORIE DEL FELDMARESCIALLO KEITEL

NOTE EDITORIALI

Tutto il contenuto dei nostri libri, in qualsiasi forma prodotti (cartacei, elettronici o altro) quando non diversamente specificato è copyright soldiershop.com. I diritti di traduzione, riproduzione, memorizzazione con qualsiasi mezzo, digitale, fotografico, fotocopie ecc. Sono riservati per tutti i Paesi. Nessuna delle immagini presenti nei nostri libri può essere riprodotta senza il permesso scritto di soldiershop.com. L'Editore rimane a disposizione degli eventuali aventi diritto per tutte le fonti iconografiche dubbie o non identificate. I marchi Soldiershop Publishing, Bookmoon, Museum s e relative collane sono di proprietà di soldiershop.com o Luca Cristini Editore; di conseguenza qualsiasi uso esterno non è consentito.

PUBLISHING'S NOTES

None of unpublished images or text of our book may be reproduced in any format without the expressed written permission of Soldiershop.com when not indicate as marked with license creative commons 3.0 or 4.0. Soldiershop Publishing has made every reasonable effort to locate, contact and acknowledge rights holders and to correctly apply terms and conditions to Content. In the event that any Content infringes your rights or the rights of any third parties, or Content is not properly identified or acknowledged we would like to hear from you so we may make any necessary alterations. In this event contact: info@soldiershop.com. Our trademark: Soldiershop Publishing ©, The names of our series & brand: Museum book, Bookmoon, Soldiers&Weapons, Battlefield, War in colour, Historical Biographies, Darwin's view, Fabula, Altrastoria, Italia Storica Ebook, Witness To History, Soldiers, Weapons & Uniforms, Storia etc. are herein © by Soldiershop.com.

LICENSES COMMONS

This book may utilize part of material marked with license creative commons 3.0 or 4.0 (CC BY 4.0), (CC BY-ND 4.0), (CC BY-SA 4.0) or (CCO 1.0). We give appropriate attribution credit and indicate if change were made in the acknowledgements field. All our books utilize only fonts licensed under the SIL Open Font License or other free use license.

NOTE ALL'EDIZIONE ITALIANA

Tutte le immagini fotografiche usate nel testo sono di pubblico dominio e provengono in gran parte dagli US. Archiv, dall'Harry S.truman Library & Museum, dal U.S.Army Signal Corps che riportano la chiara dicitura: *"Public Domain - This item is in the public domain and can be used freely without further permission."* Da Wiki commons e Bundesarchiv con la licenza di tipo CC-1/3. La colorazione delle stesse è avvenuta integralmente da parte del curatore. Tutte le tavole a colori si unfirmo militari sono opera di Enrico Ricciardi. Le mappe militari con licenza cc di Wikipedia meno la mappa di berlino cirata da Enrico Ricciardi e dall'autore.

La parte testuale è stata tradotta dal curatore utilizzando testo solo relativo alla stesura delle memorie Keitel, in tedesco e altre lingue per confronto ed escludendo qualsivoglia capitolo, prefazioni o appendici scritte da altri. Keitel come è noto mori nell'ottobre del 1946, e da noi pubblicato nel 2025 ben oltre i 70 anni dalla sua morte che sono scaduti nel 2016. Quindi le sue memorie sono nel pubblico dominio da quasi dieci anni oramai.

AL SERVIZIO DEL REICH - Le memorie del Feldmaresciallo Keitel A cura di Luca Stefano Cristini
ISBN code: 9791255892410 Prima edizione Maggio 2025 Code.: **SPS-108**
Traduzione, revisione, nuovi capitoli aggiunti scritti e curati da Luca Stefano Cristini
Cover & Art Design: Luca S. Cristini
STORIA is a trademark of Luca Cristini Editore, via Orio 35/4 - 24050 Zanica (BG) ITALY. www.soldiershop.com

AL SERVIZIO DEL REICH

LE MEMORIE DEL FELDMARESCIALLO KEITEL

A CURA DI LUCA STEFANO CRISTINI

▲ Il Feldmaresciallo Wilhelm Keitel in foto propagandistica settembre 1942. Courtesy by Europeana and Austrian national Library. Colorazione autore

PREFAZIONE

WILHELM KEITEL IL MANCATO CONTADINO SASSONE

Wilhelm Bodewin Johann Gustav Keitel nasce il 22 settembre 1882 a Helmscherode, un piccolo sperduto villaggio di contadini nella bassa Sassonia in Germania, 80 km a sud di Hannover. Qui il nonno aveva acquistato, nell'allora ducato di Brunswick, una grande tenuta agricola; i Keitel erano proprietari terrieri da generazioni, originari appunto di Hannover. La famiglia non vedeva di buon occhio il mondo militare, tanto che il padre del futuro feldmaresciallo, Karl, da giovane si arruolò negli ussari prussiani, e per questo in famiglia gli fu proibito di rimettere piede a casa!
Il futuro capo dell'OKW aveva il profilo perfetto dello Junker tedesco: alto biondo, prestante e a volte con il monocolo... in realtà era lontano anni luce da quel mondo.
Qui a Helmscherode contavano i cavalli, il frumento e le patate, e pareva proprio che anche al giovane Wilhelm non interessasse altro. E anche più tardi, diventato un generale fatto, più volte Keitel avrebbe cullato l'idea di abbandonare la vita militare, per tornare ad amministrare e organizzare la sua fattoria in Sassonia. Ma da un lato il dovere, cui dava una forte importanza etica e morale, unito alla influenza della sua ambiziosa e volitiva moglie, che gli diede tre maschi e tre femmine, lo strapparono dal suo destino. Complicazioni sorte col padre alla fine decisero il suo futuro giovanile e lo buttarono nelle braccia dell'esercito.
Dopo aver completato gli studi al ginnasio della vicina Gottinga, intraprese la carriera militare nel 1901, diventando cadetto ufficiale dell'esercito prussiano. Tuttavia, essendo un borghese, non entrò nella nobile cavalleria, bensì nel 46° Reggimento di Artiglieria Campale della Bassa Sassonia a Wolfenbüttel, servendo come aiutante già dal 1908. Niente nei suoi primi anni da ufficiale lasciava presagire che il giovane Keitel fosse destinato a salire alla posizione più alta nelle forze armate tedesche.
Prima della guerra del 1914, si innamora di una bella e ricca ragazza, Lisa Fontaine, figlia di un benestante proprietario terriero e birraio di Wülfel, vicino Hannover, un uomo fortemente anti-prussiano (come quasi tutti i tedeschi di quella regione, Keitel compresi). Fu una coppia che funzionò bene tutta la vita. Dei figli, una morì per una malattia incurabile, mentre il figlio maschio più giovane morì al fronte in guerra contro la Russia. Il suo primogenito, pure ufficiale dell'esercito, si sposò con la figlia del Generalissimo Blomberg, già ministro della Guerra del Reich!
Keitel iniziò la Grande Guerra col suo reggimento d'origine, ma presto furono notate le sue attitudini organizzative che lo indirizzarono sin da subito in compiti come ufficiale di Stato Maggiore sul Fronte Occidentale, dove partecipò ai combattimenti nelle Fiandre, e dove fu gravemente ferito all'avambraccio destro da un frammento di granata. Dopo una rapida guarigione, fu promosso capitano e nel 1915 assegnato allo Stato Maggiore della 19ª Divisione di Fanteria di Riserva. In seguito, combatté nella Prima Battaglia della Marna, nella Battaglia di Verdun e nella Battaglia di Passchendaele, ricevendo la Croce di Cavaliere di 2ª e 1ª Classe. Venne decorato per un totale di 12 onoreficenze. Insomma, non si fece mancare niente, dimostrando altresì indomito coraggio.
Le sue lettere dell'epoca mostrano però quanto duro fu il colpo per lui questo ruolo nello Stato Maggiore; tendenzialmente umile, sapeva bene di non avere le capacità mentali per questo nuovo lavoro. Quelle di sua moglie, al contrario, mostrano il suo enorme orgoglio per la nomina del marito. Keitel a fine guerra era già un virtuoso nell'amministrazione militare e bellica, e neanche a dirlo, nella conduzione tattica della guerra.
Nel 1918, intanto, con la Germania sconfitta si rifà vivo il richiamo dell'agricoltore. Informa il suocero che ha intenzione di voler dire addio alla professione di ufficiale nel prossimo futuro "per sempre". Probabilmente Lisa non è dell'idea, e in famiglia è lei il Capo di Stato maggiore, e Keitel continua così la carriera militare nella Reichswher.

Keitel iniziò l'incarico come istruttore di tattica presso la Scuola di cavalleria di Hannover, prestando servizio presso il 6° reggimento di artiglieria (prussiano). Dal 1925 al 1927 fu inserito nel Dipartimento per l'organizzazione dell'esercito (T 2) presso l'Ufficio truppe. Nel 1929 fu addirittura promosso a capo del Dipartimento Organizzativo "T-2", che altro non era se non lo stato maggiore mascherato presso il ministero della Difesa del Reich, incarico che mantenne fino a quando il Partito Nazista di Adolf Hitler prese il potere a livello nazionale nel 1933. Nel frattempo fu attivamente coinvolto nel riarmo illegale del piccolo esercito tedesco, al quale Versailles aveva posto dei limiti molto ristretti. Qui ebbe modo di conoscere personaggi che poi incrocerà spesso all'OKW: il generale Adam, il colonnello von Brauchitsch e il Comandante in Capo dell'Esercito nel 1935, Freiherr von Fritsch. E ancora Franz Halder, che lo chiamava ironicamente "cavallo da tiro", dicendo anche che "aveva un esagerato senso del dovere".

In quegli anni, il bel ragazzo biondo e robusto divenne un fumatore accanito e ingrassò notevolmente. La salute di Keitel ne risentì e verso la fine del 1932 ebbe i primi seri problemi: soffrì di un infarto e di una doppia polmonite, seguiti da un lungo soggiorno in un sanatorio sui monti Tatra. Fu forse in quel periodo che considerò nuovamente la possibilità di tornare a fare il contadino e prendere in mano la tenuta di famiglia, soprattutto dopo la morte del padre nella primavera del 1934, ma fu persuaso a rinunciarvi (dalla moglie e dal generale Fritsch) finché gli fu affidato il comando della 22ª Divisione di Fanteria a Brema.

Keitel considerò sempre il periodo trascorso a Brema come uno dei più felici della sua vita. Ma appena un anno dopo, il generale cambiò nuovamente luogo di servizio: dal 1° ottobre 1935 avrebbe assunto l'incarico di capo dell'ufficio della Wehrmacht presso il Ministero della Guerra del Reich.

Come la maggior parte dei cosiddetti buoni cittadini in Germania, la politica lo toccava poco; entrambi i coniugi Keitel sostenevano Hindenburg, che era stato eletto presidente del Reich nel 1925; dopo di lui, sostenevano il cancelliere del Reich Brüning (1931-1932) e infine Franz von Papen, sotto la cui egida l'esercito guadagnò un po' più di respiro.

Nel frattempo, il generale Blomberg si era trasferito al Ministero della Difesa del Reich e scelse proprio Keitel come suo più stretto collaboratore. Il legame comune che univa Keitel e Blomberg nasconde un alone di mistero. Non potevano essere persone più diverse. Blomberg era un individuo brillante e geniale, un intellettuale curioso e appassionato, una grande personalità insomma. Keitel, per contro, era coscienzioso, leale, un esperto eccezionale in quei campi organizzativi in cui aveva dato buona prova di sé. Forse proprio per questo Blomberg lo scelse come aiutante, specialmente in un momento in cui l'espansione dell'esercito era all'ordine del giorno e nessuno aveva rivolto la mano con tanto successo e così intensamente a questo problema come Keitel.

Fu in questi anni che Keitel incontrò per la prima volta Hitler a Bad Reichenhall nel luglio 1933. Ci parlò e ne trasmise una prima impressione che sua moglie poi riportò in una lettera alla madre: «Wilhelm ha parlato a lungo con Hitler, è stato persino a casa sua, ed è pieno di entusiasmo per lui. I suoi occhi brillavano, e come quell'uomo sapeva parlare...!». Strangamente, però, né suo marito né tantomeno Hitler ricordavano questo primo incontro.

Qualche anno ancora e scoppiò il famoso caso Blomberg-Fritsch. In un colpo solo Hitler si liberò di due uomini che potevano essergli di ostacolo nella gestione delle forze armate e scelse proprio Keitel come rappresentante duttile dell'alta gerarchia militare, nominandolo capo dell'OKW, carica che mantenne fino alla fine della guerra. Del resto, poco prima Hitler disse a proposito di Keitel: «Quello è esattamente l'uomo che sto cercando!». Da allora divenne uno dei luogotenenti più leali e fidati di Adolf Hitler e contribuì a dirigere gran parte delle campagne belliche del Terzo Reich.

Ma come era visto il feldmaresciallo dai suoi colleghi in privato? Keitel era generalmente considerato un ufficiale debole, con poca o nessuna esperienza tattica militare. Uno dei suoi soprannomi più usati era «Lakeitel» (in tedesco, la parola «Lakai» significa "lacchè"). La sua servilità nei confronti di Hitler era ben nota nell'esercito, come ricorda lo stesso Albert Speer nelle sue memorie. Quasi tutti i feldmarescialli e i generali lo disprezzavano per essersi assoggettato e appiattito all'influenza di Hitler in maniera totale e per essersi trasformato in breve tempo da un "generale onorevole e rispettabile" in un yes-man impotente che non riusciva a porre nessun freno al suo capo, finendo per consentire, di fatto, a Hitler di controllare l'esercito. Lo stesso Hitler ebbe a dire una volta in modo brutale: «Keitel è un uomo con il cervello di un buttafuori di cinema!». Il feldmaresciallo Paul Ludwig Ewald von Kleist lo definì nient'altro che uno "stupido seguace di Hitler", e molti comandanti ignoravano deliberatamente i suoi ordini, anche se Kleist ammise che, se Hitler avesse scelto un comandante più competente (come lui stesso si riteneva, ad esempio), sarebbe durato solo due settimane. Il generale Ludwig Beck si lamentò del fatto che Keitel fosse incapace di comunicare a Hitler la realtà delle cose e anche lui lo ricordava come un tattico assai scarso. Per sua fortuna, però, Keitel si circondò di collaboratori, su tutti Jodl, che in questo campo lo sopperivano a meraviglia.

È tutto in gran parte vero, tuttavia a sua discolpa va sottolineata una questione non da poco. Avere a che fare con Hitler non era solo difficilissimo, era letteralmente impossibile, e lo dimostrano le carriere relativamente brevi, al netto del reale valore sul campo, di molti generali capaci dell'esercito tedesco. Del resto, la stessa carriera di Keitel era iniziata nel bel mezzo di importanti epurazioni (scandalo Blomberg-Fritsch) e fu un esordio illuminante per lo stesso Keitel, che capì immediatamente come funzionavano le cose al Berghof. Chiunque non sarebbe durato in quella posizione, o avrebbe, come lui, ceduto a tutte le lusinghe e richieste del Führer. In gran parte, Keitel rivestì l'uniforme dell'utile idiota che fece da parafulmine anche per molti dei suoi colleghi detrattori, salvando loro, a volte, vita e carriera.

Nonostante tante infelici considerazioni, durante la Seconda Guerra Mondiale Keitel fu uno dei principali pianificatori delle campagne e delle operazioni della Wehrmacht sui fronti occidentale e orientale. Partecipò a tutte le principali conferenze, dettò i termini della resa francese nel giugno 1940 e firmò tutti gli ordini operativi con la sigla RL (segretario generale), comprese colpevoli direttive che autorizzavano la fucilazione di commissari politici catturati in uniforme e altre direttive che permettevano di detenere civili senza un regolare processo, che finiranno per costituire le accuse più gravi nel processo di Norimberga e che lo portarono alla condanna a morte per impiccagione il 16 ottobre del 1946.

Keitel era presente, sebbene miracolosamente illeso, durante l'esplosione della bomba nel quartier generale di Hitler nell'attentato del 20 luglio. Come riferì Hitler dopo l'esplosione, Keitel si precipitò al suo fianco esclamando: «Mein Führer, siete vivo, siete vivo!». Hitler aggiunse: «Keitel rischiò quasi di morire lui stesso. Ora non mostrerà alcuna pietà», quando si trattò di cercare vendetta. Diresse gli sforzi per riprendere il controllo sui cospiratori e fu membro del "tribunale d'onore" che espulse molti dei congiurati dall'esercito tedesco.

Durante la Battaglia di Berlino nel 1945, Keitel si trovava nel bunker della cancelleria con Hitler. Ordinò contrattacchi per respingere le forze sovietiche e liberare Berlino. Tuttavia, le forze tedesche erano ormai insufficienti per tali azioni. Dopo il suicidio di Hitler il 30 aprile, Keitel rimase membro del fugace governo di Flensburg sotto il grandammiraglio Karl Dönitz. Giunto a Flensburg, Albert Speer dichiarò di aver trovato Keitel che si prosternava davanti a Dönitz nello stesso modo in cui per anni aveva fatto con Hitler. L'8 maggio 1945, Dönitz autorizzò Keitel a firmare una resa incondizionata a Berlino. Sebbene la Germania si fosse arresa agli Alleati il giorno prima, Stalin insistette per una seconda cerimonia di resa a Berlino, e fu proprio Keitel a mettere la sua firma sulla resa e quindi sulla fine della guerra.

Dopo la resa, Keitel fu arrestato insieme al resto del governo di Flensburg. Fu portato a Norimberga al cospetto del Tribunale Militare Internazionale (IMT), che lo accusò di tutti e quattro i capi d'imputazione: cospirazione per aver commesso crimini contro la pace, pianificazione, inizio e conduzione di guerra di aggressione, crimini di guerra e crimini contro l'umanità. Gran parte dell'accusa si basava sulla sua firma presente su decine di ordini che richiedevano l'uccisione o la sparizione di soldati e prigionieri politici. Keitel ammise di sapere che molti degli ordini di Hitler erano illegali. Ad esempio, descrisse il Decreto Notte e Nebbia, che ordinava la sparizione dei combattenti della resistenza nei territori occupati, come "il peggiore di tutti" gli ordini che gli erano stati dati. Tuttavia, la sua difesa si basò quasi interamente sull'argomentazione che stava semplicemente seguendo gli ordini in conformità al "principio del leader" (Führerprinzip) e al suo giuramento di fedeltà personale a Hitler.

Il tribunale, tuttavia, respinse questa difesa e lo condannò per tutte le accuse. Scrisse: «Gli ordini superiori, anche per un soldato, non possono essere considerati come attenuanti quando crimini così scioccanti ed estesi sono stati commessi consapevolmente, spietatamente e senza giustificazione militare». Il 2 ottobre 1945, Keitel scrisse una lettera al colonnello John Harlan Amen, consulente associato per gli Stati Uniti, in cui affermò:

«Nell'esecuzione di questi ingrati e difficili compiti, ho dovuto adempiere al mio dovere sotto le più dure esigenze della guerra, spesso agendo contro la voce interiore della mia coscienza e contro le mie convinzioni. L'adempimento dei compiti urgenti assegnati da Hitler richiese una completa abnegazione.»

Il clima del 1946 era ancora gravido dell'immensa tragedia appena conclusasi, e a Keitel non venne riconosciuta nemmeno la sua richiesta di morire fucilato. Fu infatti giustiziato mediante impiccagione nel carcere di Norimberga. Le sue ultime parole furono: «Invoco Dio Onnipotente affinché abbia misericordia del popolo tedesco. Più di due milioni di soldati tedeschi sono morti per la Patria prima di me. Ora vi raggiungo, figli miei. Tutto per la Germania».

L'esecuzione avvenne il 16 ottobre 1946, quando fu giustiziato insieme ad altre nove persone, come lui condannate a morte, nel carcere di Norimberga. Fu impiccato alle ore 1:19 del mattino sul patibolo numero 2. Non gli si ruppe il collo, e morì quindi soffocato alle ore 1:33 del mattino. Fu una morte piuttosto truce, e come per gli altri fu eseguita dal sergente dell'esercito americano John C. Woods. Le macchie di sangue sul viso nella foto del cadavere di Keitel erano dovute alla botola troppo piccola, che causò a lui e ad altri condannati ferite varie alla testa urtando la botola durante la caduta. Non solo, molti dei nazisti giustiziati caddero dalla forca con una forza insufficiente a spezzare loro il collo, provocando così una macabra agonia per soffocamento che, nel caso di Keitel, durò ben ventiquattro minuti.

Note su questa edizione

Wilhelm Keitel scrisse le sue memorie tra settembre e ottobre del 1946, durante la detenzione a Norimberga, mentre era sottoposto al processo per crimini di guerra. Le redasse esattamente nelle sei settimane precedenti all'impiccagione. Non è specificato con precisione il luogo esatto di detenzione (se in carcere o altrove), né se la stesura fosse iniziata già durante la sua prigionia a Mondorf, in Lussemburgo. Si ritiene però con buona certezza che il testo sia stato redatto mentre si trovava sotto custodia alleata nella città tedesca, sede del Tribunale Militare Internazionale.

Le memorie originali, inizialmente raccolte dall'avvocato e dalla famiglia a partire dal 1961, furono pubblicate postume diversi anni dopo. La prima edizione fu curata dal Prof. Maser con il titolo Mein Leben, arricchita da un'ampia introduzione biografica che ricostruisce la vita di Keitel fino al 1937. Successivamente furono curate dallo storico tedesco Walter Görlitz e tradotte per la prima volta in inglese da David Irving.

Le memorie offrono un resoconto dettagliato del ruolo di Keitel come capo dell'Oberkommando der Wehrmacht (OKW) e delle dinamiche interne al regime nazista. Keitel completò il manoscritto prima della condanna a morte, avvenuta il 16 ottobre 1946.

Dalle informazioni disponibili, non risultano altre opere scritte da Wilhelm Keitel oltre a queste memorie, che rappresentano quindi l'unica raccolta organica di scritti direttamente a lui attribuibili. La nostra edizione è la prima mai pubblicata in Italia. È stata curata, tradotta e redatta da me, con l'aggiunta di commenti personali e una significativa raccolta iconografica, composta sia da fotografie d'epoca che da mappe e immagini a colori. Gran parte del materiale iconografico proviene dalla Harry S. Truman Library & Museum, fornito dagli US National Archives e dal U.S. Army Signal Corps. I materiali riportano chiaramente la dicitura: "Public Domain - This item is in the public domain and can be used freely without further permission." e ancora: "Questo lavoro è di pubblico dominio negli Stati Uniti perché è un lavoro preparato da un ufficiale o da un dipendente del governo degli Stati Uniti come parte delle funzioni ufficiali di quella persona."

Fedelmente agli scritti di Keitel, anche questa edizione italiana offre uno sguardo schietto sulle decisioni strategiche, le macchinazioni politiche e le campagne militari tedesche, dall'annessione dell'Austria fino alla caduta del Terzo Reich, condotte all'interno dell'OKW, di cui Keitel e Hitler furono i principali responsabili.

Dal punto di vista storico, va sottolineato che solo pochi ufficiali furono così direttamente coinvolti nei piani militari di Hitler come lo fu Keitel, in qualità di capo dell'OKW. Egli fu figura chiave nell'orchestrazione di numerose operazioni militari, e le sue memorie costituiscono una delle fonti storiche più rilevanti per comprendere l'origine, lo sviluppo e la conduzione della Seconda guerra mondiale da parte tedesca.

Scrivendo prima della sua esecuzione a Norimberga, Keitel offre un ritratto intimo dello sforzo bellico nazista, rivelando le dinamiche di potere, lealtà e tradimento che caratterizzavano i vertici del regime hitleriano.

Mette bene a fuoco, ad esempio, la rivalità tra l'esercito tedesco e le SS (accentuata da un noto scandalo morale), e l'intenso periodo che precedette lo scoppio della guerra nel 1939. La narrazione di Keitel fornisce una prospettiva unica sulle prime campagne vittoriose, sul logorante conflitto sul fronte orientale e sul crollo finale della Germania nazista.

Il testo originale contiene numerosi elementi di interesse; tra i più sorprendenti, il fatto che Keitel non faccia mai cenno al fatto che i codici segreti redatti con la macchina Enigma fossero già stati compromessi da tempo e praticamente noti ai nemici. Una verità che, negli anni Sessanta, era ancora coperta da segreto militare: i capi di Stato Maggiore britannici e statunitensi, infatti, avevano emesso una direttiva speciale nel settembre 1945 affinché tale informazione rimanesse riservata in perpetuo, per evitare che i tedeschi potessero sostenere di essere stati sconfitti ingiustamente — come dichiararono, in effetti, alcuni dei capi militari tedeschi negli anni successivi.

Infine, una nota riguardo i pensieri di Keitel nei confronti dei loro principali alleati, gli italiani. In tutto il libro essi vengono puntualmente attaccati, non godettero mai della minima simpatia da parte del Feldmaresciallo, e non solo costituivano a volte persino motivo di discussione con Hitler, considerato troppo "amico" di Mussolini, ed incline, secondo lui ad aiutarlo tutte le volte che questo lo richiedeva.

Il vero valore di queste memorie sta nella sua cruda narrazione della confusione morale ed etica che si diffuse nella Germania di Hitler e che fece credere a milioni di persone ogni scusa per fare il male". Questo libro di memorie è di notevole importanza storica. dovrebbe essere una lettura obbligatoria, non solo per gli storici.

La sua storia rimane un monito: l'obbedienza cieca non è una virtù, ma un crimine.

Bergamo, maggio 2025   Luca Stefano Cristini

▲ Mappa del Reich tedesco alla fine della prima guerra mondiale. Wiki cc-1

CAPITOLO 1

COME KEITEL DIVENTÒ CAPO DEL OKW A SEGUITO DI DUE SCANDALI

La crisi Blomberg-Fritsch (1938) [1]

Nell'inverno del 1936-1937, il feldmaresciallo Blomberg aveva organizzato delle manovre congiunte tra le forze armate, con l'obiettivo di studiare un comando unificato in caso di guerra e di chiarire i contrasti latenti tra noi del Ministero della Guerra e lo Stato Maggiore dell'Esercito. Queste esercitazioni avrebbero anche messo alla prova la distribuzione del potere all'interno dell'alta gerarchia militare tedesca.
In qualità di capo del dipartimento della difesa nazionale, il generale Jodl diresse le manovre in collaborazione con me. Blomberg, Jodl ed io speravamo che queste esercitazioni potessero risolvere i contrasti esistenti, pur essendo perfettamente consapevoli di affrontare un tema estremamente delicato. Sapevamo che, oltre ai ringraziamenti, avremmo potuto ricevere anche accuse di tradimento da parte dello Stato Maggiore. Io, in particolare, essendo responsabile dell'organizzazione delle manovre, sarei diventato il bersaglio principale del loro risentimento: sarei stato visto come il promotore di una riforma tanto radicale. (anche se giova qui ricordare che tali manovre furono considerate corrette anche da uno staff operativo congiunto)

La reazione dello Stato Maggiore

Blomberg tenne un'ultima conferenza con i suoi generali e ammiragli, alla presenza di Hitler (ho trattato questa conferenza separatamente in una nota inviata al mio ministro della Difesa, il dottor Nelte). Il risultato fu un'ondata di indignazione da parte dello Stato Maggiore dell'Esercito: il segreto era ormai svelato. Mentre Hitler e Blomberg lasciavano la sala, il generale Fritsch si avvicinò a me con fare aggressivo, dichiarando che quei piani di controllo operativo sull'esercito erano inaccettabili. Fu l'unica volta in cui la sua ira lo travolse al punto da sfogarsi apertamente contro di me senza riuscire a contenere la sua collera; in seguito, non parlammo mai più dell'accaduto. Agli occhi di Hitler e Blomberg, tuttavia, il suo comportamento non fu mai chiaramente interpretato come un segnale di opposizione. Lo Stato Maggiore riteneva intollerabile che il "Ministro della Guerra" aspirasse a esercitare un ruolo di comando, e la direzione dell'esercito (*Heeresleitung*) si rifiutò categoricamente di riconoscere l'autorità assoluta di Blomberg. Non ne volevano proprio sapere. Ero ingenuamente convinto che, sostenendo la soluzione più logica, avrei ottenuto un consenso unanime. Invece, mi ritrovai inviso agli alti comandi.
Blomberg, in passato, era stato capo dello Stato Maggiore sotto Heye, allora chiamato ufficio truppe (*Truppenamt*), predecessore di Adam e dell'attuale capo Beck. I miei rapporti con Beck, fino ad allora cordiali, si deteriorarono irrimediabilmente.

Le trattative con Beck e il fallimento della direttiva

Ebbi quindi numerosi colloqui con Beck, spesso interminabili, nel tentativo di ottenere la sua approvazione per i decreti di Blomberg sull'unificazione del comando. Gli presentai più volte la bozza della prima "Direttiva di Mobilitazione e di Battaglia per le Forze Armate", pubblicata nell'estate del

---

[1] La **crisi Blomberg-Fritsch (1938)** fu uno scontro tra il ministro della Guerra Werner von Blomberg, sostenuto da Hitler, e lo Stato Maggiore dell'Esercito, guidato dal generale Werner von Fritsch. Il conflitto nacque dal tentativo di Blomberg di centralizzare il comando militare sotto il Ministero della Guerra, riducendo l'autonomia dello Stato Maggiore. Fritsch e i generali si opposero fermamente, considerando la riforma un'ingerenza inaccettabile. La crisi si risolse con l'allontanamento di entrambi: Blomberg fu costretto a dimettersi per uno scandalo matrimoniale, mentre Fritsch venne accusato ingiustamente di omosessualità (allora illegale). Hitler ne approfittò per assumere il controllo diretto delle forze armate, eliminando ogni opposizione interna.

1937, ma ogni volta mi rimandava il documento con annotazioni critiche. Sebbene molte fossero osservazioni formali, era evidente il suo risentimento per l'ingerenza nelle questioni dell'esercito. Quando Beck mi comunicò che lo Stato Maggiore non avrebbe mai eseguito i "preparativi" richiesti da Blomberg (su pressione di Hitler), modificai il termine "preparare" in "rivedere", un compromesso debole che Blomberg ignorò al momento della firma. Jodl e Zeitzler, il suo capo delle operazioni, furono al tempo assai indignati dalla mia concessione a Beck.

In realtà, lo Stato Maggiore Generale seppellì la direttiva in qualche archivio senza mai applicarla. Al processo di Norimberga, a questa vicenda le fu attribuita un'importanza esagerata, e le nostre testimonianze sulle sue origini furono accolte con scetticismo dai giudici alleati.

Non esisteva alcun Piano speciale Otto[*Fall Otto*][2], né altri piani di emergenza "verdi" o "rosse". L'unica misura concreta era la difesa delle frontiere orientali e occidentali, insieme ai preparativi per l'evacuazione delle zone a rischio a ovest del Reno e a est dell'Oder.

Ciò che in realtà più temevamo, in quel periodo, erano le sanzioni internazionali, ispirate da quelle già imposte all'Italia durante la campagna d'Etiopia. Questa minaccia rimase sospesa come una spada di Damocle sulle nostre teste per lungo tempo.

Il nostro programma di riarmo era ancora solo allo stadio organizzativo; va ricordato anche che non avevamo più nemmeno un esercito di sette divisioni in assetto di guerra, in quanto lo stesso era stato suddiviso in tutto il Reich dal 1° ottobre 1935, per fornire i nuclei necessari alla riorganizzazione del nuovo esercito di trentasei divisioni.

In qualsiasi momento i nostri vicini avrebbero potuto invadere impunemente le nostre frontiere e chiedere il nostro disarmo. Il nostro esercito non disponeva né di carri armati né di artiglieria pesante, ed era ancora insufficientemente equipaggiato con armi da fanteria; la nostra marina non era significativa e la nostra aviazione era ancora in fase di faticosa costruzione. Qualsiasi tipo di intervento militare avrebbe avuto gioco facile. Nei nostri confronti. Nessuno meglio di Hitler lo sapeva, ed è in base a questi pericoli che aveva adattato la sua politica estera.

Il passo successivo di Blomberg nella sua campagna per un più stretto controllo sulle forze armate fu quello di incaricarmi di preparare manovre militari che coinvolgessero anche la marina e l'aviazione. Durante un viaggio in Scandinavia a bordo della *Grille*, Blomberg definì gli obiettivi delle manovre, che Jodl avrebbe dovuto dirigere. Quando in seguito informai Fritsch (allora Comandante in Capo dell'Esercito), poiché naturalmente l'esercito avrebbe la parte del leone nelle manovre, egli si limitò a sorridere in modo patetico della "situazione di guerra" prevista e dichiarò che la regione del Meclemburgo destinata alle manovre era del tutto inadeguata. Gli chiesi di selezionare un quartier generale di controllo per l'esercito e delle unità per la ricognizione delle aree di manovra. Accettò entrambe le richieste e scelse il generale Halder, l'allora capo del dipartimento di addestramento, per assumere il comando dello staff del quartier generale. Il generale Beck, capo di Stato Maggiore, era naturalmente troppo altezzoso per prestarsi a una simile impresa, che considerava destinata a fallire fin dall'inizio. Dato che per tutto il tempo sono rimasto in disparte e ho avuto un ruolo limitato nei laboriosi preparativi e nella direzione delle manovre, sono in grado di esprimere un giudizio su di esse: Ritengo che l'intera impresa sia stata in realtà un grande successo; e a Jodl va il massimo merito. Numerosi ospiti stranieri di spicco avevano accettato l'invito di Blomberg a partecipare, tra cui Feldmaresciallo britannico Sir Edmund Ironside, Mussolini e il Capo di Stato Maggiore italiano con il loro seguito, le missioni di vari altri Paesi e tutti gli addetti militari di Berlino. Abbiamo mostrato per la prima volta la nostra flotta e i nostri sommergibili, attaccando Swinemünde; abbiamo mostrato i nostri bombardieri aerei in operazioni di supporto terrestre e navale, effettuando attacchi ad alta quota e in picchiata; e abbiamo anche fatto vedere loro una debole divisione corazzata equipaggiata con carri armati leggeri che montavano solo mitragliatrici, poiché all'epoca quelli avevamo, non

---

2   Il **Fall Otto (Piano Otto 1, 1938)** era un piano di emergenza della Wehrmacht per reagire a un eventuale attacco alla Germania durante la crisi dei Sudeti, in particolare nel caso in cui la Cecoslovacchia resistesse con l'appoggio di Francia e Gran Bretagna.

disponendo ancora di modelli più pesanti.

Gli ospiti di Blomberg si sono poi incontrati per un caffè alla mensa della base aerea di Tutow, dove avevamo allestito il nostro quartier generale di manovra durante gli ultimi giorni di preparazione. Il generale! Halder merita un plauso particolare per il successo di questo primo tentativo di operazioni combinate e per il fatto che ci siano stati dei problemi; ha gestito il suo ruolo oneroso in modo esemplare e ha dato il contributo più importante al successo complessivo.

L'unica nota negativa fu in merito ad una discordia che fui chiamato ad appianare per l'improvvisa apparizione al quartier generale del partito *"Blu"* di un battaglione speciale di corrispondenti militari e di reporter di guerra, appartenenti al Ministero della Propaganda. Il generale van Rundstedt cacciò i signori con poche cerimonie e il risultato fu che essi si sentirono profondamente offesi e dissero di voler tornare a casa. Dovetti recarmi sul posto e calmare la comitiva, che era comunque gestita da un ufficiale messo a disposizione dal mio Ufficio Forze Armate, e ristabilire la pace tra loro e Hoepner, il capo di stato maggiore interessato, in modo che i corrispondenti potessero riprendere le loro attività e ottenere tutte le informazioni desiderate.

Fu proprio dalla cittadina di Tutow che feci la mia prima visita al capo forestale Milller nella penisola di Darss, che era stata dichiarata riserva di caccia e nella quale Goring mi aveva invitato per sparare a un cervo nella stagione dell'accoppiamento. Fui accolto con grande ospitalità e subito instaurai con lui quella che sarebbe poi sbocciata in una calda amicizia che mi portò a trascorrere molte ore felici nella penisola. All'inizio di ottobre avevo già imbustato il mio cervo.

Dopo le manovre delle forze armate, il Duce italiano Mussolini completò la sua visita a Berlino, dove fu ospite del Führer. A Berlino ci fu una parata in suo onore, con una manifestazione di massa la sera stessa allo stadio del Reich, con Hitler prima e Mussolini poi che si rivolsero alla folla di quasi centomila persone dal palco, parlando in tedesco. La grande folla subì un pesante nubifragio, dato che piovve davvero molto forte, cosi nel fuggi fuggi generale per quasi un'ora abbiamo cercato invano di raggiungere la nostra auto per poter tornare a casa.

Il 1° ottobre del 1937 riorganizzai parzialmente l'Ufficio Forze Armate che, a causa dell'espansione forzata delle sue funzioni, aveva già iniziato a dilatarsi in diverse direzioni: Raggruppai quelli che fino ad allora erano stati piccoli dipartimenti in uffici e rami più grandi, con la creazione di un ufficio operativo delle Forze Armate *(Wehrmacht-Fuhrung- samt)*, un ufficio per l'economia e gli armamenti, un ufficio di Intelligence con tre dipartimenti (I-Servizio di intelligence; II-Sabotaggio e III-Controspionaggio), a cui era subordinato il nostro ufficio estero.

Infine, dalle varie branche che in precedenza rientravano nella categoria generale "Interno", ho costituito un "Ufficio generale delle Forze armate". Gli uffici erano diretti da generali a cui veniva data grande libertà di azione. Questo fu il nostro primo passo, del tutto involontario, verso quello che sarebbe poi diventato l'OKW, l'Alto Comando delle Forze Armate, anche se all'epoca avevo motivazioni assai diverse per gettare queste basi. La mia idea, che era in sintonia con la linea di pensiero di Blomberg e che lui condivideva pienamente, era quella di distinguere più chiaramente tra le sue funzioni di comandante supremo e quelle puramente ministeriali, in modo che come comandante supremo e incarnazione ultima della leadership militare avesse un un Alto Comando delle Forze Armate *(Oberkommando der Wehrmacht)*, mentre in qualità di ministro avrebbe avuto una sorta di segreteria ministeriale; avrebbe poi emesso ordini e decreti bis con apposite intestazioni, una come "Comandante Supremo delle Forze Armate" e l'altra come "Ministro della Guerra del Reich".

Questa seconda funzione saerbbe poi a tutti gli effetti trasferita a me in tutte le decisioni non fondamentali; in sostanza, io sarei stato una sorta di sottosegretario di Stato ministeriale, mentre la prima carica avrebbe stabilito la sua funzione di comando in modo più chiaro di quanto fatto finora.

In questo modo ci si organizzava efficacemente ad una eventuale guerra: L'ufficio operazioni delle Forze Armate avrebbe acquisito un Capo di Stato Maggiore oltre a me, mentre sollevavo il Comandante Supremo da gran parte delle sue funzioni ministeriali. Ancora oggi ritengo che questa soluzione fosse quella giusta; il Comandante in Capo dell'Esercito, infatti, procedette in questa direzione durante la guerra, in quanto nominò un Comandante dell'Esercito di Riserva, dotato di grande autonomia, per assumersi l'onere principale del lavoro amministrativo dell'Esercito. Era evidente che il Comandante Supremo delle Forze Armate aveva bisogno di uno staff operativo di alto livello, anche se piuttosto ridotto, e che la scelta del suo capo era una questione di personalità e di affidabilità che doveva essere affrontata solo prima o allo scoppio di una guerra. Io stesso non ho mai avuto ambizioni personali per questa carica; mi mancavano le caratteristiche essenziali per ricoprirla, a causa della mia educazione militare. Blomberg e io eravamo d'accordo su questo; il motivo per cui non si è mai proceduto a una simile riorganizzazione durante il periodo di Blomberg è abbastanza noto. I titoli che si sarebbero scelti per le cariche, se tale riorganizzazione fosse avvenuta, erano di importanza marginale. Io stesso pensavo all'epoca in termini di "Capo dell'OKW" o di "Quartiermastro Generale delle Forze Armate ".[3]

I miei contatti ufficiali con gli addetti militari stranieri erano solo di natura formale e poco profondi, come nel caso dell'ufficio addetto; ero contento che non mi gravassero di visite ufficiali e, se queste erano inevitabili, chiedevo che fosse presente anche il capo dell'ufficio addetto dell'Esercito, che aveva familiarità con la gestione di tali ficcanaso [*SchniiJfeleien*]. Solo Oshima (l'addetto militare giapponese) era un visitatore frequente e gradito al mio ufficio, il quale era sempre in attesa delle sue visite, così come io ero lieto dell'opportunità di raccogliere informazioni sulla loro guerra nel lontano teatro cinese. Fu lui a dirmi, nel corso di una visita ufficiale nel Natale del 1937, che secondo lui avrebbero potuto prendere Nanchino (la sua cattura era imminente) e che avrebbero dovuto terminare la guerra con la Cina raggiungendo un compromesso a qualsiasi costo. Aveva ragione, ma purtroppo le cose andarono diversamente, perché Tokio non condivideva il suo punto di vista e non riconobbe mai che la guerra in vasti spazi non avrebbe avuto mai fine obbligando continuamente ad alzare il tiro e cercare di conquistare sempre di più.

Con lo scoppio della guerra sino-giapponese Hitler aveva definitivamente cancellato la politica cinese perseguita da Blomberg e Reichenau e aveva fatto ritirare la missione militare tedesca dalla Cina. Blomberg aveva convinto Hitler a inviare Reichenau in Cina nell'Inverno 1935-1936; il nostro intermediario in Cina era un certo Herr Klein, ex banchiere e agente della ditta di Otto Wolff. Egli aveva nutrito speranze di grandi scambi commerciali con la Cina, che avrebbe fornito materie prime per il nostro programma di riarmo in cambio di forniture di armi e della costruzione di fabbriche e arsenali di munizioni, armi leggere e mitragliatrici in Cina. Reichenau era stato incaricato di visitare il Generai von Seeckt, di *mettere* al sicuro i contratti di Herr Klein con Chiang Kai-shek e di familiarizzare con la Cina.

Tutto ciò serviva alla costruzione dell'impero politico di Reichenau. Sebbene il Generai von Seeckt fosse stato il primo consigliere nominato dall'imperatore non incoronato della Cina (cioè Chiang Kai shek), dovette ritirarsi nella solitudine delle montagne per motivi di salute e fu sostituito in breve tempo dal Generai von Falkenhausen, il vivace capo della missione militare tedesca vera e propria.

I contratti di Herr Klein e gli accordi firmati da Reichenau a nome del Ministero della Guerra tedesco si rivelarono privi di valore, sebbene ci avessero garantito alcune spedizioni di uova in polvere, generi alimentari e qualche migliaio di tonnellate di metalli rari come antimonio e bismuto.

Mi fu affidato il compito di recuperare le perdite finanziarie attraverso i fondi del bilancio del Ministero delle Finanze. L'unico ricordo tangibile della nostra politica cinese fu un'alta onorificenza conferita a Blomberg durante una visita del ministro delle Finanze cinese Kung, accompagnato dai suoi assistenti.

Hitler, intanto, insistette per recidere ogni legame con la Cina, compreso il rimpatrio del figlio di

---

[3] Nel manoscritto originale di Keitel seguono qui lunghe descrizioni dei rapporti sociali della famiglia Keitel a Berlino durante il 1937, con frequenti incontri con il Maggiore Generale Oshima, l'addetto militare giapponese, e il Colonnello polacco Szymanski; il Feldmaresciallo riteneva di aver "fatto una buona impressione" sugli ambasciatori francese e britannico, André François-Poncet e Sir Nevile Henderson.

Chiang Kai-shek, che prestava servizio come ufficiale in un reggimento di fanteria a Monaco sotto la custodia di Reichenau. Questo segnò l'inizio del riavvicinamento tra Germania e Giappone, strategia che il Führer perseguiva con determinazione.

Blomberg si recò dal generale von Seeckt, appena rientrato dalla Cina, per informarlo della fine della missione militare tedesca. Von Seeckt ascoltò in silenzio, poi espresse le sue opinioni sulla situazione cinese e sui piani di Chiang Kai-shek per contrastare la guerra civile. Sottolineò che il leader cinese era il più feroce avversario del comunismo, un fatto che non andava trascurato. Quell'incontro fu l'ultima volta che vidi von Seeckt; forse aveva intuito che Blomberg evitava di incontrarlo personalmente. Morì sei mesi dopo e fu sepolto con tutti gli onori nel cimitero militare.

Nel gennaio 1938, fu annunciato il fidanzamento tra mio figlio Karl-Heinz e Dorothea von Blomberg, una delle figlie del ministro della Guerra. Non avrei mai immaginato che Blomberg stesse cercando una nuova moglie per sé, tanto meno ciò che sarebbe accaduto dopo. Notai solo che si era recato più volte in segreto a Oberhof, nella foresta della Turingia, lasciando solo un biglietto con il suo recapito in caso di emergenza.

Il suo aiutante, il maggiore von der Decken, scrollando le spalle, si limitò a dire che Blomberg aveva visitato una donna che si era infortunata sciando. Ebbi i miei sospetti, ma li tenni per me. Non ne parlai nemmeno con mia moglie.

La morte di Ludendorff e la promozione di Blomberg

A metà dicembre 1937, Ludendorff morì dopo una lunga malattia. Hitler decretò funerali di Stato a Monaco, con Blomberg incaricato di tenere l'orazione ufficiale. Poco prima, il Führer lo aveva promosso feldmaresciallo, consegnandogli il bastone di comando davanti agli alti ufficiali delle tre forze armate. Per il viaggio a Monaco, organizzai un treno speciale con una lussuosa carrozza donata da Hitler. Sulla via del ritorno, Blomberg scese a Oberhof, ignaro che sarebbe stato il suo ultimo viaggio in quel vagone. E A Natale, le figlie di Blomberg, Sibylle e Dorothea, rimasero con noi mentre lui trascorreva le feste a Oberhof. I miei sospetti si confermarono: stava per risposarsi. Al suo ritorno, mi confidò che avrebbe sposato una donna di umili origini, ma che ciò non lo turbava e in ogni caso aveva deciso questo passo..

Era contento, diceva, che la sua Darle si fosse fidanzata con il mio Karl-Heinz e avrebbe voluto affrettare le nozze, assicurando loro un sostegno finanziario. In ogni caso, nella nostra moderna Germania nazionalsocialista non era una vergogna sposare una "figlia del popolo" e a lui non importava nulla dei pettegolezzi della cosiddetta società. Aveva riunito tutta la sua prole e discusso con loro l'intera questione in tutta franchezza, e loro avevano dimostrato grande comprensione e non avrebbero posto alcun ostacolo sul suo cammino.

Il matrimonio civile si svolse in forma privata a metà gennaio nel Ministero della Guerra, con Hitler e Göring come testimoni. Non fui invitato. La coppia partì per una breve luna di miele, interrotta dalla grave malattia della madre di Blomberg, che morì poco dopo. Al funerale, la nuova moglie era pesantemente velata, e non ebbi modo di parlarle.

Alla fine del mese, il capo della polizia di Berlino, il conte von Helldorf, mi convocò urgentemente. Agitato, mi mostrò una scheda anagrafica con la foto di una certa Fräulein Erna Gruhn, la stessa donna che Blomberg aveva sposato. Il documento proveniva dagli archivi della polizia e rivelava di lei un passato compromettente. Helldorf mi esortò a confermare l'identità della donna, ma non potei farlo. La situazione era gravissima: se le informazioni fossero trapelate, lo scandalo avrebbe travolto Blomberg e, con lui, l'intero governo.

Quello che seguì fu una crisi senza precedenti. Le ambizioni di Blomberg, i suoi errori e i segreti della sua sposa portarono alla sua caduta, segnando l'inizio di un riassetto radicale del comando militare tedesco. Hitler ne approfittò per consolidare il proprio potere, eliminando ogni resistenza all'interno delle alte sfere. La storia di Blomberg divenne un monito: nella Germania nazista, nemmeno i più potenti erano al sicuro.

Nel frattempo, rimasi così sconvolto dalla rivelazione di Helldorf che chiamai immediatamente l'ufficio del ministro per chiedere di Blomberg. Mi risposero che non era disponibile: si era recato a Eberswalde per occuparsi delle questioni legate alla morte della madre. Helldorf, al telefono con me, ascoltò le mie perplessità e poi mi espose i fatti: Erna Gruhn, la nuova moglie di Blomberg, aveva un passato criminale legato a reati di immoralità, come risultava dai registri di polizia. Preferisco non entrare nei dettagli, che ebbi modo di verificare personalmente sul suo fascicolo.

Compresi allora assai bene perché Helldorf fosse così agitato. Gli dissi che, a mio parere, Blomberg avrebbe sicuramente annullato il matrimonio se avesse avuto la prova certa del passato della moglie. Discutemmo su come procedere: ero disposto a mostrargli il documento, anche se mi sarebbe risultato estremamente imbarazzante, dato il legame familiare che ci univa. Helldorf, però, si rifiutò di lasciarmi il dossier, insistendo che voleva risolvere la questione al più presto.

Lo indirizzai quindi a Göring, che, in qualità di testimone alle nozze, aveva conosciuto personalmente la donna. Helldorf approvò l'idea e partì immediatamente per incontrarlo. Nel frattempo, sperai di essere sollevato dall'ingrato compito di affrontare Blomberg: ormai non c'erano più dubbi sull'identità della signora.

Quella sera, Helldorf mi chiamò per confermarmi che Göring aveva riconosciuto senza esitazione la donna nella foto. Definì la situazione "una calamità di prim'ordine". Göring si sarebbe occupato personalmente di parlare con Blomberg il giorno seguente, risparmiandomi così un confronto penoso.

La reazione di Hitler e il rifiuto di Blomberg

Göring si recò da Hitler quella stessa sera per informarlo. Il Führer ordinò che Blomberg fosse messo al corrente della cosa il giorno dopo e che gli venisse chiesto in maniera ufficiale di annullare il matrimonio per evitare uno scandalo. I funzionari di polizia coinvolti furono invitati al massimo silenzio. Tuttavia, Blomberg, rimase sulle sue posizioni e rifiutò categoricamente ogni pressione esterna. In seguito mi spiegò che era sinceramente innamorato e che, se Hitler e Göring avessero voluto davvero aiutarlo, avrebbero potuto chiudere un occhio. Ma entrambi invece erano furiosi: credevano che Blomberg li avesse coinvolti come testimoni proprio per costringerli al silenzio.

Quando Blomberg tornò dall'incontro con Hitler, era un uomo distrutto. Aveva rifiutato di ripudiare la nuova moglie e, di conseguenza, si era dimesso. In seguito accusò Göring di aver orchestrato tutto per prenderne il posto. Disse che, se Göring avesse voluto, avrebbe potuto insabbiare la faccenda, ma invece aveva scelto di farlo cadere.

Blomberg ammise di sapere del passato della moglie, ma sostenne che ciò non giustificava un abbandono. "Preferirei spararmi piuttosto che lasciarla", mi disse con voce rotta. Prima di congedarsi, mi rivelò che anche Fritsch era in grave difficoltà, accusato di un reato che lo avrebbe costretto a dimettersi. Blomberg, aveva intanto proposto il nome di Brauchitsch come suo successore. Si era separato dal Führer in termini amichevoli, Hitler gli aveva promesso che, in caso di guerra, lo avrebbe richiamato al suo fianco.

Ebbi subito l'impressione che Blomberg si aggrappasse con la forza della disperazione a queste parole e vi vedesse una possibile via d'uscita. Cercai di suggerirgli ancora una volta se non sarebbe stato meglio divorziare dalla moglie e lo rimproverai di non avermi consultato prima di fare un passo del genere; io ero solo un po' più giovane di lui, ma avrei almeno potuto informarmi *prima* su questa donna. Lui respinse le mie rimostranze con un cenno del capo, spiegandomi che non disse nulla per il bene dei nostri figli e che avrei dovuto cercare di capirlo. Rifiutò con indignazione l'idea di un divorzio, poiché era stato un incontro d'amore per entrambe le parti, e avrebbe "preferito piantarsi una pallottola *in* testa piuttosto che farlo". Mi lasciò quindi così, lì in mezzo al suo ufficio precipitandosi fuori dalla stanza con occhi pieni di lacrime.

Ero così stordito da tutta quella triste situazione che prima di lasciare a mia volta la sua stanza dovetti sedermi per un po'. Avevo sempre saputo quanto fosse testardo e ostinato, una volta che si era

▲ I generali: Von Rundstedt, Werner von Fritsch e Werner von Blomberg partecipano a una cerimonia commemorativa, sull'Unter den Linden, Berlino 1934. Bundesarchiv Wiki cc-1

▲ Hitler alle manovre militari nel Meclemburgo nel settembre 1937, mentre discute con il ministro della guerra del Reich; il feldmaresciallo Werner von Blomberg (al centro) e il generale dell'artiglieria Wilhelm Keitel (a destra). Bundearchiv. Wiki cc-1

messo in testa una linea d'azione. E ora stava per verificarsi una seconda disgrazia anche su Fritsch; cosa mai poteva essere? Non riuscivo ancora a capire quando tornai a casa per il pranzo e per cambiarmi in abiti normali.

Poco dopo, Göring mi convocò nel suo appartamento. Voleva sapere cosa Blomberg mi avesse detto riguardo al suo successore. Gli risposi mentendo che, a mio avviso, lui era l'unico candidato, dato che difficilmente avrebbe accettato di sottostare a un altro generale dell'esercito. Göring annuì, confermando di non essere disposto a farsi comandare da nessun'altro generale.

Mi parlò anche dei retroscena del matrimonio: Blomberg era riuscito a convincere un altro pretendente della donna a rinunciare a lei, pare offrendogli soldi e un lavoro all'estero. Göring conosceva già il passato di Erna Gruhn e ne aveva conservato le prove, ma aveva atteso il momento opportuno per usarle.

L'udienza con Hitler

Alle cinque del pomeriggio del 26 gennaio 1938, mi presentai quindi alla Cancelleria del Reich. Per me, allora era solo la seconda volta che mi trovavo faccia a faccia con Hitler: la prima era stata durante la rioccupazione della Renania. Ora, però, la situazione era completamente diversa.

Ero ancora sotto shock per quanto accaduto. Blomberg era caduto in disgrazia, Fritsch era sotto accusa e Göring manovrava per prendere il controllo totale. Non sapevo ancora che quello sarebbe stato l'inizio di un terremoto politico che avrebbe ridefinito i vertici militari tedeschi, consegnando ancor più potere nelle mani di Hitler. Non ero stato chiamato a parlare, ma ero rimasto seduto dietro Blomberg a prendere appunti. Hitler conosceva il mio nome solo grazie ai suoi rapporti e operazioni del 1935 in cui avevo comandato una divisione di fanteria, per lui ero un semisconosciuto.

Il colonnello Hossbach, aiutante del Führer, aveva accuratamente evitato di farmi parlare con il Führer, probabilmente per evitare che si creasse una situazione come quella con Reichenau, che aveva appena annunciato il proprio arrivo o si era imbucato alla tavola del führer, come facevano in genere alcuni ministri e alti funzionari del Partito. Anche in seguito partecipai a queste funzioni solo quando ero espressamente invitato da Hitler. La mia prima impressione fu che il Führer fosse rimasto profondamente scosso dall'affare Blomberg; ma, *a differenza di* Gisevius,[4] non aveva certo avuto un "esaurimento nervoso".

Parlò della sua grande ammirazione per Blomberg e del debito nei suoi confronti, ma non cercò di nascondere che lo aveva profondamente offeso il fatto di essere stato inopportunamente maltrattato nella sua posizione di testimone di nozze. Mi chiese se il corpo dei funzionari avrebbe mai accettato un matrimonio così impossibile, le cui circostanze non sarebbero rimaste nascoste a lungo. Fui costretto a convenire che non l'avrebbero fatto; consapevole che in ogni caso non c'era amore per lui, almeno nell'Esercito, e che non sarebbero state versate lacrime per la sua partenza, anche se questo non lo dissi. Hitler mi disse anche che aveva regalato a Blomberg un giro del mondo come regalo di nozze e aveva espresso la speranza che sarebbero rimasti lontani dalla Germania per un anno. Blomberg aveva accettato l'offerta. Hitler voleva, disse, discutere con me la questione del successore, e chi gli proposi?

La mia prima nomina fu quella di Goring, e gli dissi senza mezzi termini le ragioni per cui lo avevo proposto. Hitler rifiutò subito, dicendo che non se ne parlava affatto perché aveva già affidato a Goring il Piano quadriennale e che doveva tenersi stretto anche l'Aeronautica, visto che non c'era nessuno più adatto di lui; in ogni caso, Goring doveva accumulare maggiore esperienza negli affari di Stato come suo predestinato successore al compito di Führer. Allora suggerii poi Fritsch. Si avvicinò alla scrivania e mi consegnò un atto d'accusa firmato personalmente da Gürtner, il Ministro della Giustizia, che accusava Fritsch di un reato ai sensi del paragrafo 175 del codice penale. Mi informò

---

4   Hans Bernd *Gisevius* (1904 –1974) Membro della Stahlhelm e successivamente della Gestapo, nel 1936 fu trasferito al Dipartimento di Polizia del Ministero dell'Interno, e in questa fase iniziò a cospirare contro Hitler e l'establishment nazista.

che aveva questo atto d'accusa nelle sue mani già da tempo, ma che non l'aveva ancora usato, perché non aveva creduto all'accusa. Ma ora che la questione della successione si era improvvisamente e inaspettatamente acuita, la questione doveva essere chiarita e, in queste circostanze, non poteva più permettere che le cose rimanessero come erano. Oltre a Gürtner, anche Goring era stato informato della cosa.

Rimasi inorridito da questa accusa: se da un lato non potevo credere che Gürtner l'avesse presentata senza un valido motivo, dall'altro non avrei mai creduto che potesse essere vera per Fritsch. Dissi che o c'era un errore di identità, oppure si trattava di una pura calunnia, perché conoscevo troppo bene Fritsch per accettare che una simile accusa potesse essere fondata. Hitler mi ordinò di non dire nulla a nessuno; il giorno dopo avrebbe avuto un colloquio *a due* con Fritsch e gli avrebbe fatto una domanda a bruciapelo, senza preavviso, per vedere dalla sua reazione quanto ci fosse di vero nell'accusa. A quel punto saremmo stati in grado di fare un passo avanti. Mi chiese nuovamente chi avrei suggerito come successore di Fritsch, e io nominai innanzitutto von Rundstedt. Mi rispose che lo stimava molto e che lo avrebbe accettato senza la minima esitazione, nonostante il suo atteggiamento ostile all'ideologia nazionalsocialista. Nessuna considerazione del genere lo avrebbe mai ostacolato, disse Hitler, ma era troppo vecchio per svolgere questo lavoro; ed era un peccato che non avesse cinque o dieci anni di meno, perché la sua selezione sarebbe stata automatica. Così proposi il nome di von Brauchitsch.

Il Führer rimase in silenzio per un momento, poi chiese spontaneamente: "Perché non von Reichenau?" Gli dissi subito quali erano le mie ragioni: non lo trovavo abbastanza scrupoloso, non un gran lavoratore, un ficcanaso, troppo superficiale, poco amato e un soldato che cercava soddisfazione alle sue ambizioni più nella sfera politica che in quella puramente militare. Hitler ammise che avevo ragione sull'ultimo punto, ma suggerì che il resto del mio giudizio era stato probabilmente un po' troppo severo nei suoi confronti.

Per contro, raccomandai nuovamente Brauchitsch come un soldato all'altezza un abile organizzatore e addestratore e un leader molto apprezzato dall'esercito. Hitler mi disse che avrebbe parlato personalmente con Brauchitsch e assicurandosi che nel frattempo la nostra discussione rimanesse assolutamente segreta; avrebbe parlato con Fritsch il giorno successivo. Mi fu ordinato di ripresentarmi il pomeriggio seguente. Nel frattempo, era stata decisa solo l'abdicazione di Blomberg.

Quando mi recai da Hitler il giorno dopo, lo ritrovai in forte agitazione. Fritsch era stato da lui prima e aveva, naturalmente, negato i reati innaturali che gli erano stati imputati, ma aveva lasciato un'impressione di disagio e di nervosismo. A parte questo, avevano ha preso dalla prigione il testimone che lo aveva incriminato piazzandolo vicino all'ingresso della Cancelleria del Reich, in modo che potesse vedere bene Fritsch. L'uomo aveva poi confermato che si trattava dell'ufficiale; *in altre parole*, aveva affermato di averlo riconosciuto di nuovo. Fritsch, disse Hitler, era così pesantemente indiziato ed era impossibile per lui rimanere Comandante in Capo dell'Esercito; per il momento gli venne concesso un congedo ed era stato confinato nel suo appartamento. Poi l'indignazione di Hitler si rivolse a Hossbach[5]; questo ufficiale, il suo aiutante personale, aveva spudoratamente agito alle sue spalle e, nonostante il suo divieto, aveva avvertito Fritsch di ciò che stava accadendo. Hossbach aveva rotto la fiducia e lui non voleva vederlo; dovevo spiegarlo a Hossbach e suggerire subito qualcuno che prendesse il suo posto. Poiché ero già stato incaricato da Blomberg, alcuni mesi prima, di scegliere dallo Stato Maggiore un ufficiale in grado di sostituire Hossbach nel caso in cui quest'ultimo fosse stato richiesto per l'incarico in prima linea a cui era stato destinato, dopo una considerevole riflessione avevo deciso per il maggiore Schmundt che conoscevo bene dai tempi del T-2 e da quando era stato il mio ex aiutante di reggimento a Potsdam. Proposi il suo nome a Hitler e lui lo accettò. Assunse l'incarico pochi giorni dopo senza alcun tipo iniziazione, venendo da me

---

5 Friedrich Hossbach (1894 –1980) allontanato venne poi riabilitato nel 1939 e trascorse il resto della guerra con compiti operativi e di comando al fronte.

per questo durante i suoi primi giorni del nuovo incarico. Fu un dovere ingrato per me informare Hossbach che era licenziato dal suo ufficio senza formale presa di congedo.

Quando cercai nuovamente di convincere Hitler a mettere Goring al posto di Blomberg come Comandante Supremo delle Forze Armate – dicendo chiaramente che non vedevo altra via d'uscita - mi rispose che aveva già deciso di assumere lui stesso il Comando Supremo, mentre io sarei sato nominato in qualità di vicecapo di Stato Maggiore. Se avesse ritenuto che non fossi indispensabile in tale posizione, mi avrebbe nominato Comandante in Capo dell'Esercito, ma fino a quel momento sarei rimasto al mio posto. Non ebbi più nessuna esitazione. Quella stessa sera mi recai da Fritsch per mettermi a sua disposizione in caso di bisogno. Lo trovai esteriormente molto calmo, ma evidentemente profondamente amareggiato per una calunnia così vergognosa sulla sua persona. Mi mostrò le sue dimissioni scritte che giacevano sulla sua scrivania; contenevano la richiesta di essere processato dalla corte marziale. Non potevo che essere d'accordo con lui su questo punto: non c'era altro modo per cancellare la calunnia sulla sua persona, perché l'assenza di un verdetto giudiziario sarebbe equivalso a una tacita confessione di colpevolezza.

Hitler sembrò inizialmente non essere d'accordo, ma poi disse che avevo ragione e decretò che ci sarebbe stato un processo secondo le linee da me suggerite. I comandanti in capo di tutti e tre gli uffici furono nominati per giudicare il caso, con Goring come presidente e altri giudici professionisti di alto rango ad assisterli; Hitler tenne aperta la sua decisione finale sulla riassunzione di Fritsch, anche se apparentemente non c'era più l'intenzione di reintegrarlo nella sua precedente carica; le accuse erano sufficienti per screditarlo e allontanarlo in un modo che sarebbe apparso perfettamente giustificabile. Esse erano già state sufficienti per escluderlo dalla considerazione come successore di Blomberg. L'atto d'accusa del ministro Gürtner, che probabilmente proveniva dalle autorità segrete della polizia di Stato (*Gestapo*) si era rivelato ideale per una tale evenienza: era stato scongelato per questo discutibile uso solo dopo essere stato tenuto sotto ghiaccio per un considerevole tempo.

Nei giorni seguenti, il Führer convocò i generali Beck e von Rundstedt e il Grand'Ammiraglio Raeder, per discutere la questione del successore di Fritsch anche con questi alti ufficiali. Per questo fatto, trascorsi diverse ore al giorno con lui. Vedevo che non riusciva ancora a rinunciare all'idea di avere Reichenau; ma rimasi fedele alla mia ferrea convinzione e alla fine le mie opinioni prevalsero: von Brauchitsch aspettava già da due giorni di avere la sua carica in qualità di successore.

Quando finalmente lo convocai al cospetto del Führer. L'avevo prelevato personalmente da Lipsia, dove era stato al comando del Quarto Gruppo d'Armate; la mia azione aveva provocato un violento litigio con il Generai Beck, che si era autoproclamato vice Comandante in Capo dell'Armata e mi aveva proibito di intraprendere nuovamente azioni "non autorizzate". Von Rundstedt lisciò opportunamente le *piume arruffate* di Beck. A questo punto iniziò una serie di interminabili discussioni a tre: Brauchitsch espose in dettaglio le sue opinioni sul nazionalsocialismo, sulla Chiesa, sull'espansione e sul rimpiazzo del corpo ufficiali, e così via.

Infine, dopo il nostro terzo incontro, la mattina del 4 febbraio 1938, Hitler si alzò, tese spontaneamente la mano a von Brauchitsch e lo nominò comandante in capo dell'esercito; in tal modo optò per l'abdicazione totale di Fritsch, mentre io stesso avevo sostenuto solo che si dovesse trovare un sostituto temporaneo per lui.

Nel frattempo, come ho potuto capire dalle sue numerose telefonate, il dottor Lammers, capo della Cancelleria del Reich, stava cercando di formulare l'ordine per la nuova posizione di "Capo dell'OKW". Infine, ci rivolgemmo congiuntamente a Hitler con la proposta di nomina che egli firmò poco prima della riunione di gabinetto di quella sera, dopo aver apportato solo alcune piccole modifiche al testo. Brauchitsch e io fummo presentati ai membri del Gabinetto da Hitler in un breve discorso, mentre le altre modifiche apportate alla composizione del Gabinetto stesso (von Neurath, ecc.) e l'ordine di istituire un Consiglio di Gabinetto privato furono letti da Lammers. Non vi fu alcuna discussione successiva in seno al Gabinetto.

Poco dopo Hitler partì per Berchtesgaden e il suo Berghof. Non disse una sillaba a Brauchitsch, Gabinetto o a me sui suoi imminenti piani e politiche. L'unica cosa che fece notare a noi due fu che stava approfittando dell'attuale cattiva impressione lasciato soprattutto all'estero dalla "rimozione"di Blomberg e Fritsch per effettuare un importante rimpasto di Gabinetto: stava pensando di porre von Neurath a capo di un Consiglio di Gabinetto privato per assicurarsi che non si desse l'impressione di un cambiamento di rotta nella nostra politica estera.

Dopo lo spaventoso giorno delle dimissioni di Blomberg ho parlato con lui ancora una volta il giorno successivo (28 gennaio 1938). Mi consegnò la chiave della sua cassaforte e due grandi buste sigillate. Una conteneva l'Ordine segreto di successione a Hitler e l'altra conteneva il memorandum di Fritsch sul comando delle Forze Armate, che aveva presentato nella primavera del 1937, dopo le grandi manovre. All'epoca aveva causato una controversia critica tra due: Blomberg aveva minacciato di dimettersi se Fritsch avesse insistito nel consegnare il memorandum al Führer, ma entrambi erano stati convinti a cambiare idea. A parte queste cose, non aggiunse nulla, né scritto né parlato, mentre se ne andava.

Mi informò solo che stava per intraprendere un viaggio verso l'Oceano Indiano con la moglie, ma che prima avrebbe soggiornato per alcune settimane in Italia; tuttavia, non poteva rimanere in movimento per un anno intero. Aveva intenzione di scrivermi per tempo per chiedere il consenso di Hitler a prendere casa nel suo cottage a Bad Wiessee. Avrebbe messo a disposizione metà del denaro per il matrimonio di Dorle, perché era sbagliato rimandare ancora.

Mi sono preso la briga di scrivere un resoconto così dettagliato dell'intera vicenda affinché almeno *una* versione veritiera venisse messa su carta: la versione riprodotta da Gisevius e le varie altre voci e pettegolezzi negli ambienti frequentati dai generali e dai funzionari del Partito sono infondate e false. Insinuare che la Polizia di Stato segreta abbia messo lo zampino nell'affare Blomberg è demoniacamente scorretto. Per quanto riguarda Fritsch, ritengo ancora oggi che l'accusa ordita contro di lui fosse solo un intrigo volto a rendere impossibile la sua permanenza in carica: Non so chi ci fosse dietro, ma probabilmente Himmler o Heydrich, il suo genio del male, perché era ben noto alle SS e anche all'Esercito che Fritsch si opponeva in modo implacabile alle aspirazioni militari SS, ora che lo *Sturmabteilung* (distaccamento d'assalto) aveva perso la sua influenza.

Rimasi letteralmente intontito per tutta la prima settimana dopo il 4 febbraio, con la mia nomina a capo dell'OKW - l'Alto Comando delle Forze Armate - e certamente non avrei mai immaginato che la spada che avevo accettato si sarebbe rivelata così a doppio taglio. Dalle annotazioni che Jodl annotò nel suo diario, risulta evidente che io non potei che dare un'idea sommaria degli eventi di quel periodo.

Forse merita una menzione il discorso che tenne ai suoi generali di Berlino prima della riunione del Gabinetto: annunciò con tatto ciò che era accaduto e le conseguenze, e che aveva assunto il comando supremo delle Forze Armate, mentre doveva essere istituito un Alto Comando con me a capo. Il generale van Manstein fu l'unico a chiedere se sarebbe mai stato nominato un "Capo di Stato Maggiore delle Forze Armate", al che Hitler rispose che la strada era aperta se si fosse presentata l'occasione.

All'epoca ero pienamente consapevole che, come un monaco novizio, mi trovavo di fronte a grandi difficoltà e che stavo entrando in un mondo nuovo, ma in parte riuscivo a confortarmi con il pensiero che avrei potuto trovare nel mio vecchio e familiare *Wehrmachtsamt*, l'Ufficio delle Forze Armate, un sostegno sufficiente per svolgere il pesante compito: che esso fosse virtualmente insolubile e che sarei diventato vittima della sfrenata dittatura di Hitler erano cose che nessun essere umano allora avrebbe potuto prevedere. Per l'esecuzione dei suoi piani, a noi sconosciuti, aveva bisogno di strumenti impotenti, di uomini che gli fossero obbedienti e fedeli nella tradizione dei veri soldati. Ora è facile criticare, specialmente da parte di tutti coloro che non sono esposti a quel pesante fardello e che non devono affrontare un demone come quell'uomo giorno dopo giorno! Non nego che anch'io ho commesso degli errori, forse ho perso l'occasione di costringerlo ad adottare almeno un po' di moderazione; ma in tempo di guerra, quando tutto era in gioco, tutto ciò era doppiamente difficile. Ora sono convinto che sarebbe stato ugualmente impossibile per qualsiasi altro uomo, anche se fosse stato molto più duro, molto più critico e intelligente di me, arrestare la nostra frana nella disgrazia. Perché Brauchitsch non è riuscito a farlo? Perché tutti quei generali che sono stati così pronti a definirmi un compiacente e un incompetente yes-man non sono riusciti a provocare la mia rimozione? Era così difficile? No, non lo era. La verità era che nessuno allora sarebbe pronto a prendere il mio posto, perché ognuno sapeva che avrebbe fatto la mia stessa fine.

Visto il mio candore nei rapporti con Brauchitsch, non sarebbe stato troppo difficile per lui mettere Hitler contro di me o risvegliare la sua diffidenza nei miei confronti, perché in questo senso Hitler era più che sensibile e non mancava mai di dare seguito a queste cose. So dallo stesso Brauchitsch che già nel 1939 il generale Milch, Segretario di Stato per l'Aviazione, era stato designato per sostituirmi. Sicuramente anche in ambito dell'Esercito furono prodotti sforzi per eliminarmi, se fossero riusciti a trovare anche una sola persona disposta ad accettare il mio spinoso incarico. Ma era più comodo per loro maledirmi e scaricare tutte le responsabilità sulle mie spalle; e alla fine nessuno fu furioso nella fretta di stare al mio fianco. Io stesso consigliai tre volte a Hitler di sostituirmi con von Manstein: la prima volta fu nell'autunno del 1939, prima della campagna a ovest; la seconda nel dicembre del 1941, quando Brauchitsch se ne andò; e la terza nel settembre del 1942, quando scoppiò un grande litigio con Jodl e con me. Ma nonostante l'ammirazione spesso espressa per le eccezionali doti di Manstein, Hitler ovviamente temeva di fare un passo del genere e ogni volta lo rimandava; si trattava di pura indolenza da parte sua o di qualche altra obiezione non dichiarata che aveva nei suoi confronti? Non ne ho idea. Nessuno può sapere quanto mi sentissi infelice nel mio nuovo ufficio; forse solo Jodl lo sa in una certa misura. L'ammissione che ho fatto alla fine del mio discorso conclusivo del Processo dice tutto quello che c'è da dire; dimostra che, almeno a posteriori, sono più saggio di quanto non fossi al tempo.

Per me e per la mia famiglia, come vorrei che mi fosse concessa una morte da soldato onesto e onorevole; perché il destino me l'ha negata il 20 luglio 1944, durante l'attentato alla vita del Führer?

▲ Settembre 1939: comincia l'avventura. Keitel capo dell'Alto Comando della Wehrmacht, con il suo staff durante il viaggio Per le strade di Lodz, la grande città industriale polacca presa recentemente dalle truppe tedesche. Bundesarchiv CC-1

CAPITOLO 2

1938-1940: DALL'ANNESSIONE AUSTRIACA ALLA FINE DELLA CAMPAGNA DI FRANCIA

La sera del 4 febbraio 1938, dopo il suo ultimo monologo al Gabinetto del Reich, Hitler partì per il Berghof. Il maggiore Schmundt, che era stato appena nominato, su mia raccomandazione, "aiutante militare capo" di Hitler, lo accompagnò, insieme a un aiutante speciale dell'esercito, il capitano Engel, nominato per soddisfare le particolari richieste di von Brauchitsch, il quale sperava in questo modo di stabilire un collegamento diretto e, in una certa misura, personale con il Comandante Supremo. Oltre a Engel, c'erano anche un aiutante navale, il comandante Albrecht, e uno dell'aviazione, il capitano von Below, tutti e tre subordinati a Schmundt. In questo modo si evitò la necessità di servire due padroni contemporaneamente, come aveva dovuto fare Hossbach in passato sotto il Capo di Stato Maggiore.

Brauchitsch non aveva rispettato i desideri e la raccomandazione di Hitler di circondarsi, come nuovo Comandante in Capo dell'Esercito, solo di luogotenenti di cui potesse fidarsi, come fece Dönitz nel 1943. Ma Hitler insistette per un cambiamento solo in un caso, e cioè che ci fosse un nuovo Capo di Stato Maggiore dell'Esercito; tuttavia, ho assistito personalmente a come Brauchitsch discusse a lungo con lui per fargli mantenere Beck in carica almeno fino all'autunno del 1938, in modo da potergli far conoscere i suoi compiti e le responsabilità quotidiane come Comandante in Capo dell'Esercito. Oggi sono personalmente convinto che questo fu il primo grande errore di Brauchitsch; il secondo fu il non aver scelto come suoi luogotenenti solo coloro di cui poteva fidarsi completamente e che gli avrebbero dato il loro sostegno incondizionato, per quanto poco approvassero la sua nomina a nuovo Comandante in Capo. Il risultato fu che, sebbene il rimpasto avvenuto per ordine di Hitler contemporaneamente alla nomina di Brauchitsch il 4 febbraio 1938 fosse stato deciso in molte riunioni con Hitler prima di quella a cui ho assistito, i cambiamenti non solo non servirono agli interessi del nuovo Comandante in Capo, ma causarono anche il primo danno alla fiducia (di Hitler) sia in lui che in me.

Un ulteriore fattore fu che, per trovare un nuovo Capo del Personale dell'Esercito come sostituto di Schwedler, Brauchitsch aveva scelto – ammetto su mio consiglio – mio fratello, che conosceva abbastanza bene. Tutte queste furono solo mezze misure, e fecero più male che bene; suscitarono immediate critiche dalla vasta massa dei generali. Nessuno sa meglio di Brauchitsch o di me quanto pesante fosse il fardello che aveva ereditato: Fritsch godeva di un rispetto e di un'ammirazione illimitati, e la sua spietata persecuzione aveva provocato un'ondata di amarezza ingiustificata. Brauchitsch era tormentato giorno e notte da Beck e dai generali comandanti, che chiedevano a gran voce che si battesse per la riabilitazione e la reintegrazione immediata del suo predecessore, insistendo perché Hitler lo promuovesse a feldmaresciallo, e simili. All'epoca, la situazione era tale che a Brauchitsch fu fatto capire in modo piuttosto chiaro che la loro fiducia in lui era condizionata al fatto che spingesse per queste richieste.

Il processo a Fritsch si era concluso con l'assoluzione che tutti si aspettavano. Si deve ringraziare solo Göring per il modo magistrale in cui, attraverso un interrogatorio spietato, costrinse l'unico testimone dell'accusa, un detenuto che in precedenza aveva giurato di aver avuto una relazione omosessuale con l'imputato e di averlo riconosciuto in seguito nella Cancelleria del Reich, ad ammettere che non conosceva nemmeno il colonnello generale von Fritsch e che si trattava di uno scambio di nomi: il suo vero correo era un capitano di cavalleria in pensione, von Frisch. L'imputato fu assolto perché la sua innocenza era stata provata. Ma coloro che avevano messo in moto questo vergognoso

▲ Ottobre 1938: Adolf Hitler, durante l'occupazione dei Sudeti, prende una pausa per uno spuntino col suo staff sulla strada tra Franzensbad ed Eger. Vi si riconoscono: Generale Wilhelm Keitel, Konrad Henlein, Adolf Hitler, Generale Walter von Reichenau, Heinrich Himmler e il generale Heinz Guderian. Bundearchiv. Wiki cc-1

processo o avevano sfruttato l'opportunità offerta da una possibile e del tutto casuale somiglianza di nomi, avevano raggiunto il loro obiettivo secondario: il Comandante in Capo dell'Esercito era stato diffamato ed eliminato dalla scena.

A quel punto, si sollevò la richiesta di una riabilitazione pubblica della vittima e della sua promozione, da ottenere da Hitler, e la tempesta scoppiò attorno a Brauchitsch. Dal mio punto di vista, ritenevo che si dovesse lasciare che le cose seguissero il loro corso; era difficile per Hitler ammettere di essere stato lui stesso vittima di un inganno o addirittura di un intrigo. Tutti gli sforzi di Brauchitsch per portare Hitler dalla sua parte naufragarono di fronte all'impossibilità di far accettare il suo punto di vista. Alla fine, Hitler nominò Fritsch colonnello onorario del Reggimento di Artiglieria, ma i generali rimasero comunque insoddisfatti. Mi resi conto che Brauchitsch stava mettendo a rischio la poca fiducia che Hitler ancora riponeva in lui, senza peraltro riuscire a conquistare il sostegno dei generali. A mio avviso, questo fu il suo secondo errore.

Attirai l'attenzione di Brauchitsch su questo aspetto e gli consigliai di non minare ulteriormente il suo prestigio agli occhi di Hitler su una questione così delicata. Tuttavia, il generale Beck, leader spirituale dell'opposizione, non gli diede tregua: era un agitatore, che spingeva continuamente il suo nuovo superiore e trovava sempre ascolto tra gli altri alti generali. Dov'era finito il tradizionale motto: "Il re è morto, lunga vita al re?"

Non c'era traccia di tale spirito nell'esercito, solo questa campagna dannosa, con tutte le sue disastrose conseguenze. Nel 1943, l'ammiraglio Dönitz, successore di Raeder, avrebbe ereditato un fardello altrettanto gravoso: due dogmi militari si scontravano all'interno della Marina. Dönitz riuscì a trarre le giuste conclusioni e sostituì spietatamente tutti i vecchi alti ufficiali con uomini di sua fiducia, ottenendo un successo del 100%.

Non ho dubbi sul fatto che, dopo la partenza di Fritsch, il generale Beck sia stato colui che ha posto i maggiori ostacoli sul rapporto tra Brauchitsch e il Führer. Non posso dire quali motivi abbiano spinto Beck[1] a unirsi al movimento di resistenza dei generali, il primo passo verso il suo successivo alto tradimento, già in quel periodo: era forse la sua vanità ferita? O i suoi piani per ottenere la carica di Comandante in Capo dell'Esercito?

Una cosa è certa: nessuno danneggiò la reputazione di von Brauchitsch nell'esercito e agli occhi del Führer più di quanto fece Beck, insieme all'amareggiato colonnello Hossbach e all'aiutante capo del Comandante in Capo dell'Esercito, il tenente colonnello Siewert; erano tutti uomini della vecchia guardia di Fritsch, i protettori dei suoi interessi. Per loro, von Brauchitsch era solo un mezzo per un fine, ma nonostante i miei avvertimenti, non si cercò una via d'uscita dall'impasse. Io devo confessare che ho sempre difeso Brauchitsch in presenza di Hitler, non tanto per discrezione o decoro militare, quanto per egoismo, poiché mi sentivo responsabile verso Hitler per averlo raccomandato. I generali non idolatrarono mai Brauchitsch come avevano fatto con Fritsch prima di lui; solo quando lo persero, riconobbero il vero valore dell'uomo.

Brauchitsch agì sempre onorevolmente nei suoi rapporti con il Führer e i generali: il processo per crimini di guerra non dovrebbe oscurare questo fatto. Cercò sempre il meglio, anche da Hitler, ma non seppe mai come ottenerlo. Tuttavia, gli nego ancora il diritto di accusarmi per "le mie mancanze" o "la mia debolezza" con Hitler, poiché ho ben più diritto e motivo di dire cose simili su di lui; almeno, nessuno di noi generali può accusare l'altro in questo senso.

Una settimana dopo aver assunto il mio incarico, fui convocato al Berghof (Berchtesgaden) senza che mi fosse fornita alcuna ragione. Quando mi presentai a Hitler quella mattina di febbraio (12 febbraio 1938), mi disse che si aspettava l'arrivo del Cancelliere federale austriaco Schuschnigg per un colloquio importante, poiché la crisi tra i nostri paesi fratelli richiedeva una soluzione intelligente. (Alla fine di gennaio, la polizia viennese aveva fatto irruzione nel quartier generale dei nazionalsocialisti austriaci, catturando prove compromettenti che dimostravano la loro organizzazione attorno ad un intervento armato di Hitler in Austria. Hitler licenziò il leader dei nazionalsocialisti austriaci, e Schuschnigg stava per fare visita a Hitler per ottenere la sua assicurazione di rispettare l'accordo del 1936.) Mi aveva fatto chiamare, disse, solo per far vedere a Schuschnigg qualche "uniforme intorno" e aumentare così la pressione nei suoi confronti; Reichenau e Sperrle sarebbero arrivati da Monaco; quindi, il messaggio non sarebbe passato inosservato all'ospite.

Noi generali non partecipammo alle conferenze e non avemmo alcuna idea degli obiettivi o delle finalità dei colloqui fino alla partenza di Schuschnigg; quella fu una giornata noiosissima. Fummo chiamati solo per il pranzo e di nuovo per il caffè nel pomeriggio, unendoci alle conversazioni informali. Il segretario agli esteri austriaco del tempo, Guido Schmidt, confermò tutto ciò durante il processo (di Norimberga).

Ovviamente, nel corso della giornata mi resi conto e riflettei sul fatto che, insieme agli altri due generali, la mia stessa presenza serviva a uno scopo, il mio primo ruolo importante nella mia vita. Questa convinzione si rafforzò quando Hitler mi chiamò a gran voce mentre Schuschnigg si ritirò brevemente per consultazioni private con il suo segretario agli esteri nel pomeriggio. Entrai nello studio di Hitler proprio mentre Schuschnigg lo stava lasciando, e quando chiesi a Hitler quali ordini avesse per me, mi rispose: "Nessuno! Siediti e basta." Mantenemmo una breve conversazione indifferente per dieci minuti, dopodiché fui congedato. L'effetto che ebbe su Schuschnigg fu evidente ed è stato testimoniato al processo.

Passai quella notte—l'unica volta in tutti quegli anni—nella casa del Führer; ma dovetti lasciare il Berghof nelle prime ore del mattino seguente per mettere in moto varie tattiche di inganno concordate, in collaborazione con Jodl e Canaris. Come risultato degli accordi raggiunti, non fu nemmeno necessario prendere in considerazione preparativi militari effettivi, e, come dovetti informare il Comandante in Capo dell'Esercito, in quel momento nemmeno il Führer pensava a un conflitto militare.

---

1 Ludwig August Theodor Beck (Biebrich, 29 giugno 1880 – Berlino, 21 luglio 1944) è stato un generale tedesco. Fu Capo di Stato Maggiore dell'esercito tedesco e cervello della fallita congiura del 20 luglio 1944 contro Hitler.

Fu quindi una grande sorpresa per tutti quando, il 10 marzo, ci raggiunse la richiesta di Hitler di far entrare le nostre truppe in Austria. Fui convocato alla Cancelleria del Reich e mi fu brevemente comunicato che aveva formulato questa intenzione perché Schuschnigg aveva annunciato all'improvviso un plebiscito sui suoi accordi con Hitler; Hitler interpretò questa mossa come una violazione dei loro accordi e pianificò di aggirarla con un'immediata azione militare.

Proposi che il Comandante in Capo dell'Esercito e il Capo di Stato Maggiore Generale fossero convocati per ricevere gli ordini direttamente da Hitler. Era chiaro che Beck altrimenti avrebbe semplicemente liquidato l'intera faccenda come impossibile, e io ovviamente non potevo riportare una cosa del genere al Führer. Brauchitsch era assente per un viaggio ufficiale, quindi tornai alla Cancelleria del Reich accompagnato solo da Beck. Le sue obiezioni furono bruscamente respinte da Hitler, quindi non ebbe altra scelta che obbedire e riferire alcune ore dopo quali formazioni di truppe sarebbero state pronte a entrare in Austria all'alba del 12. La sera dell'11 marzo, Brauchitsch lasciò l'edificio della Cancelleria del Reich con l'ordine esecutivo finale, dopo che era stato temporaneamente trattenuto una volta nel pomeriggio.

Raggiunsi casa mia solo verso le otto di sera e i miei ospiti mi stavano già aspettando, tra cui, per curiosa coincidenza, l'ambasciatore austriaco (Tauschitz) e il suo addetto militare (il maggiore generale Pohl), insieme a un'assemblea per lo più in uniforme e in borghese. Gli inviti erano stati spediti tre settimane prima, senza che io avessi mai immaginato che il 12 marzo sarebbe stato un giorno storico di prim'ordine. Poco dopo, potei constatare personalmente che i gentiluomini austriaci erano completamente a loro agio e ovviamente non avevano idea di ciò che sarebbe accaduto entro poche ore. Fu una pura coincidenza, ma quella serata divenne la copertura davvero ideale per il nostro ingresso in Austria.

La notte che seguì fu un vero purgatorio per me: una telefonata dopo l'altra arrivava dallo Stato Maggiore dell'Esercito e da Brauchitsch; infine, verso le quattro del mattino, ci fu una chiamata dal capo dello staff operativo militare dell'epoca, il generale von Viebahn; tutti mi imploravano di persuadere il Führer a cancellare l'operazione. Io però on avevo alcuna intenzione di chiedere una cosa del genere al Führer, nemmeno una volta; ovviamente promisi che avrei provato, ma richiamai ciascuno di loro poco dopo (senza aver fatto alcun tentativo di contattare Hitler naturalmente) e dissi che aveva respinto le loro proteste. Il Führer non seppe mai nulla di questo; se l'avesse saputo, il suo giudizio sulla leadership dell'esercito sarebbe stato devastante, una disillusione che volevo risparmiare a entrambe le parti.

Alle sei del mattino del 12, il Führer e io volammo fuori Berlino: voleva partecipare all'ingresso trionfale nella sua vecchia patria e accompagnare personalmente le truppe. Facemmo la nostra prima apparizione al posto di comando del Comandante in Capo delle divisioni che marciavano in Austria, il generale von Bock, che ci informò sui movimenti delle truppe e sui loro percorsi di ingresso, poiché il Führer voleva naturalmente essere lì per accogliere le sue truppe. Fu da qui che ebbe luogo la memorabile conversazione telefonica con Mussolini, dopo che il Führer aveva fatto consegnare a un emissario una lettera scritta a mano per giustificare le sue azioni: Mussolini chiamò personalmente per confermare di averla ricevuta e congratularsi con Hitler; seguì allora la frase memorabile di Hitler: "Duce, non lo dimenticherò mai", un'esclamazione che ripeté più volte.

A mezzogiorno attraversammo Braunau, la cittadina, luogo di nascita di Adolf Hitler, acclamati dai cittadini con un'ovazione senza fine. Ci mostrò la sua scuola e la casa dei suoi genitori, ed era visibilmente commosso. Concludemmo la serata nella sua seconda città natale, Linz, sul Danubio, dopo esserci ritardati in ogni paese e villaggio lungo la strada a causa delle truppe in avanzata e dalla folla festante che ci circondava. Era ormai notte fonda quando entrammo in città insieme al ministro austriaco Seyss-Inquart (Cancelliere federale dall'11), che si era unito al nostro gruppo alla periferia; qui, dal balcone del municipio, Hitler si rivolse a una vasta folla stipata nella piazza del mercato sottostante. L'atmosfera della manifestazione era elettrica ed eccitata oltre ogni immaginazione; non avevo mai visto nulla di simile prima e ne rimasi profondamente colpito. Avevo pensato che sarebbe stato assai improbabile che potessero avvenire conflitti a fuoco, spari o simili quando le nostre truppe fossero entrate nel paese, ma un'accoglienza del genere era qualcosa che non avrei mai immaginato. Restammo lì tutto il giorno successivo, domenica; Hitler era molto occupato con i dettagli amministrativi dell'unione, e nel pomeriggio ci fu una breve parata di truppe tedesche e austriache davanti all'hotel (l'Hotel Weinzinger a Linz).

Il giorno seguente arrivò il nostro grandioso ingresso a Vienna, dopo una sosta a mezzogiorno a Sankt Pölten. Fu solo a notte fonda che riuscii finalemnte a buttarmi su un letto nel nostro hotel (l'Hotel Imperial), dove di nuovo avevo una stanza che dava sulla strada; la folla densa e tumultuosa sotto sembrava non stancarsi mai di gridare e cantare: "Vogliamo vedere il nostro Führer! Vogliamo vedere il nostro Führer!" Quel pomeriggio seguì una parata militare di truppe tedesche ed austriache, dopo il discorso storico del Führer alla vasta folla radunata nella piazza del Castello, con la frase conclusiva: "Annuncio al popolo tedesco che la mia patria austriaca da oggi è entrata a far parte del Grande Reich tedesco." Quella stessa sera volammo da Vienna a Monaco: quel volo prima del tramonto è lo spettacolo più mozzafiato e straordinario che abbia mai visto; Hitler vide il mio incanto e, con lacrime di gioia negli occhi, mi disse semplicemente: "Tutto questo... tutto questo è ora di nuovo tedesco."

Dopo un pasto frettoloso al ristorante dell'aeroporto, tornai a Berlino mentre era ancora buio. Quella stessa notte ero di nuovo a casa. Gli ultimi giorni erano stati come ritrovarmi in un sogno troppo grande e incomprensibile per me. Per la prima volta, ero stato testimone oculare della storia in divenire.

Al mio arrivo (a Berlino) la mattina seguente, il capo del mio Ufficio Centrale, il maggiore Kleikamp, mi accolse con la notizia che il generale von Viebahn, capo dello staff operativo militare, si era rinchiuso nella piccola stanza luminosa che avevo fatto allestire nell'appartamento di Blomberg dopo che era diventato vacante e minacciava con una pistola in mano chiunque cercasse di parlargli o vederlo. Dovevo chiamare Jodl per farmi dire una parola subito, poiché voleva vedermi non appena fossi arrivato.

Il generale von Viebahn[2] era stato caldamente raccomandato al Führer come un ufficiale di stato maggiore superlativo dal generale von der Schulenburg, capo di stato maggiore dell'esercito della Prima Guerra Mondiale (in seguito Gruppo d'Armate) al tempo scherzosamente chiamato *"Deutscher Kronprinz"*; Schulenburg lo aveva avuto come capitano nel suo stesso staff. Il Führer mi aveva suggerito più volte di prendere Viebahn nell'OKW per il suo staff operativo, poiché dava grande valore al giudizio di Schulenburg; quest'ultimo era per di più vicino agli ambienti del Partito ed era un generale delle SS e delle SA. Lo rispettavo anche per i miei vecchi legami con lui. Conoscevo Viebahn dai tempi del mio ufficio del personale e avevo avuto molto a che fare con lui in passato, anche prima del 1933. Poiché la carica di capo dello staff operativo militare era libera in quel momento e poiché impiegavo Jodl come capo del dipartimento di difesa nazionale dell'OKW, concordai con i desideri del Führer. All'inizio mi era sembrata una soluzione valida, poiché Viebahn era un caro amico di Beck e speravo quindi che avrebbe colmato il divario tra Beck e me e appianato le nostre differenze. Ma non riuscii mai a capire questo strano individuo, e Jodl ancora meno; vista la maniera strana in cui mi aveva implorato (di fermare Hitler) durante la notte prima del nostro ingresso in Austria, persi completamente fiducia in lui. Durante la mia assenza, Jodl aveva dovuto sopportare le scene più improbabili da parte sua. A un certo punto aveva pregato ad alta voce e profetizzato disastri per tutti noi; poi era caduto in un silenzio distratto e meditabondo per diverse ore di fila. Poi, quando Jodl gli aveva finalmente detto di riprendersi, si era rinchiuso nel suo studio, rifiutando di parlare con chiunque e aveva anche lanciato un calamaio contro la porta.

Chiamai quindi Viebahn per farmi vedere. Ma ora che lo spettro del disastro era scomparso dai suoi occhi, era di nuovo perfettamente tornato in se, e quando gli consigliai di prendersi un riposo

---

2   Max Rudolf Fritz Gustav von Viebahn (1888-1980) è stato un generale di fanteria tedesco nella Seconda guerra mondiale. Venne presto rimosso dal suo incarico allo stato maggiore per turbe psichiatriche, ricoverato temporaneamente in un ospedale psichiatrico e venendo sostituito definitivamente con Alfred Jodl.

immediato per riprendersi, rifiutò fermamente, dicendo che era perfettamente in salute e che non capiva cosa intendessi. Protestò con Jodl per aver "mentito" su di lui, dopodiché Jodl lo cacciò senza cerimonie dalla stanza. Ebbi una straordinaria difficoltà a liberarmi di quest'uomo mentalmente instabile e isterico; l'Ufficio di Guerra si rifiutò di togliermelo di mezzo, e dovetti minacciare Brauchitsch che sarei andato dal Führer e avrei chiesto la sua rimozione se non fosse stato ritirato dall'OKW. Questo servì a qualcosa, ma finì con l'ottenere una denuncia per diffamazione da parte di Viebahn contro di me, a causa della mia affermazione che egli non era sano di mente. Fui felice di essere di nuovo solo con Jodl; l'altro capo dello staff operativo era una terribile presenza.

Il 18 marzo arrivò la fine del processo Fritsch, con il verdetto che ho già descritto. Fritsch si ritirò nella solitudine di una casa di campagna che era stata costruita per lui qualche tempo prima sul terreno di addestramento militare a Bergen (vicino a Uelzen), "lontano da uomini e bestie", come ebbe a dire lo stesso Führer davanti ai generali di Berlino in un discorso alla Cancelleria del Reich. Concluse anche dicendo di aver ordinato che il testimone dell'accusa, la cui spudorata menzogna aveva causato lo scandalo, fosse immediatamente fucilato. Tuttavia, alcune settimane dopo, Canaris mi disse che la Polizia Segreta di Stato non aveva eseguito l'ordine di esecuzione; quindi, divenne ovvio per me che il testimone doveva essere stato uno strumento prezzolato che difficilmente poteva essere fucilato come ricompensa per il suo operato.

Chiesi immediatamente a Canaris un chiarimento sul caso, per permettermi di fare un rapporto veritiero al Führer. Canaris iniziò a preoccuparsi e mi pregò di non fare uso di ciò che mi aveva detto, poiché lui stesso l'aveva sentito solo per sentito dire; promise però di fare immediatamente delle indagini con Heydrich in persona. Alcuni giorni dopo mi confermò quindi che l'ordine del Führer era stato ora eseguito e io mi dichiarai soddisfatto. Oggi sono convinto che il primo rapporto di Canaris a me fosse corretto e che lo avesse ritrattato solo per paura di Heydrich e di ciò che avrei detto a Hitler. La mia fiducia in Canaris mi sarebbe costata assai cara in seguito.

L'annessione immediata che Hitler aveva preteso e ordinato dell'Esercito Federale Austriaco e la creazione, da ceppi fortemente tedeschi del Reich, di due stati maggiori generali, insieme a una divisione corazzata, due di fanteria e due di montagna, impose un notevole sforzo organizzativo all'Ufficio di Guerra, oltre a significare che per la prima volta il programma "imposto" delle 36 divisioni veniva superato. Hitler stesso intraprese un tour di diverse guarnigioni della nuova "Ostmark" per arringare tutte le reclute e le unità che venivano formate; essendo lui austriaco, era sua massima ambizione creare qui formazioni esemplari nel più breve tempo possibile e nella vecchia tradizione prussiana, sotto il comando di ufficiali tedeschi del Reich selezionati; i suoi pensieri erano ora rivolti ai cechi, che erano stati colti di sorpresa dalla soluzione del problema austriaco e il cui interesse per esso difficilmente poteva rimanere puramente accademico..

Il 20 aprile, insieme ai Comandanti in Capo dei tre servizi, partecipai per la prima volta alle celebrazioni del compleanno del Führer. Göring, che dopo la partenza di Blomberg era stato promosso a *Generalfeldmarschall* ed era quindi il Comandante in Capo più anziano, fece un breve discorso esprimendo le congratulazioni delle Forze Armate; seguirono le consuete strette di mano e poi andammo a vedere una parata militare di tutti e tre i servizi nel Tiergarten. A mezzogiorno fummo ospiti del Führer per un piccolo banchetto.

Durante la serata, poco prima della partenza del Führer per Berchtesgaden, fui chiamato a vederlo da solo alla Cancelleria del Reich. Seguì la prima direttiva a me (menzionata più volte al processo) di avviare studi preliminari di stato maggiore per un possibile conflitto con la Cecoslovacchia. Come sempre, esprimeva ad alta voce i suoi pensieri, in un piccolo discorso: il problema, diceva, avrebbe dovuto essere risolto prima o poi, non solo a causa del modo in cui il governo ceco opprimeva la popolazione tedesca dei Sudeti che viveva lì, ma anche a causa della situazione strategica impossibile che si sarebbe sviluppata se fosse mai arrivato il momento del grande regolamento di conti con l'Est, e con ciò intendeva non solo i polacchi ma particolarmente i bolscevichi. Era assolutamente convinto che quello sarebbe stato il più grande pericolo per il Reich; la Cecoslovacchia occidentale avrebbe agito come un trampolino di lancio per l'Armata Rossa e l'Aeronautica, e in nessun tempo il nemico avrebbe dovuto trovarsi alle porte di Dresda e nel cuore del Reich. Mentre ammetteva di non avere alcuna intenzione di scatenare una guerra contro i cechi di sua iniziativa, potevano tuttavia emergere situazioni politiche in cui si sarebbe dovuti scatenare come un fulmine.

Le istruzioni che mi furono impartite furono registrate per la posterità nel Documento Schmundt[3], che fra l'altro, non ho mai visto personalmente; le accettai senza dire una parola, ma non senza qualche apprensione. Il giorno seguente, insieme a Jodl, esaminai le istruzioni che mi erano state date e decidemmo di temporeggiare sull'argomento, pur redigendo una direttiva formale nel senso richiesto; i documenti che sono stati conservati mostreranno, insieme alle annotazioni del diario di Jodl, il corso successivo degli eventi. Circa quattro settimane dopo - per insistenza di Schmundt - inviai al Berghof questa prima bozza della nostra "direttiva" all'Ufficio di Guerra; la sua introduzione è stata spesso menzionata: "Non è mia intenzione distruggere la Cecoslovacchia con un'azione militare nel prossimo futuro... ecc."

Jodl e io avevamo prudentemente tenuto nascosta la faccenda allo Stato Maggiore dell'Esercito, per evitare, come pensavamo, inutili allarmismi. Se qualcosa fosse effettivamente trapelato a loro—forse il Führer aveva espresso pensieri simili a Brauchitsch—non lo so. In ogni caso, emerse un memorandum completo, scritto da Beck, con una prima parte di natura politica e una seconda parte che discuteva l'equilibrio delle forze militari e le considerazioni strategiche che sarebbero state coinvolte nel caso in cui la Francia fosse intervenuta in un conflitto con i cechi a causa del trattato francese con loro. Brauchitsch mi chiamò per discutere il modo migliore di portare questo memorandum all'attenzione di Hitler. Aveva nel frattempo imparato a procedere con più cautela dopo il netto rifiuto di Hitler del memorandum dello Stato Maggiore sul "Comando delle Forze Armate in tempo di guerra", che aveva consegnato a Hitler senza la mia conoscenza poco dopo aver assunto l'incarico.

Dopo aver rapidamente esaminato il memorandum di Beck sul probabile esito di una guerra con la Cecoslovacchia, consigliai a Brauchitsch di non presentare assolutamente la prima parte, poiché Hitler l'avrebbe sicuramente e immediatamente respinta, senza nemmeno preoccuparsi di leggere la seconda parte. Decidemmo per questo motivo di presentare solo la seconda parte, poiché il Führer avrebbe davvero dovuto studiarla. Fu così che procedemmo, ma l'unico risultato fu una protesta molto aspra da parte di Hitler che ribadiva come secondo lui i dati non erano obiettivi e che l'equilibrio delle forze era stato rappresentato in modo troppo favorevole per il nemico (ad esempio, i veicoli corazzati francesi, ecc.). Fu un altro disastro per l'Esercito e risultò in un'ulteriore perdita di fiducia in Brauchitsch, cosa che rimpiangevo amaramente, anche se il Führer non riteneva Brauchitsch responsabile tanto quanto Beck e lo Stato Maggiore.

Fu in questo periodo che emerse un nuovo motivo di discordia: con grande (e giustificata) ira dell'Esercito, Hitler aveva incaricato Göring di verificare i progressi nella costruzione delle fortificazioni a ovest, o meglio di ispezionarle. Il rapporto di Göring al Führer fu un'unica lunga e particolareggiata accusa contro l'Ufficio di Guerra dall'inizio alla fine: sosteneva che praticamente non era stato fatto nulla, che quel poco che era stato fatto era inadeguato e che a malapena esisteva anche il più primitivo sistema efficace di difesa campale, ecc. Per quanto tutto ciò fosse grossolanamente esagerato, era pur vero che l'intero progetto di costruzione era ancora solo agli inizi; con l'accordo di Blomberg, il programma di costruzione per le strutture in cemento e le opere di fortificazione più grandi era stato previsto per un periodo di vent'anni fino al loro completamento. Il lavoro era stato avviato lungo tutta la linea, come Blomberg e io avevamo potuto constatare durante un viaggio di diversi giorni nel 1937 lungo l'intero fronte, e anche se erano davvero solo inizi isolati, i piani erano completi e ci furono mostrati già all'epoca. Ma ora il Führer, convinto da Göring, era amaramente deluso e accusò duramente lo Stato Maggiore di sabotare le sue richieste: annunciò l'intenzione di trasferire la co-

---

3   Rudolf Schmundt (1896 – Rastenburg, 1° ottobre 1944). divenne anche capo del dipartimento personale dell'Heer, come fedele e migliore aiutante di Hitler, e figura paterna per l'esercito tedesco. Perì a causa delle ferite riportate durante l'attentato del 20 luglio.

struzione delle fortificazioni al maggiore generale Fritz Todt, poiché le truppe del genio dell'Esercito si erano rivelate a par suo degli incompetenti.

Il risultato fu un rinnovato malumore da entrambe le parti. Il Führer deve, a mio avviso, aver saputo dell'esistenza del programma di costruzione e del suo ritmo pianificato, perché Blomberg gliene aveva parlato nell'estate del 1937. La verità era che non si adattava più nemmeno alle sue ambizioni politiche private, da qui la sua irritazione e l'intervento.

Il 20 maggio, la Cecoslovacchia senza alcun motivo e del tutto inaspettatamente annunciò la mobilitazione temporanea del suo esercito, che poteva solo essere intesa come un monito per la Germania. Hitler tornò a Berlino pieno di nuovi piani e decisioni. Annunciò che non aveva intenzione di accettare questa nuova provocazione dalla Cecoslovacchia senza reagire o di lasciargliela fare franca; chiese che ci preparassimo per la guerra il più rapidamente possibile, una richiesta che trovò espressione tangibile nella modifica della frase iniziale della direttiva per leggere: "È mia decisione irrevocabile distruggere la Cecoslovacchia con un'azione militare nel prossimo futuro."

Il Comandante in Capo dell'Esercito fu immediatamente avvertito verbalmente di questi nuovi ordini, che furono poi confermati dalla direttiva stessa.

Allo stesso tempo, la costruzione delle fortificazioni a ovest, nota come il "Vallo Occidentale", fu trasferita a Todt, l'Ispettore Generale della costruzione di strade. Gli fu ordinato di accelerare il programma di costruzione alla massima velocità, in conformità con i piani e i principi tattici elaborati dalle truppe del genio, impiegando per questo compito anche le squadre di costruzione che avevano costruito le autostrade. L'obiettivo era costruire entro diciotto mesi diecimila strutture in cemento di ogni tipo, dalle fortificazioni più massicce ai bunker più piccoli, mentre entro l'autunno del 1938 dovevano essere completati cinquemila piccoli bunker secondo i progetti che Hitler stesso aveva disegnato, per offrire protezione contro mortai e granate pesanti, concentrati principalmente lungo il settore tra Karlsruhe e Aquisgrana.

Dopo aver emesso tutti gli ordini più importanti—che provocarono molte perplessità e ulteriore denigrazione dell'OKW presso l'Ufficio di Guerra—Hitler assistette a prove di fuoco a Jüterbog, dove varie dimensioni di strutture in cemento furono sottoposte al fuoco pesante di obici da campo e mortai per testare la capacità degli spessori di cemento da lui stesso ideati allo scopo di resistere al bombardamento. Successivamente, nella mensa, si rivolse ai generali comandanti dell'Esercito che si erano riuniti per assistere alle prove; il suo obiettivo, come mi disse, era contrastare con critiche dure e obiettive i discorsi catastrofisti del memorandum di Beck sul potenziale militare dei nostri potenziali nemici e di noi stessi. Il suo amico von Reichenau, che godeva ancora di una stretta amicizia personale con Hitler, lo aveva informato che Brauchitsch aveva fatto leggere il memorandum di Beck ai generali comandanti durante una conferenza, e aveva lasciato un'impressione decisamente sfavorevole su di loro; questa era chiaramente la personale contribuzione di Reichenau alla campagna contro il Comandante in Capo dell'Esercito: Reichenau e Guderian gareggiavano per vedere chi dei due poteva denigrare di più Brauchitsch.

Il discorso del Führer fu abbastanza abile e rivelò in modo convincente alcuni punti vulnerabili nel memorandum; in ogni caso, fu una critica tagliente dello Stato Maggiore e del suo Capo in particolare, che di conseguenza presentò domanda di dimissioni dal suo incarico poiché "non si sentiva più in grado di guidare la formazione degli ufficiali di Stato Maggiore".

Il 30 settembre quindi, Beck fu sollevato dal suo incarico e Halder[4] prese il suo posto. Il Comandante in Capo dell'Esercito chiese che a Beck fosse dato il comando di un Gruppo d'Armate, ma il Führer si rifiutò categoricamente: Beck, a suo avviso, era stato "troppo intellettuale" per essere Capo di Stato Maggiore; Beck era visto come un pessimista incorreggibile e un ostacolo ai suoi piani, e forse soprattutto era riconosciuto come il genio del male che aveva così spesso rovinato i suoi rapporti con

---

4   Franz Halder (1884 –1972) è stato capo di stato maggiore dell'esercito tedesco dal 1938 al settembre 1942 quando si dimise a causa dei frequenti disaccordi con Hitler.

Brauchitsch. Da ciò che avevo visto personalmente, potevo concordare incondizionatamente con il giudizio di Hitler solo su quest'ultimo punto.

Non versai quindi lacrime per Beck, vista la maniera spudorata in cui mi aveva trattato; ero sempre il primo a riconoscere le sue grandi virtù, e non avrei mai pensato che fosse capace di vendere la sua anima a cospiratori traditori già nel 1938, o di esserne il leader spirituale da quel momento in poi. Si possono cercare i suoi motivi solo nella sua vanità ferita e nel suo odio abissale per Hitler; ecco perché questo ufficiale un tempo impeccabile fece causa comune con i nostri nemici e rafforzò la loro determinazione mentre aspettava la nostra caduta, qualcosa che Beck era impossibilitato a provocare da solo. Non era un leader, come avrebbe dimostrato come cospiratore con il suo comportamento patetico quando c'era ancora tempo per agire e quando il complotto - anche se era andato male - richiedeva un uomo d'azione e non il fantasma che era sempre stato; testimone i suoi tre futili tentativi di spararsi un colpo alla testa mentre era seduto su una sedia!

Per l'Ufficio di Guerra e l'OKW, l'estate del 1938 fu pienamente dedicata alla pianificazione preliminare per l'eventualità cecoslovacca (denominata in codice "*Fall Grün*"). Le difficoltà coinvolte nell'esercizio erano principalmente di natura logistica: come potevano le truppe e l'equipaggiamento di quaranta divisioni incomplete (inclusa quella austriaca) essere radunati per l'attacco senza mostrare il minimo accenno di mobilitazione, che Hitler aveva espressamente proibito?

Il metodo principale fu quello di tenere grandi "manovre" in Slesia, Sassonia e Baviera, con il richiamo successivo di diverse classi di riservisti senza rilasciarne nessuno prima che le manovre fossero terminate; le divisioni erano state formate sui terreni di addestramento delle truppe, mentre il Servizio del Lavoro del Reich era stato mobilitato per presidiare le posizioni a ovest. Ogni espediente immaginabile ma discreto doveva essere sfruttato: colonne di munizioni e rifornimenti improvvisate in fretta e furia erano camuffate come collegate alle manovre, e i movimenti ferroviari come legati al Raduno del Partito del Reich. Con il senno di poi, si può solo ammirare il risultato raggiunto dall'Esercito nell'organizzare tutto questo: sotto Halder, lo Stato Maggiore ottenne l'impossibile senza suscitare il minimo sospetto o permettere a chiunque di capire cosa ci fosse realmente dietro questi preparativi di "manovra". Per pura ingegnosità, non potevano essere superati; Hitler stesso suggerì molte delle idee e fu costantemente aggiornato dal Comandante in Capo dell'Esercito su come procedevano le cose.

In agosto, Halder colse l'occasione di un viaggio sullo yacht del Führer, il "Grille", in occasione di una rivista della flotta, per informare il Führer e me su una mappa del suo piano operativo effettivo. Il Führer fece numerose domande ma non espresse alcuna opinione particolare; chiese che fosse preparata una mappa che mostrasse tutti gli schieramenti e come le nostre forze dovevano essere dispiegate, e un breve memorandum sulla probabile sequenza degli eventi. Era particolarmente interessato a quei punti delle fortificazioni di frontiera del nemico dove era previsto lo sfondamento, poiché aveva studiato attentamente il loro valore e le loro debolezze. C'erano diverse divergenze di opinioni su questo punto, in particolare sull'uso dell'artiglieria media, di cui disponevamo solo una modesta quantità, e sulle forze corazzate e le operazioni aeree. La conferenza informativa si concluse senza un sì decisivo o un no chiaro da parte sua: Hitler voleva riflettere di nuovo su tutto con calma. Halder era saggio come sempre e gli consegnò immediatamente la mappa e tutti i suoi appunti, chiedendo solo che una decisione fosse raggiunta al più presto poiché gli ordini dovevano essere emessi per i vari eserciti.

Al suo ritorno a Berlino, il Führer mi comunicò le sue opinioni e mi chiese di trasmetterle a Brauchitsch. Dopo un certo andirivieni con me, annunciò che, sebbene in linea di massima fosse d'accordo con il piano, era costretto a obiettare in linea di principio al piano per l'impiego dei gruppi corazzati, che era completamente sbagliato, e voleva che fosse modificato per prevedere che si unissero e si lanciassero verso Praga da sud-ovest, attraverso Pilsen. Halder mi disse che si rifiutava di apportare una tale modifica, perché la nostra stessa debolezza nell'artiglieria media ci avrebbe obbligati a frammentare le nostre forze corazzate per garantire che la nostra fanteria potesse sfondare i punti cruciali. Non potei discutere con la logica di Halder, ma potei solo conformarmi alle mie istruzioni da Hitler; consigliai a Brauchitsch di parlarne direttamente con il Führer, ma egli si astenne dal farlo. Il Führer, inoltre, era tornato a Berchtesgaden nella seconda metà di agosto. Fu in questo periodo che (il signor Neville) Chamberlain fece la sua prima storica visita al Führer al Berghof, e io e il nostro Segretario agli Esteri (von Ribbentrop) fummo entrambi convocati per partecipare. Per il Primo Ministro britannico fare una visita mi sembrò all'epoca un evento molto insolito. Il vecchio signore era effettivamente volato da Londra a Monaco; apparentemente era la prima volta che volava da qualche parte. I cosiddetti "problemi tedeschi" e il mantenimento della pace erano ovviamente in cima all'ordine del giorno. Come sempre durante le funzioni politiche, ero semplicemente il rappresentante delle Forze Armate convocato per l'accoglienza e la partenza dell'ospite, e non partecipai ai colloqui; la mia presenza mi sembrò molto superflua, per quanto fosse interessante per me conoscere i principali statisti europei - o almeno vederli e scambiare qualche parola convenzionale in conversazione con loro. Lasciai il Berghof poco dopo Chamberlain; era evidente che Hitler non era soddisfatto del risultato.

Nella prima metà di settembre, si svolse il raduno annuale del Partito del Reich, solo che questa volta servì contemporaneamente a mascherare la concentrazione delle nostre truppe nelle aree delle "manovre", che erano state pianificate in modo che a un certo punto la tendenza generale delle manovre sembrasse essere verso la frontiera ceca, mentre in un altro momento fosse nella direzione opposta. Poco prima, io e il maggiore von Lossberg avevamo consegnato al Führer nella sua casa a Monaco il calendario esatto degli eventi per il *Fall Grün* (o Caso Verde, operazioni contro la Cecoslovacchia); il calendario delineava in dettaglio per l'Esercito e l'Aeronautica tutti i passi da compiere, i movimenti delle truppe e gli ordini da emettere, ecc., a partire dal giorno dell'attacco, il D-day, e retrocedendo. Questo calendario era governato da due considerazioni caratteristiche:

1. A che punto sarebbe diventato impossibile mascherare ulteriormente i movimenti delle nostre truppe?
2. Quanto tardi poteva essere lasciata l'emissione di un eventuale ordine di fermare i movimenti delle truppe?

Questo calendario delle scadenze avrebbe servito come guida per Hitler mentre guidava le sue misure diplomatiche in armonia con lo svolgimento del piano strategico principale.

Gli mostrai come avrebbe funzionato il calendario (era stato formulato da Jodl in stretta collaborazione con i servizi combattenti). Secondo il piano, Hitler doveva solo fissare la data per il D-day e l'intero piano avrebbe funzionato senza intoppi come un orologio; sarebbe stato possibile per ogni giorno vedere cosa doveva accadere e quando.

Hitler fu felicissimo di questo "programma" e ci congedò senza ulteriori indugi. Quella fu la prima volta che vidi l'interno del suo modesto appartamento. Dopo un pasto veloce in un ristorante vicino, Lossberg e io tornammo quello stesso pomeriggio lungo l'autostrada a Berlino; era stata una giornata assai impegnativa.

Al Raduno del Partito (a Norimberga), a cui ero stato obbligato a partecipare anche quest'anno, Hitler mi chiese se lo Stato Maggiore avesse modificato il suo piano operativo secondo i suoi desideri. Telefonai a Halder e mi disse che non l'avevano fatto: non erano stati in grado di modificarlo in tempo, poiché gli ordini erano già stati emessi. Chiesi a Hitler il permesso di volare a Berlino per parlare personalmente con Brauchitsch; dissi, per motivi di sicurezza, che sarebbe stato imprudente usare il telefono. Decisi che in nessun caso sarei tornato a Norimberga senza aver raggiunto il mio scopo. Parlai da solo con Brauchitsch, e lui vide la posizione in cui ci trovavamo entrambi; promise di parlare immediatamente con Halder in questo senso. Ma quando lo chiamai due ore dopo per avere la sua decisione finale per il mio volo di ritorno a Norimberga, rifiutò qualsiasi prospettiva di apportare modifiche; era del tutto impossibile, e avrei dovuto dire a Hitler che ciò era la cosa giusta da fare!

Conoscevo già assai bene il Führer, e sapevo che non sarebbe stato soddisfatto di quella risposta; ed infatti proprio così andò. Brauchitsch e Halder furono immediatamente incaricati di presentarsi a lui a Norimberga il giorno successivo. I colloqui tra loro iniziarono nell'hotel "Deutscher Hof" poco prima di mezzanotte e durarono diverse ore: l'idea di Hitler era di convincere questi recalcitranti soggetti con una lezione paziente e dettagliata sull'uso della moderna cavalleria da battaglia (in altre parole, le formazioni corazzate); intanto avevo già suggerito loro una soluzione di compromesso perfettamente valida. Mi dispiaceva per il tempo sprecato, specialmente di notte, su questo, poiché potevo prevedere che alla fine tutta la loro opposizione e tutta la loro ingiustificata ostinazione sarebbero crollate in una resa, con una conseguente ulteriore perdita di prestigio per entrambi. Alle tre era troppo tardi: Hitler perse la pazienza e ordinò categoricamente di unire le formazioni corazzate come aveva richiesto e di usarle come una forza combinata nell'attacco di sfondamento attraverso Pilsen. Con freddezza e sussiego congedò i signori generali dalla sua presenza.

Mentre ci dissetavamo nel vestibolo dopo aver perso questa battaglia, Halder mi chiese con una voce tremante d'indignazione: "Che cosa vuole veramente?" Ero così irritato che risposi: "Se non l'hai ancora capito, allora hai tutta la mia simpatia."

Pertanto, solo allora Brauchitsch intervenne per rimediare. I nuovi ordini furono immediatamente redatti e le richieste di Hitler furono pienamente soddisfatte. Mentre Halder scriveva gli ordini, potei solo chiedere a Brauchitsch: "Perché litighi con lui, quando sai che la battaglia è persa prima ancora che sia iniziata? Nessuno pensa che ci sarà una guerra per questa situazione; quindi, l'intera faccenda non valeva tutta questa amara azione di retroguardia. Stai giocando le tue carte in gesti del tutto futili e alla fine devi cedere comunque; e poi, quando sarà davvero una questione di vita o di morte, la tua opposizione mancherà dell'autorità necessaria per essere efficace."

Ho descritto questo episodio in dettaglio solo perché illustra in un esempio classico (una controversia che non era nemmeno di prim'ordine) i sintomi delle condizioni in cui tutti dovevamo lavorare con Hitler. Se una volta egli si metteva un'idea in testa, nessuno al mondo poteva fargliela cambiare; faceva sempre a modo suo, che fosse approvato o disapprovato dai suoi consiglieri.

Nella seconda metà di settembre (in effetti, dal 22 al 23 settembre 1938), Chamberlain ci fece una seconda visita, questa volta a Godesberg sul Reno. Brauchitsch mi aveva fornito Stillpnagel come osservatore nel caso in cui fossero necessarie misure militari; quindi, almeno avevo qualcuno con cui parlare durante le discussioni politiche, che andarono avanti per ore e da cui noi soldati eravamo sempre esclusi. Nel tardo pomeriggio ci fu un elemento di tensione pericoloso a causa di un telegramma da Praga che riportava la notizia della mobilitazione dell'esercito ceco. Mentre telefonavo a Jodl e organizzavo che chiarisse la situazione con il nostro addetto militare a Praga, Hitler come tutta risposta dettò una lettera al Primo Ministro britannico in cui affermava che stava adottando completa libertà d'azione ed era pronto, se necessario, a salvaguardare gli interessi tedeschi con la forza delle armi, qualora i colloqui in corso fossero stati viziati dalla mobilitazione ceca. Fortunatamente, le notizie in tal senso furono smentite sia da Jodl che da Chamberlain stesso, con il risultato che i colloqui ripresero il giorno successivo e terminarono, se non con una soluzione definitiva, almeno con la creazione di una base adatta per evitare la guerra. Dopo il tramonto di quella sera, volammo di nuovo a Berlino facendo un giro intorno ai temporali che infuriavano su tutto il paese; fu uno spettacolo incomparabile vedere le scariche elettriche da circa diecimila piedi di altezza, con i fulmini che si irradiavano sia a livello che sotto il nostro aereo.

Il giorno successivo andai a una battuta di caccia al cervo come ospite del direttore generale della A.E.G., la General Electric Agenzia, il sig. Luenitsch e il secondo giorno a J., vicino a Berlino, dove abbattei il cervo più grande della mia vita; a me sembrò un buon auspicio per l'imminente soluzione della questione ceca.

Come è storicamente noto, fu l'intervento di Mussolini a portare finalmente ai colloqui di Monaco tra i quattro statisti nel palazzo del Führer alla Königsplatz alla fine di settembre. L'unico statista che non conoscevo era il signor Daladier, a cui l'ambasciatore francese François-Poncet mi presentò mentre tutti partecipavamo a un piccolo buffet in piedi. Fui escluso dai colloqui, anche se Göring vi partecipò. Il risultato (cioè la cessione alla Germania dei Sudeti) è ben noto a tutti, ma non credo che sia generalmente noto che fu Daladier a rimuovere finalmente l'ostinata resistenza del Primo Ministro britannico sulla questione dei Sudeti dicendo: "Non tollereremo una guerra per questo, i cechi dovranno semplicemente cedere la loro sovranità sulla regione. Dovremo semplicemente costringerli ad accettare la cessione." Schmundt annotò tutto mentre procedevano.

Alla conferenza degli ambasciatori dove furono decisi i territori da trasferire, il nostro Alto Comando militare fu formalmente rappresentato perché, anche se le frontiere etniche e linguistiche dovevano essere i fattori guida, la nuova frontiera strategica e l'amputazione delle fortificazioni di frontiera ceche svolgevano un ruolo militare piuttosto considerevole: queste erano le istruzioni che diedi, e attraverso il mio osservatore servirono come termine di riferimento per i nostri rappresentanti del Ministero degli Esteri. I servizi estremamente preziosi resi da François-Poncet nell'assicurare l'accettazione delle richieste tedesche, e le minacce umoristiche che rivolse agli altri: "Ora, sbrigatevi! Il Vecchio (Hitler) è già in viaggio per Berlino", sono ormai storia. Il fatto vero era che la Francia non aveva alcuna intenzione di andare in guerra per i problemi ai confini orientali della Germania; il riconoscimento di questo da parte di Hitler e la sua incrollabile fiducia nell'acquiescenza della Francia aveva ripetutamente rassicurato che la Germania non sarebbe mai andata in guerra con loro per l'Alsazia-Lorena, furono disastrosi per l'esito della sua successiva diplomazia nel problema polacco, perché dopo Monaco l'Inghilterra cominciò a pensare in modo molto diverso e costrinse la riluttante Francia a unirsi al suo campo.

Sono convinto che i rapidi progressi che avevamo fatto dall'estate del 1938 con la costruzione delle nostre fortificazioni occidentali, e la scala dello sforzo umano e materiale che avevamo dedicato a loro, abbiano avuto un ruolo importante nell'influenzare i francesi nella loro rivalutazione del trattato di alleanza che avevano garantito alla Cecoslovacchia. Le fortificazioni occidentali difficilmente potevano rimanere nascoste ai francesi, e infatti ne erano ben consci; ovviamente guadagnarono enormemente prestigio allor quando il loro valore difensivo fu dimostrato nell'autunno del 1938: solo pochissime divisioni erano necessarie per presidiare queste fortificazioni, rinforzate da circa trecentomila uomini del Servizio del Lavoro del Reich e unità di riserva improvvisate, che erano equipaggiate solo con armi e armamenti in gran parte inadeguati. L'intera cosa era in realtà solo un enorme bluff. Mediante bonus, turni ben distribuiti di giorno e di notte e uno sforzo magnifico da parte degli uomini, si ottenne la massima produzione. Ogni settimana Todt doveva riferire quanti bunker completi erano stati completati, e il risultato fu che entro il 1° ottobre 1938 fu raggiunto il numero richiesto di quasi cinquemila siti di fortificazione, ammesso che i più fossero finiti un pò alla rinfusa.

Già in maggio avevo accompagnato il Führer in un tour d'ispezione dei cantieri, che a quel tempo erano ancora un progetto affidato all'Esercito. Il programma di costruzione era sotto il comando generale del quartier generale del Secondo Gruppo d'Armate a Kassel. Su mia stessa proposta, il generale Adam[5], uno dei protetti di Blomberg e precedentemente Comandante dell'Accademia Militare a Berlino, era stato nominato successore di Ritter von Leeb come Comandante in Capo del Secondo Gruppo d'Armate il 1° aprile 1938. Avevo pensato all'epoca che un generale così competente e dotato - prima di Beck era stato Capo di Stato Maggiore—non dovesse venire "sprecato" all'Accademia Militare, e l'avevo quindi messo a disposizione di Brauchitsch.

Adam accolse il Führer nella sua qualità di "Comandante in Capo Ovest" e fece un discorso introduttivo sulle prospettive di difesa del fronte occidentale vista la disposizione di truppe che l'Ufficio di Guerra gli aveva assegnato e i progressi attuali che erano stati fatti con la costruzione delle fortificazioni. Secondo quanto lo stesso Adam mi disse in seguito, i suoi commenti erano in linea con l'opinione al tempo sostenuta da Beck, il Capo di Stato Maggiore dell'epoca; ammise l'intenzione di

---

5   Wilhelm Adam (15 September 1877 – 8 April 1949) was a German general who served in the Bavarian Army, the Reichswehr and the Wehrmacht.

esporre con forza la vulnerabilità dell'intero sistema e l'impossibilità di offrire una resistenza efficace a ovest del Reno per più di pochi giorni. L'obiettivo principale in tutto questo era dissuadere Hitler a tutti i costi dai suoi piani per un attacco alla Cecoslovacchia, che erano già stati anticipati e probabilmente non del tutto sconosciuti.

Il generale Adam, che era stato designato come Comandante in Capo per il fronte occidentale, colse volentieri l'occasione per accennare che era necessario un considerevole rinforzo delle sue truppe indubbiamente inadeguate; quale comandante in capo, infatti, non lo avrebbe fatto, dato che i soldati a disposizione non bastano mai? Ma si assunse anche il compito e l'onere di dipingere il suo dilemma in termini davvero drastici e, peggiorato dall'uso del suo linguaggio peculiare che non era certo esattamente diplomatico.

Il risultato, come era da aspettarsi, fu un nuovo sfogo da parte di Hitler, che respinse le lamentele senza mezzi termini; fu una situazione molto imbarazzante, che fu bruscamente alleviata quando Hitler interruppe deciso il discorso del generale Adam con un "Grazie" e lo congedò dalla sua presenza. Fui allora obbligato a stare lì ad ascoltarlo inveire contro di me che questo generale era stato una grande delusione per lui, e che doveva andarsene; non aveva alcuna simpatia per generali come questi che non avevano alcuna fiducia nella loro missione ancora prima di iniziare. Le mie pronte proteste che non era questo che intendeva Adam, che voleva solo affrontare quanti più problemi possibile, e che era uno dei nostri generali più competenti, non servirono a nulla; Brauchitsch ebbe una lezione simile da lui, col risultato che questo soldato eccezionale fu messo in pensione. Percorremmo la frontiera in pochi lunghi balzi. In diversi luoghi Hitler ordinò persino che le opere di difesa fossero spostate fino al confine politico, ad esempio ad Aquisgrana, Saarbrücken, e così via. Hitler intervenne personalmente ovunque, dichiarando che le idee dello Stato Maggiore erano tutte sbagliate e mal concepite.

Alla fine di agosto (dal 27 al 29 agosto 1938), accompagnai Hitler in un secondo tour del Vallo Occidentale, ora in uno stato molto avanzato di completamento. Il generale von Witzleben ci accompagnò, ricevendo numerose istruzioni dettagliate per ulteriori miglioramenti, che furono immediatamente trasmesse a Todt come ordini. L'Esercito era ora responsabile solo del rilevamento tattico e dell'allocazione dei siti e per il design delle installazioni di battaglia. Il tour servì simultaneamente a un secondo scopo: come deterrente propagandistico alla Francia.

Molto presto dopo Monaco, divenne chiaro a me che, sebbene Hitler fosse perfettamente felice della vittoria politica che aveva ottenuto sulla Gran Bretagna, aveva dovuto rinunciare nel mentre alla soluzione strategica del problema cecoslovacco, poiché aveva originariamente deciso di obbligare la Cecoslovacchia a unirsi all'orbita del Grande Reich tedesco in stretta alleanza militare sia mediante obblighi contrattuali o, se ciò si fosse rivelato impossibile, con la forza delle armi.

Poiché divenne sempre più evidente che non c'era alcuna prospettiva di conquistare alla causa, la Cecoslovacchia con mezzi pacifici, a causa del fermo sostegno che ora godeva dalle potenze europee, alla fine di ottobre 1938 iniziò a prendere forma un piano per eliminare il paese come stato nemico con la forza delle armi alla prima opportunità; sfruttando anche il fatto che si era già notevolmente indebolita dalla perdita delle sue fortificazioni di frontiera. Di conseguenza, verso la fine di ottobre, furono emesse direttive preliminari per il mantenimento della risposta militare per il momento in cui tutti i requisiti politici sarebbero stati—in un modo o nell'altro—soddisfatti, sfruttando, fra le altre cose, anche la lotta per l'indipendenza ampiamente pubblicizzata della Slovacchia.

Quindi l'eliminazione finale della questione ceca era stata solo temporaneamente accantonata, quando il generale Jodl lasciò l'Alto Comando alla fine di ottobre per assumere il suo incarico attivo come comandante di un'unità di artiglieria a Vienna. Se avessi avuto anche solo un'idea che ci sarebbe stata una guerra in vista, non lo avrei mai lasciato andare in quel modo. Dopo il disastro con il generale von Viebahn in marzo e aprile, decisi di fare a meno di un sostituto per Jodl come capo dello staff operativo e feci trasferire il suo lavoro al colonnello Warlimont, capo del dipartimento di difesa nazionale, in stretta collaborazione con me.

Le fortificazioni di frontiera ceche (nell'area che era stata ceduta a noi) suscitarono grande interesse non solo tra noi soldati, ma naturalmente anche in Hitler; esse erano state costruite sul modello della linea Maginot francese sotto la supervisione di ingegneri edili francesi. Fummo molto sorpresi dalla forza e potenza dei grandi blocchi di cemento e delle postazioni di artiglieria; ebbero luogo numerose prove di fuoco in presenza del Führer, con le fortificazioni bombardate dai nostri pezzi di artiglieria standard. La cosa più sorprendente per noi fu il potere di penetrazione dimostrato dai cannoni antiaerei da 88 millimetri, che erano in grado di sfondare i normali bunker a una distanza di circa due chilometri, una funzione - va detto - che Hitler aveva richiesto loro in anticipo; quindi aveva avuto ragione a ordinare il loro uso in questo modo.

All'inizio di novembre 1938, dopo che l'Alto Comando era stato incaricato di elaborare studi di stato maggiore preliminari per la rioccupazione di Danzica e Memel nel caso in cui le circostanze avessero favorito l'esecuzione di un tale piano, dovetti organizzare un tour di ispezione delle fortificazioni orientali. Hitler mi disse che desiderava farsi un'idea della forza delle nostre fortificazioni contro la Polonia: nessuno poteva dire, spiegò, se la questione di Danzica - e il ritorno di Danzica al Reich fossero il suo vero obiettivo incrollabile – e se questo potesse esplodere in un conflitto con la Polonia stessa. Chiesi a Brauchitsch di organizzare un tale tour di ispezione, e dissi che sarebbe stato del tutto fuori questione per lui astenersi dal partecipare personalmente, come aveva già fatto nei due tour precedenti a ovest; il suo metodo di nascondersi in secondo piano ogni volta che si trattava di evitare interferenze esterne o di evitare di essere coinvolto in dispute sconvenienti, mi era ormai chiaro da tempo e non mi piaceva affatto, perché poi tutti potevano discutere ogni cosa con me in seguito e accusarmi di non aver rappresentato attivamente gli interessi dell'Esercito.

I miei presentimenti furono più che giustificati: per quanto coraggiosamente il generale Foerster difendesse i progressi fatti in gran parte sotto il suo comando in merito alle principali opere di fortificazione alla curva dei fiumi Oder e Warta, Hitler non trovò una parola gentile da dire su nessuna di esse: questi enormi progetti erano "trappole inutili", senza potenza di fuoco e solo con un paio di patetiche piccole torrette di mitragliatrici, e così via, fu insomma una critica continua. Il risultato finale, come già per Adam, fu il licenziamento del generale Foerster dal suo comando; ci volle molta pazienza e una richiesta personale mia al Führer per farlo nominare generale comandante del Sesto Corpo d'Armata a Münster.

Nonostante tutto, quell'inverno il Vallo Orientale preoccupò Hitler così tanto che qualche tempo dopo ispezionò il fronte dell'Oder da Breslavia fino a Francoforte sull'Oder, solo che questa volta lo fece senza di me. Questa volta furono le fortificazioni degli argini la causa del malcontento perché erano chiaramente visibili al nemico da una certa distanza. Ma anche in questo caso, Hitler dimostrò successivamente di avere ragione, poiché durante la nostra campagna francese, bastò un solo colpo diretto della nostra artiglieria da 88 millimetri per distruggere ciascuno dei blocchi di cemento francesi visibili sulla sponda opposta del fiume.

In ogni caso, nonostante tutti i fastidi che causarono all'Ufficio di Guerra, gli intensi lavori sulle fortificazioni orientali e il ruolo speciale della Prussia Orientale (che non approfondirò qui) diedero a tutti noi la sensazione rassicurante che non dovevamo più considerare la possibilità di una guerra con la Polonia nel prossimo futuro, sempre ammesso, naturalmente, che non fossimo direttamente attaccati. Quest'ultima eventualità non era naturalmente esclusa nemmeno da Hitler, poiché c'era sempre la possibilità che i polacchi potessero venire in aiuto della Cecoslovacchia.

Fu in questo modo che nella primavera del 1939 emerse la nuova "Direttiva per lo Schieramento e la Battaglia" dell'OKW; in realtà, essa era pianificata solo per scopi difensivi, nel caso in cui la Polonia, sostenuta e istigata dalle Potenze occidentali, avesse deciso di agire contro di noi, sia come risultato o in connessione con il problema di Danzica. Ripeto, per amor di accuratezza storica, devo ribadire che questa direttiva era di natura puramente difensiva. Mi risulta che Brauchitsch abbia già confermato questo nel banco dei testimoni.

▲ Adolf Hitler ispeziona con Keitel e Himmler il Westwall, 16 maggio 1939. Bundesarchiv Wiki cc-1

▲ Il feldmaresciallo Wilhelm Keitel e i suoi tre figli, Hans-Georg, Ernst-Wilhelm e Karl-Heinz, 1940. Hans Georg morì sul fronte orientale. Karl-Heinz Keitel, figlio maggiore del maresciallo, divenne ufficiale di cavalleria dell'esercito dal 1934. Nel 1944 si trasferì alle Waffen-SS prendendo il comando di un reggimento della 22ª Divisione di Cavalleria-Smaria "Maria Theresia". Fu ferito in combattimento contro i sovietici a Budapest. Infine Ernst-Wilhelm Keitel, ufficiale dell'esercito. Venne catturato dai sovietici alla fine della guerra. Qui appaiono in una foto di famiglia nella loro casa di Helmscherode.

Con la mia nomina a capo dell'OKW, cessai di essere un uomo libero: qualsiasi libertà di disporre del mio tempo come volevo e di ordinare i miei affari familiari come desideravo dovette cedere alla mia permanente dipendenza da Hitler e alle imprevedibili e numerose richieste che faceva al mio tempo. Quante volte ho dovuto interrompere inaspettatamente anche i miei brevi permessi durante i weekend a Helmscherode[6] o le battute di caccia in Pomerania per riferirgli, assai spesso più a causa di qualche suo piccolo capriccio che per qualsiasi reale e impellente motivo. Per quanto prontamente mi fossero concessi i permessi e persino i viaggi vitali dal quartier generale del Führer a Berlino, i permessi generosamente elargiti, erano altrettanto spietatamente revocati e io ero richiamato di nuovo dal capo. Se ciò avvenisse a causa del mio senso di responsabilità a causa del mio forte senso del dovere, o se fosse perché l'ufficio degli aiutanti di Hitler esitava a mettere un freno a queste sue richieste, non lo so; sfortunatamente, non scoprii mai cosa c'era nell'aria finché non arrivavo davanti alla sua presenza. Di solito era per qualcosa che era successo e che solo io potevo risolvere, e di regola non era quasi mai nulla di particolarmente piacevole.

Quando avrei mai potuto dedicare qualche ora di svago a mia moglie o ai miei figli? Per me non c'era più pace, anche se non c'era ancora nessuna guerra che mi legasse al quartier generale. Mia moglie ha sopportato tutto quanto nel modo più ammirevole. Che tipo di marito e padre potevo essere per lei e i nostri figli, tornando a casa irritabile e nervoso come ormai facevo invariabilmente? Ora che non dovevamo più contare ogni centesimo, e ora che potevamo ottenere biglietti per il teatro ogni settimana e permetterci anche altri lussi, non avevo più tempo per queste cose. Ero legato alla mia scrivania quasi ogni sera, arrancando tra le montagne di carte e documenti di lavoro che si erano accumulate durante il giorno. Tornavo a casa morto di stanchezza e crollavo addormentato.

Oltre a tutto questo, ora mi sentivo responsabile non solo per Helmscherode, ma anche per la mia sorella sposata a Wehrkirch, e molto anche per i figli di Blomberg: non avevano nessuno a parte me a cui rivolgersi, ora che il loro padre era all'estero con la nuova moglie.

All'inizio Blomberg mi scriveva regolarmente, spesso con numerose richieste, tutte cose che ero felice di soddisfare. Alcune settimane dopo la sua partenza, ricevetti un telegramma da lui dall'Italia: "Manda mio figlio Axel da me immediatamente con passaporto e valuta estera per le spese di viaggio, per discutere questioni vitali con me."

Chiamai il figlio a rapporto - era un tenente dell'Aeronautica - e lo mandai da suo padre. Al suo ritorno otto giorni dopo, mi portò una lettera che suo padre aveva scritto dopo lunghe discussioni con lui. In questa lettera, mi chiese di comunicare a Hitler che ora voleva separarsi da sua moglie, ma anche che avrebbe messo in atto questo piano solo se il Führer lo avesse riaccolto nel suo favore e lo avesse reintegrato. Chiesi al Führer di leggere la lettera da solo; come mi aspettavo, rifiutò categoricamente la condizione, sottolineando che al tempo gli aveva già intimato di far annullare immediatamente il matrimonio. Blomberg aveva rifiutato, dicendo che era una richiesta impossibile da fargli, disse Hitler; quindi, ognuno aveva seguito la propria strada e l'orologio ora non poteva essere riportato indietro. Per quanto delicatamente comunicai questo a Blomberg, ha sempre pensato che io avessi orchestrato il rifiuto di Hitler per puro egoismo da parte mia, per non perdere la mia posizione di Capo dell'Alto Comando. Ho saputo tutto questo da Axel Blomberg solo molto tardi. Le mie rassicurazioni contrarie non furono mai credute, e senza alcuna colpa da parte mia, una crescente tensione si insinuò nei nostri rapporti fino ad allora amichevoli.

Il matrimonio dei nostri figli (Karl-Heinz Keitel e Dorothea von Blomberg) ebbe luogo in maggio. Dovetti sostituire entrambi i padri, e dopo il matrimonio in chiesa diedi un banchetto nuziale nella sala principale dell'edificio del Ministero della Guerra, mentre la festa della vigilia si tenne nella nostra casa, un'occasione molto privata.

Un altro mio figlio, Hans-Georg aveva superato l'esame di maturità con ottimi voti nel trimestre pasquale del 1938, ma i suoi insegnanti valutavano molto il suo carattere e la sua condotta assai più

---

6   Helmscherode, luogo di nascita di Keitel, e dove la famiglia possedeva una grande tenuta, è un villaggio vicino alla città di Bad Gandersheim nella Bassa Sassonia .

che la sua conoscenza delle lingue antiche, che era la sua unica grande debolezza. Quando decise di lasciare casa per diventare un soldato, mia moglie la prese molto male; mia moglie infatti così rimaneva sola per la maggior parte della giornata, poiché entrambe le nostre figlie avevano le loro carriere. Nona lavorava a casa la sera, ma Erika amava andare a feste, teatri e cinema, e aveva un circolo di amici molto vasto.

Per quanto diversi e interessanti fossero tutti gli eventi ufficiali per me e mia moglie, erano pur sempre solo nell'ambito derivato dal mio dovere, e ci costarono molte serate che avremmo trascorso in modo molto diverso se fossimo stati liberi di scegliere; ma tutto questo era ormai inevitabilmente legato al mio ufficio.

Non formammo amicizie strette né con le famiglie degli alti funzionari statali né con quelle dei leader del Partito, per non parlare poi del corpo diplomatico. O si andava a qualche evento esterno, o si dovevano intrattenere ospiti ufficiali da soli, e questo era tutto. Mia moglie era ritenuta un'esperta nel tenere la bocca chiusa e nell'autosufficienza; gli ospiti gli riferivano che io ero "scivoloso come un'anguilla", e presto rinunciarono a qualsiasi tentativo di comunicare o conversare con me. Per il corpo diplomatico, lo trovavo noioso e inscrutabile, esattamente l'opposto di ciò che pensava del mio predecessore Reichenau, che invece amava suonare il primo violino in quell'orchestra particolare.

La crisi ceca

Intanto nel febbraio 1939, le macchinazioni dei cechi cominciarono a intensificarsi: la stampa pubblicava rapporti sempre più frequenti di incidenti di frontiera e di eccessi commessi contro le minoranze tedesche in Boemia e Moravia. Note ufficiali furono inviate a Praga, e il nostro ambasciatore (Friedrich Eisenlohr) fu richiamato a Berlino per comunicazioni insieme al nostro addetto militare, il colonnello Toussaint.

Il Führer annunciò più volte che aveva sopportato tutto ciò che poteva sopportare e non intendeva rimanere impotente ancora a lungo. Capii che la cosiddetta "pulizia" della Cecoslovacchia residua si stava avvicinando. Anche se quando poi chiesi direttamente al Führer, egli non ammise le sue intenzioni finali né mi diede alcun tipo di data, presi comunque le misure necessarie per assicurarmi che l'Ufficio di Guerra fosse in grado di scatenare un'invasione rapida e improvvisa se fosse sorta la necessità. In mia presenza, il Führer convocò Brauchitsch, parlò della posizione sempre più intollerabile delle minoranze tedesche in Cecoslovacchia e annunciò che aveva deciso un intervento militare, che definì "un'operazione di pacificazione"; certamente non avrebbe richiesto alcuna coscrizione militare oltre a quella prevista negli ordini redatti nell'autunno del 1938. Poiché noi soldati - e persino io - non apprendemmo nulla di più delle manovre politiche tra Praga e Berlino se non ciò che ci disse il nostro addetto militare, fummo costretti a fare affidamento su congetture; contavamo sullo stesso tipo di sorprese diplomatiche che avevamo già visto diverse volte prima.

Scommisi personalmente sulle "idi di marzo": oltre al 1935, era sempre stata la data dal 1933 in cui Adolf Hitler aveva scelto di agire. Fu sempre una coincidenza, o era per superstizione? Sono incline a credere la seconda, perché Hitler stesso spesso vi faceva riferimento.

E infatti, il 12 marzo (1939), gli ordini preliminari furono inviati all'esercito e all'aeronautica per prepararsi a una possibile invasione della Cecoslovacchia alle sei del mattino del 15 marzo; nessuna forza doveva avvicinarsi a meno di sei miglia dal confine prima di allora. Nessuno di noi soldati seppe quali circostanze sarebbero state invocate per scatenare un tale attacco. Buio totale!

Quando mi presentai al Führer alla Cancelleria del Reich a mezzogiorno del 14 marzo per raccogliere le sue istruzioni per le forze armate, la cui prontezza per il giorno successivo era stata assicurata secondo i suoi ordini, mi menzionò solo brevemente che il presidente Hacha il giorno prima aveva annunciato l'intenzione di venire per discussioni sulla crisi, e si aspettava che arrivasse a Berlino quella sera. Chiesi allora il suo permesso di avvertire immediatamente l'Ufficio di Guerra che in queste circostanze l'invasione doveva essere momentaneamente rinviata. Hitler respinse fermamente il mio suggerimento e mi spiegò che, comunque andassero le cose, stava ancora pianificando di marciare in Cecoslovacchia il giorno successivo, qualunque fosse l'esito dei colloqui con il presidente ceco. Tuttavia, mi ordinò di mettermi a sua disposizione alle nove di quella sera alla Cancelleria del Reich, in modo che potessi emettere all'Ufficio di Guerra e all'Alto Comando dell'Aeronautica i suoi ordini esecutivi per far iniziare l'invasione.

Arrivai alla Cancelleria del Reich poco prima delle nove; Hitler si era appena alzato da tavola e i suoi ospiti si stavano radunando nel salotto per vedere il film tedesco *"Ein hoffnungsloser Fall"* (Un caso senza speranza). Hitler mi invitò a sedermi accanto a lui, poiché Hacha non era atteso prima delle dieci. Considerando le circostanze, mi sentii fuori posto in questo ambiente; entro otto o dieci ore sarebbero stati sparati i primi colpi, ed io ero profondamente turbato.

Alle dieci (il segretario agli esteri) Ribbentrop annunciò l'arrivo di Hacha al Castello di Bellevue; il Führer rispose che avrebbe lasciato riposare e riprendere il "vecchio signore" per due ore; lo avrebbe mandato a chiamare a mezzanotte. Questo era altrettanto incomprensibile per me; perché agiva così? Era questa una diplomazia politica premeditata? Hacha, naturalmente, non poteva sapere che non appena era calato il crepuscolo quella sera, il 14 marzo, le truppe della divisione SS "Adolf Hitler" avevano già invaso la striscia di Moravská Ostrava per salvaguardare il moderno stabilimento siderurgico di Witkowitz dalla cattura da parte dei polacchi; non avevamo ancora nessun rapporto su come fosse andata questa operazione.

A mezzanotte finalmente arrivò Hacha, accompagnato dal suo segretario agli esteri (Chvalkovský) e dal ministro ceco a Berlino (Mastný); furono ricevuti da Hitler e da un gran numero di persone nello studio del Führer nel nuovo edificio della Cancelleria del Reich. Anche Göring si trovava lì. Dopo un dialogo introduttivo, durante il quale Hacha si dilungò in una descrizione della sua carriera nel servizio civile austriaco - una situazione che, nel mio turbamento mentale, non riuscii ancora a comprendere - Hitler lo interruppe per dire che, vista l'ora tarda, era obbligato a passare alle questioni politiche che erano il motivo della presenza di Hacha. Ci fu chiesto di ritirarci. Due volte fui obbligato a interrompere brevemente le discussioni tra gli statisti (credo che, oltre a loro, solo Ribbentrop fosse presente, con Hewel a prendere appunti). La prima volta fu quando dovetti consegnare un breve biglietto che avevo scritto per dire che Witkowitz era stata occupata dalle truppe delle SS senza combattere; Hitler lo lesse e annuì soddisfatto. La seconda volta fu per consegnare un avvertimento sull'ora tarda; l'esercito chiedeva una decisione finale sul fatto che dovessero marciare o no. Fui congedato bruscamente con la risposta che erano ancora solo le due e l'ordine sarebbe stato emesso prima delle quattro.

Qualche tempo dopo, Göring e io fummo richiamati. I signori erano in piedi intorno al tavolo e Hitler diceva a Hacha che spettava a lui decidere cosa intendesse fare; Keitel avrebbe confermato che le nostre truppe erano già in marcia e avrebbero attraversato il confine alle sei, e lui - Hacha - solo aveva il potere di decidere se sarebbe stato versato del sangue o se il suo paese sarebbe stato occupato pacificamente. Hacha chiese allora una pausa, poiché doveva telefonare al suo governo a Praga, e se poteva avere una linea telefonica con loro? Hitler che temeva che in questo modo i movimenti delle sue truppe fossero fermati immediatamente? Hitler, quindi, rifiutò le richieste del presidente ceco: io avrei confermato, disse, che ora era impossibile fae alcunchè poiché le nostre truppe si stavano già avvicinando al confine. Prima che potessi aprire bocca, Göring, in aggiunta intervenne per annunciare che la sua Aeronautica sarebbe apparsa sui cieli di Praga all'alba, e non poteva certo cambiare i piani proprio ora; spettava a Hacha[7] decidere se ci sarebbero stati bombardamenti o no. Sotto questa grande pressione, Hacha spiegò che voleva evitare lo spargimento di sangue a tutti i costi e si rivolse a me per chiedere come poteva contattare le guarnigioni e le truppe di frontiera del suo paese e avvertirli dell'invasione tedesca, in modo da poter proibire loro di aprire il fuoco.

Offrii di redigere immediatamente un telegramma a tal fine indirizzato a tutti i suoi comandanti e quartieri generali di guarnigione, per lui da inviare a Praga. Quando ebbi finito, Göring me lo

---

7   Emil Hácha (1872 - 1945) è stato un politico e avvocato cecoslovacco, terzo presidente della Cecoslovacchia dal 1938 al 1939.

tolse dalle mani e accompagnò Hacha a un telefono dove gli fu data una linea per Praga. Andai dal Führer e gli chiesi di emettere all'Ufficio di Guerra un ordine esecutivo immediato per l'invasione, che doveva contenere un'istruzione chiara di non aprire il fuoco, in modo simile alle istruzioni date all'esercito ceco; se tuttavia ci fossero stati segni di resistenza, si dovevano fare immediati tentativi di negoziare, e la forza delle armi doveva essere usata solo come ultima risorsa.

Questo ordine fu trasmesso all'Esercito alle tre, lasciando altre tre ore per la sua completa distribuzione. Fu un grande peso sollevato dallo stomaco; Brauchitsch e io ammettemmo l'un l'altro quanto sollevati eravamo per questo risultato. Nel frattempo, Hacha aveva dettato le sue istruzioni a Praga e lo vidi dopo, molto esausto, nell'anticamera dello studio del Führer, con il dottor Morell che si preoccupava per lui. Provai un'enorme sincera pietà per il vecchio uomo e mi avvicinai a lui per rassicurarlo che ero convinto che non ci sarebbe stato alcuno sparo da parte tedesca, poiché erano stati emessi ordini in tal senso, e non avevo dubbi che l'esercito ceco avrebbe rispettato il cessate il fuoco e i loro ordini di non offrire resistenza. Nel frattempo, i due segretari agli esteri avevano redatto un protocollo dell'accordo, la cui firma seguì in un'altra riunione nello studio del Führer.

Dopo che l'Ufficio di Guerra, credo che fosse Brauchitsch in persona, mi ebbe confermato che tutti gli ordini erano stati emessi, riferii a Hitler e chiesi se potevo ritirarmi; gli avrei fatto rapporto la mattina seguente in tempo per accompagnarlo al suo treno speciale. Avevo ordinato al tenente colonnello Zeitzler dello staff operativo dell'OKW di accompagnarmi nel viaggio al confine ceco; non c'erano ulteriori disposizioni per me da prendere poiché la direzione generale dell'occupazione era esclusivamente responsabilità dell'Ufficio di Guerra, i cui rapporti al Führer Zeitzler doveva raccogliere e riassumere per me di tanto in tanto.

Dal confine in poi, percorremmo in un lungo convoglio di automobili la grande strada verso Praga; molto presto incontrammo incrociandole le colonne in marcia del nostro esercito. Faceva molto freddo con un clima invernale, c'erano cumuli di neve e ghiaccio nero, e le colonne mobili con i loro camion e cannoni dovettero superare gli ostacoli più formidabili per avanzare, specialmente ogni volta che il nostro convoglio voleva sorpassarle.

Raggiungemmo la periferia di Praga mentre calava il crepuscolo, contemporaneamente alle prime unità di truppe, e scortati da una compagnia mobile scendemmo verso il Hradčany, dove dovevamo essere alloggiati. Ci fu comprato una cena fredda in città poiché non avevamo portato nulla con noi: prosciutto freddo di Praga, panini, burro, formaggio, frutta e birra Pilsner; è l'unica volta che ho visto Hitler bere un bicchierino di birra. Aveva un sapore meraviglioso per tutti noi.

Dovetti condividere una stanza per la notte con il mio aiutante, ma fui compensato la mattina seguente dalla vista favolosa sulla bella città di Praga, che ricordavo ancora dalla mia luna di miele. Il sorvolo propagandistico dell'Aeronautica tedesca su Praga—previsto per il 16 marzo—dovette essere annullato a causa della nebbia. Verso mezzogiorno Hitler ricevette il governo ceco per accettare la loro dichiarazione di lealtà; alla loro testa c'era il presidente Hacha, che aveva raggiunto il suo palazzo presidenziale con un treno speciale da Berlino solo alcune ore dopo di noi, per apprendere al suo arrivo che il Führer si era già installato in un'altra ala della residenza ufficiale.

A parte le varie reception ufficiali e la cerimonia di Stato per la dichiarazione del Protettorato il 16, in cui fui chiamato a rappresentare le forze armate, Hitler non ebbe tempo per me, tranne quando riceveva i brevi rapporti che l'Ufficio di Guerra inviava. Mi sentii molto superfluo per la maggior parte della giornata; tutti parlavano di politica e io ne ero tenuto fuori per principio.

Il 17 marzo guidammo con una scorta militare attraverso Brno a Vienna. Ci fermammo a Brno per dare un'occhiata allo strano e bellissimo vecchio municipio della città, che fece un'impressione particolarmente vivida su di me con la sua antica sala conferenze illuminata da candele. Oltre alla folla di curiosi, diverse migliaia di tedeschi nativi si erano riversati nella piazza del mercato e facevano un clamore tremendo. Al loro entusiastico acclamare, il Führer ispezionò un picchetto d'onore tedesco che era stato schierato sulla piazza.

Il nostro viaggio in auto terminò quella sera a Vienna, dopo aver attraversato tutta la Cecoslovacchia; a Vienna le ovazioni del marzo 1938 davanti all'Hotel Imperial si ripeterono di nuovo. Giù nel vestibolo incontrai il barone von Neurath, che era stato chiamato dal Führer ad accettare l'incarico di "Protettore di Boemia e Moravia"; lo appresi da Neurath stesso ed ebbi l'impressione che trovasse la prospettiva piuttosto poco edificante. Una delegazione era intanto arrivata a Vienna dal nuovo governo dello stato slovacco indipendente, composta dal presidente Tiso, dal ministro degli interni Durčanský e da Tuka, che era sia segretario agli esteri che ministro della guerra combinati. Il Führer aveva deciso che von Ribbentrop avrebbe redatto un Trattato di Zona di Sicurezza con loro e che io avrei dovuto elaborare le clausole militari di base per esso. Ribbentrop e io incontrammo la parte slovacca quella sera tardi, verso mezzanotte, negli uffici annessi alla residenza del Gauleiter a Vienna. In conformità con le mie istruzioni da Hitler, delineai lo scopo e l'importanza della "zona di sicurezza" che doveva essere occupata dalle truppe tedesche, proprio come Hitler stesso me l'aveva abbozzata sulla mappa: includeva una striscia di frontiera larga circa dodici-quindici miglia che correva in territorio slovacco lungo il confine ceco su entrambi i lati della valle del Váh, e includeva un grande terreno di addestramento per le truppe e una moderna fabbrica di armi sotterranea gestita dall'ex stato cecoslovacco.

Non fu facile per me giustificare l'insistenza delle nostre forze armate su diritti militari sovrani e sullo stanziamento di contingenti dell'esercito e dell'aeronautica lì, agli occhi di questi signori (che probabilmente riconoscevano il significato di questa striscia di frontiera per la loro stessa difesa nazionale), né fu facile convincerli che tutto questo veniva fatto per la protezione della Slovacchia stessa. Tuttavia, devo essere riuscito a soddisfare le obiezioni che gli slovacchi sollevarono durante il loro lungo e spesso critico interrogatorio, perché anche se non erano del tutto convinti, ottenni la loro approvazione. Attribuisco questo in primo luogo al vecchio Tuka, che idolatrava il Führer e aiutò pertanto a eliminare la diffidenza degli altri due ministri. Mentre Ribbentrop cominciava a redigere il trattato con gli slovacchi, tornai all'hotel per riferire il mio successo a Hitler; gli dissi che i signori avrebbero molto apprezzato un'opportunità di essere ricevuti da Hitler stesso; inizialmente egli rifiutò categoricamente, dicendo che era già passata la mezzanotte ed era anche stanco. Ma poiché avevo promesso a Tiso e Tuka che avrei organizzato l'udienza per loro, insistetti che vedesse gli slovacchi per almeno dieci minuti, e alla fine accettò. Ribbentrop, naturalmente, prese il suo tempo per arrivare, con il risultato che l'udienza ebbe finalmente luogo alle due del mattino; terminò un quarto d'ora dopo, dopo che il Führer aveva appianato alcune delle loro ultime perplessità. La zona di sicurezza ci fu promessa e quella stessa notte l'accordo fu firmato da von Ribbentrop e dai maggiorenti slovacchi.

Il compleanno del Führer (il 20 aprile) 1939 fu celebrato come al solito con una grande parata militare dopo la solita reception mattutina per i comandanti militari senior. La parata durò oltre tre ore, uno spettacolo magnifico in cui erano rappresentati tutti e tre i rami delle forze armate e anche le Waffen-SS. Su esplicita richiesta di Hitler, furono fatti sfilare i nostri più recenti pezzi di artiglieria, cannoni pesanti per carri armati, cannoni antiaerei ultramoderni, unità di proiettori dell'aeronautica e simili, mentre stormi di caccia e bombardieri ruggivano in alto lungo l'asse est-ovest (Brandenburg Chaussée) dalla direzione della Porta di Brandeburgo. Il presidente Hacha, che era accompagnato dal protettore del Reich von Neurath, fu l'ospite più onorato del Führer, e gli furono accordati tutti gli onori dovuti a un capo di stato; il corpo diplomatico era presente al completo.

Le mie speranze che, ora che il problema ceco era stato finalmente risolto, alle forze armate sarebbe stato concesso un periodo di tregua almeno fino al 1943. Accordo che era stato loro solennemente e così spesso promesso per la loro fondamentale riorganizzazione, ma furono istanze destinate a essere deluse. Tuttavia penso che un esercito non sia un'arma per l'improvvisazione: la formazione di un corpo di ufficiali e sottufficiali e la sua educazione e consolidamento interno sono le uniche fondamenta su cui può essere costruito un esercito come quello che avevamo nel 1914. La convinzione di Hitler che l'insegnamento nazionalsocialista potesse essere usato per compensare una mancanza fondamentale di capacità - in altre parole di acume militare - si è rivelata illusoria. Nessuno negherebbe che con l'entusiasmo fanatico si possano compiere miracoli; ma proprio come nel 1914 i reggimenti di infiammati studenti furono dissanguati senza senso a Langemarck, le truppe d'élite delle SS pagarono il prezzo più alto in vite umane dal 1943, e con il minimo vantaggio. Ciò di cui avevano veramente bisogno era un corpo di ufficiali perfettamente completo, ma quello era stato sacrificato ormai, senza alcuna speranza di essere mai sostituito.

La guerra polacca

Già nell'aprile 1939 divenni con maggiore frequenza il bersaglio di commenti di Hitler sul fatto che il problema polacco richiedeva imperativamente una soluzione: che tragedia era, diceva, che il vecchio e astuto maresciallo Piłsudski, con cui era stato in grado di firmare un patto di non aggressione, fosse morto così prematuramente; ma lo stesso poteva accadere a lui, Hitler, in qualsiasi momento. Ecco perché avrebbe dovuto cercare il prima possibile di risolvere questa posizione intollerabile per il futuro della Germania, in cui la Prussia orientale era geograficamente tagliata fuori dal resto del Reich; non poteva rimandare questo lavoro a più tardi, o lasciarlo in eredità al suo successore. Ora si poteva vedere, aggiunse Hitler, quanto le politiche ragionevoli dipendessero dall'esistenza di un uomo: poiché gli attuali governanti della Polonia erano tutt'altro che inclini a seguire il percorso che il maresciallo aveva tracciato, come era diventato abbondantemente chiaro durante i colloqui con il segretario agli esteri polacco, (colonnello) Beck. Beck, disse Hitler, riponeva le sue speranze nell'assistenza dell'Inghilterra, anche se non c'era il minimo dubbio che, poiché la Gran Bretagna non aveva alcun interesse economico in questi affari domestici puramente tedeschi, non aveva nemmeno alcun interesse politico vitale. La Gran Bretagna avrebbe ritirato la sua mano tesa dalla Polonia una volta vista la nostra determinazione a rimuovere questa conseguenza del Diktat di Versailles, una condizione che sarebbe diventata del tutto intollerabile a lungo termine. Non voleva una guerra con la Polonia per Danzica o il Corridoio, ma chi desidera la pace deve prepararsi alla guerra: questa era la base di tutta la diplomazia di successo.

Mentre le macine della diplomazia ri-cominciavano a girare a Varsavia, a Londra e a Parigi, il Führer si fece più audace nella sua determinazione a creare il primo possibile un *fait accompli* (fatto compiuto) su Danzica: sicuramente, ciò non avrebbe dato e non avrebbe potuto dare alle grandi potenze alcun motivo per intervenire a nome della Polonia, permettendole così di assalirci con la forza delle armi? Tuttavia, era ovviamente nostro dovere prepararci per un'eventualità del genere, cioè che la Polonia ci avrebbe attaccato con quel pretesto.

Di conseguenza, nel maggio 1939, emerse la direttiva del Führer preparazione per l'eventualità *Fall Weiss* (caso bianco) accompagnata da richieste da parte di Hitler di essere pronti entro il 1° settembre al più tardi e passare a uno stato di guerra per un contrattacco alla Polonia se si fosse dimostrata intrattabile, e di elaborare un piano d'azione per il nostro esercito e l'aeronautica. Come nel caso della Cecoslovacchia, l'ordine significava che dovevamo evitare qualsiasi tipo di mobilitazione, né potevamo usare i regolamenti redatti per la mobilitazione, o contare sullo stato di allerta risultante dall'applicazione del piano di mobilitazione. Questo a sua volta significava che tutto doveva basarsi sulla forza di pace dell'esercito e sulle possibilità offerte all'interno di questo quadro.

Dopo che il Führer ebbe indirizzato le sue istruzioni ai suoi comandanti in capo, prima verbalmente e di persona, e poi più formalmente con la direttiva di base menzionata, si ritirò come era sua abitudine nella solitudine della sua residenza al Berghof. Naturalmente questo ostacolò notevolmente il mio lavoro all'Alto Comando, poiché tutto doveva essere inviato a me tramite corriere o attraverso i suoi aiutanti militari, se non dovevo viaggiare fino a Berchtesgaden io stesso, cosa che di solito cercavo di fare in un giorno con l'aereo.

Al contrario di questo, la Cancelleria del Reich aveva una sede permanente a Berchtesgaden sotto il ministro del Reich dottor Lammers, e la Cancelleria del Partito una residenza permanente a Monaco; anche Göring aveva una dimora al Berghof, e il segretario agli esteri una residenza ufficiale a Fuschl, vicino a Salisburgo, sempre in zona, che gli era stata assegnata da Hitler. Solo l'OKW, l'Alto Comando, mancava di una tale struttura per il suo lavoro all'epoca, anche se dall'estate del 1940 in poi fui in grado di organizzare per esso un po' di spazio in parte nei locali della Cancelleria del Reich e in parte nelle caserme a Berchtesgaden. Il risultato fu un distacco fisico forzato dell'OKW dai veri centri nervosi del governo e una mancanza di contatto personale con le persone che contavano, due circostanze che fornirono solo ulteriore incoraggiamento a Hitler nel suo desiderio di prendere tutte le sue decisioni da solo e di sabotare qualsiasi tipo di sforzo comunitario.

Di conseguenza, non seppi praticamente nulla delle nostre trattative né con la Polonia né con Londra, e del loro rapporto con la questione del Corridoio di Danzica, a meno che Hitler stesso non prendesse l'iniziativa durante le mie visite di conferenza con lui, o io gli facessi capire quanto profondamente preoccupati fossero l'Esercito e io per la possibilità di un conflitto armato con la Polonia quando il programma di riarmo del nostro esercito era ancora a uno stadio non proprio soddisfacente. Ancora e ancora Hitler mi rassicurò che non aveva alcun desiderio di fare la guerra con la Polonia, che non avrebbe mai lasciato che le cose arrivassero a tanto, anche se a onore del vero ammetteva che l'intervento della Francia nello spirito dei suoi impegni orientali fosse davvero probabile. Ma aggiungeva che aveva fatto alla Francia le offerte più ampie, disse, e aveva persino rinunciato pubblicamente al suo interesse per l'Alsazia-Lorena; quella era probabilmente una garanzia che nessun altro statista oltre a lui avrebbe mai potuto giustificare al popolo tedesco; solo lui aveva l'autorità e il diritto di fare un'offerta del genere.

Anzi, arrivò persino a supplicarmi di non dire all'Ufficio di Guerra come stava lavorando la sua mente, poiché temeva che avrebbero allora smesso di applicarsi alla pianificazione per l'eventualità polacca con la gravità e l'intensità che erano un elemento così vitale della sua farsa diplomatica, poiché i preparativi di guerra "nascosti" che stavamo facendo in Germania non potevano essere tenuti ancora a lungo completamente segreti o non osservati dai polacchi. Credevo di conoscere la mentalità dell'Ufficio di Guerra e la coscienziosità dello Stato Maggiore meglio di lui, e per una volta non mi considerai vincolato dalle sue suppliche.

Credetti però ancora a Hitler, e fui ingannato dai suoi poteri di persuasione verbale; presumetti speranzoso che ci sarebbe stata una soluzione politica, anche se non senza l'applicazione di minacce di qualche sanzioni militari.

L'estate del 1939 passò con un'attività febbrile nello Stato Maggiore dell'Esercito. La costruzione del Vallo Occidentale procedeva a un ritmo accelerato; oltre alle imprese edili e all'Organizzazione Todt, praticamente tutto il Servizio del Lavoro del Reich e diverse divisioni dell'Esercito furono impiegati su di esso, questi ultimi due concentrandosi su opere di terra, reticolati di filo spinato e l'allestimento finale delle rozze fortificazioni in cemento per la difesa della Germania.

Come era prevedibile, il tour finale di ispezione di Hitler nell'agosto 1939—durante il quale lo accompagnai—fu fatto tanto per scopi propagandistici quanto per ispezionare i progressi effettivi della costruzione, su cui comunque si era tenuto continuamente informato con mappe su cui erano stati segnati i bunker che erano stati completati, o che erano ancora in costruzione o infine che erano in fase di progettazione. Aveva studiato queste mappe così a fondo che durante il nostro tour di ispezione sapeva esattamente cosa mancava ancora e dove trovare ciascuna delle fortificazioni nel terreno. Spesso ci si poteva solo meravigliarsi della sua enorme memoria e del suo potere di immaginazione. Avevo ritenuto mio dovere nel corso di quell'estate di non lasciare Hitler nel dubbio che sia lo Stato Maggiore che i suoi generali più importanti condividevano la più grave ansia per la possibilità che potesse davvero scoppiare una guerra; non solo i loro ricordi della guerra in quanto tale erano fin troppo presenti nelle loro menti, ma consideravano in grande maggioranza l'esercito totalmente impreparato alla guerra, ed infine consideravano il pericolo di una guerra su due fronti come uno spettro particolarmente minaccioso che avrebbe inevitabilmente sigillato i nostri destini se fosse mai emerso. Pensai che fosse importante che Hitler lo sapesse, anche se ero consapevole che questo non avrebbe fatto che intensificare ulteriormente la sua diffidenza nei confronti dei suoi generali, come sempre.

Fu per questo motivo che all'inizio di agosto 1939 concepì l'idea di rivolgersi ai vari capi di stato maggiore dell'esercito da soli, in altre parole senza i loro comandanti in capo, al Berghof. Dall'ombra ero probabilmente nella posizione migliore per studiarne l'effetto e mi resi conto che non aveva raggiunto il suo obiettivo: poiché mentre il generale von Wietersheim (capo di stato maggiore del Secondo Gruppo d'Armate) fu l'unico a trovare e usare la lingua abbastanza da mostrare con le sue domande quanto poco concordasse con ciò che Hitler aveva delineato, questo in sé probabilmente confermò una volta di più nella mente di Hitler il sospetto che egli si stesse confrontando con una falange di ferro di uomini che interiormente si rifiutavano di essere influenzati da qualsiasi discorso che pensavano fosse solo un discorso di propaganda. Hitler non mi parlò mai della sua impressione di questo incontro, ma certamente lo avrebbe fatto se ne fosse stato in qualche modo soddisfatto. Invece fu un'amara delusione per lui, e la sua disillusione si trasformò in un pronunciato disgusto per lo Stato Maggiore e per la sua arroganza di "casta".

Ancora più notevole fu il suo discorso al Berghof rivolto ai generali dei reparti dei settori orientali schierati contro la Polonia il 22 agosto, un discorso pronunciato con il più fine senso di tempismo e applicazione psicologica. Hitler era un oratore straordinariamente dotato, con una capacità magistrale di modellare le sue parole e frasi per adattarsi al suo pubblico. Arriverei persino a pensare che aveva imparato la lezione dall'incontro mal concepito con i capi di stato maggiore, e si era reso conto che cercare di metterli in contrasto con i loro comandanti in capo era stato un errore psicologico. Altre versioni di questo particolare discorso sono state soggettivamente distorte, come mostra chiaramente il verbale preso dall'ammiraglio Boehm, che deve essere considerato assolutamente imparziale.

Il 24 agosto, Hitler arrivò a Berlino e il 26 era previsto l'inizio dell'invasione della Polonia. Gli eventi alla Cancelleria del Reich nei giorni precedenti il 3 settembre sono di un'importanza storica così mondiale e duratura che sarà meglio per me lasciare la loro analisi logica e l'esatta interpretazione agli storici professionisti; io stesso posso contribuire ben poco dalla mia esperienza, e purtroppo non dispongo di appunti o memorandum sufficienti su cui basare i miei ricordi.

Verso mezzogiorno del 25 agosto, fui convocato per la prima volta alla Cancelleria del Reich per vedere il Führer. Hitler aveva appena ricevuto dall'ambasciatore (italiano) Attolico una lettera personale da Mussolini, di cui il Führer mi lesse alcuni paragrafi. Era la risposta del Duce a una lettera altamente confidenziale scritta da Hitler dal Berghof qualche giorno prima, in cui gli aveva parlato dello scontro pianificato con la Polonia e della sua determinazione a risolvere la questione irrisolta del Corridoio di Danzica con un'azione militare se la Polonia o l'Inghilterra per conto della Polonia si fosse rifiutata di cedere.

Hitler aveva per varie ragioni nominato un giorno diversi giorni dopo (di quanto era stato effettivamente pianificato) per le sue operazioni contro la Polonia; come mi disse lui stesso, contava sul fatto che il contenuto della sua lettera sarebbe stato immediatamente inoltrato a Londra dal suo Ministero degli Esteri così "affidabile", e questo, immaginava, avrebbe reso chiaro che era davvero serio nelle sue intenzioni, senza peraltro divulgare il vero calendario delle sue operazioni militari, in modo che anche se i polacchi fossero stati avvertiti, l'elemento pianificato di sorpresa tattica non sarebbe stato perso dagli attaccanti. Infine, anticipando l'annuncio della data, Hitler sperava di spingere gli inglesi a un intervento precipitoso per prevenire lo scoppio della guerra. Questo certamente si aspettava che facessero, e per questo contava sul sostegno di Mussolini.

La reazione di Mussolini fu il primo disinganno di Hitler in questa scommessa; quest'ultimo aveva contato sul sostegno dell'Italia come una cosa scontata, e persino su un aiuto di natura militare; l'Italia aveva dopo tutto firmato senza riserve un patto di aiuto militare (il "Patto d'Acciaio"), e Hitler si aspettava da Mussolini lo stesso tipo di lealtà "dei Nibelunghi" che lui stesso aveva dimostrato verso l'Italia al tempo della campagna d'Abissinia senza alcun vantaggio personale. La lettera di Mussolini fu uno shock brutale per Hitler: poiché il Duce scriveva che purtroppo non sarebbe stato in grado di mantenere il suo accordo poiché il re d'Italia si rifiutava di firmare l'ordine di mobilitazione, e poiché questa era la sola prerogativa del monarca, egli era impotente ad agire. E non era tutto: l'Italia si dichiarava impreparata alla guerra, mancava di armi, equipaggiamento e munizioni. Anche se lui, Mussolini, controllava il processo produttivo di armamento industriale, c'era una grande carenza di materie prime: rame, manganese, acciaio, gomma e così via. Se gli fosse stato concesso un aiuto tangibile dalla Germania in questi campi, avrebbe naturalmente considerato di rivedere la posizione dell'Italia nel caso di una guerra combattuta.

Dopo questo rifiuto dall'Italia, Hitler mi fece telefonare immediatamente per scoprire se c'era la possibilità di rinunciare ai materiali richiesti: aveva chiesto ad Attolico di verificare con Roma quali quantità di queste merci scarse erano necessarie e gli aveva detto che mi aveva incaricato di scoprire fino a che punto saremmo stati in grado di soddisfare le richieste dell'Italia.

Solo ora venne alla luce la vera ragione della delusione di Hitler per il "tradimento" di Mussolini. In effetti disse: "Non c'è assolutamente alcun dubbio che Londra abbia ormai capito che l'Italia non verrà con noi. Ora l'atteggiamento della Gran Bretagna verso di noi si irrigidirà, inevitabilmente ora sosterranno la Polonia fino in fondo. Il risultato diplomatico della mia lettera è esattamente l'opposto di quello che avevo pianificato." L'irritazione di Hitler era dolorosamente evidente per me, anche se esternamente fece un grande spettacolo di compostezza. Aggiunse che Londra avrebbe chiaramente ripreso il suo trattato con la Polonia dallo scaffale e lo avrebbe ratificato ora che non c'era prospettiva di sostegno per noi dalla parte italiana.

Tornai al Ministero della Guerra per parlare con il generale Thomas della possibilità di rinunciare al tipo di materie prime richieste dall'Italia, oltre alle sue quote attuali, e in quali quantità.

Nel primo pomeriggio (25 agosto) fui convocato di nuovo alla Cancelleria del Reich, solo che questa volta la richiesta era urgent. Hitler era ancora più agitato di quanto non fosse stato quella mattina; mi disse che gli era arrivato un telegramma dal capo della stampa del Reich (dottor Otto Dietrich) secondo cui il trattato anglo-polacco doveva essere ratificato proprio quel giorno; non c'era ancora alcuna conferma dal Ministero degli Esteri, disse, ma l'esperienza mostrava che i diplomatici si muovevano più ponderosamente delle agenzie telegrafiche. Credette che il telegramma a disposizione fosse sostanzialmente vero e chiese se i movimenti delle truppe dell'esercito potessero essere fermati, poiché voleva guadagnare tempo per ulteriori negoziati, anche se non poteva più contare sul sostegno dell'Italia.

Su mia istanza, Schmundt recuperò il calendario su cui erano stati segnati per ogni giorno fino al D-day le varie misure e le fasi dei nostri preparativi militari. Il 23 agosto, il D-day era stato fissato per il 26; in altre parole, non saremmo stati al confine polacco fino a un giorno dopo l'autorizzazione dei movimenti delle truppe, che erano stati pianificati in modo che con una notte di marcia le ostilità potessero iniziare all'alba del 26. Il Führer mi ordinò di emettere un ordine preliminare immediato: "D-day rinviato. Seguiranno ulteriori ordini." Poi mandò a chiamare Brauchitsch e Halder immediatamente.

In mezz'ora Brauchitsch era lì. Halder doveva venire da Zossen, il posto di comando dell'Ufficio di Guerra, non appena avesse emesso i primi ordini per fermare tutto. In mia presenza, ebbe luogo una lunga conferenza con questi rappresentanti dell'Ufficio di Guerra sulle conseguenze del rinvio, la possibilità di rivelare i movimenti delle truppe che erano stati intrapresi fino ad oggi, e così via. Hitler propose di decidere sul D-day il 26, non appena avesse ottenuto una visione d'insieme della situazione.

La mattina del 26 mi fu nuovamente e improvvisamente ordinato di riferire urgentemente alla Cancelleria del Reich. Era un alveare di attività. Il Führer era in piedi con von Ribbentrop nel suo studio, mentre Attolico aspettava un'udienza con il Führer nel salotto. Si attendeva da un momento all'altro l'arrivo di Henderson (l'ambasciatore britannico).

Molto agitato, il Führer mi disse: "Ribbentrop mi ha appena portato un telegramma dalla nostra ambasciata a Londra: 'Trattato con la Polonia firmato la scorsa notte.' Non te l'ho detto ieri che è tutta colpa dell'Italia? Non appena hanno visto la notizia da Roma sull'atteggiamento dell'Italia verso la disputa polacca, la Gran Bretagna ha ratificato il Trattato! Tutti i movimenti delle truppe devono es-

sere fermati immediatamente! Ho bisogno di tempo per negoziare. Manda a chiamare Brauchitsch e Halder, poi vieni subito nel salotto per la conferenza con Attolico. Ha avuto una risposta da Roma."
Non appena ebbi emesso le mie istruzioni, mi unii ai colloqui con Attolico. Hitler mi mostrò ciò che l'Italia chiedeva da noi in termini di materie prime. Le richieste erano così esorbitanti che non c'era alcuna possibilità di fare tali consegne. Il Führer indicò ad Attolico che pensava che ci fosse stato qualche errore di penna, o forse un errore di ascolto da parte di qualcuno: le cifre sembravano improbabilmente alte. Concluse chiedendo ad Attolico di verificare ancora una volta, poiché le quantità erano sicuramente state annotate erroneamente. Attolico si affrettò ad assicurargli—come sentii io stesso—che le cifre erano assolutamente corrette. Fui quindi personalmente incaricato di scoprire dal Capo delle Forze Armate italiane, tramite il generale von Rintelen, il nostro addetto militare, quali fossero i requisiti massimi dell'Alto Comando italiano.
Hitler e io condividemmo l'impressione che le richieste di Attolico fossero state deliberatamente gonfiate per assicurarsi che fossimo impotenti a soddisfarle con le nostre risorse, e gli italiani avrebbero poi potuto tirarsi fuori dai loro obblighi, giustificando le loro carenze con il nostro fallimento nel soddisfare le loro richieste. Ciò che il generale von Rintelen apprese in seguito confermò i nostri sospetti, poiché gli furono dette le stesse quantità che erano state richieste da Attolico; non avevamo alcuna speranza di soddisfarle. Il Duce si era ritagliato la libertà d'azione che voleva.
D'accordo con il Comandante in Capo dell'Esercito e il Capo di Stato Maggiore, il D-day fu quindi finalmente rinviato al 31 agosto, in altre parole di cinque giorni; questo dopo che entrambi avevano rassicurato Hitler che i movimenti delle nostre truppe fino a quell'istante non avevano necessariamente rivelato le nostre carte. Gli ordini finali dovevano essere emessi alle cinque del pomeriggio del 30 agosto al più tardi, per garantire la trasmissione dell'ordine di attacco il 31. Prima che lasciassi la Cancelleria del Reich, ancora il 25 agosto, subito dopo il Comandante in Capo dell'Esercito, appresi che l'ambasciatore (Sir Nevile) Henderson era arrivato per un colloquio con Hitler. All'epoca non seppi quale fosse l'esito.
Sebbene fossi alla Cancelleria del Reich in ciascuno dei giorni che seguirono, parlai con Hitler solo tre volte, poiché era quasi continuamente in conferenza. La prima occasione fu nella sala del conservatorio, credo fosse il 29, quando mi lesse le sue richieste finali, tabulate in un memorandum di sette punti che probabilmente aveva appena dettato. Le parti più fondamentali erano:

1. Il ritorno di Danzica al Reich;
2. Una strada ferroviaria e automobilistica extraterritoriale attraverso il Corridoio, che desse accesso alla Prussia orientale;
3. La cessione alla Germania di quei territori dell'ex Reich tedesco con il 75 per cento di popolazione etnicamente tedesca (credo che fosse così).
4. Sotto supervisione internazionale, un plebiscito nel Corridoio polacco per decidere sul suo ritorno al Reich.

Mi chiese cosa ne pensassi e risposi: "Le trovo molto moderate." Aggiunse che intendeva comunicarle a Londra come base finale su cui era disposto a negoziare con la Polonia. La seconda occasione fu quando andai da Hitler il 30 agosto. Disse che non aveva tempo per me poiché stava dettando una lettera a Daladier in risposta a una sua lettera in cui lo esortava, come vecchio soldato, a fare tutto il possibile per evitare la guerra: avrei dovuto dare un'occhiata alla lettera di Daladier qualche volta, disse, poiché, oltre alle considerazioni umanitarie, essa appariva molto indicativa di come la pensavano in Francia; certamente non avevano alcuna intenzione di andare in guerra per il Corridoio. Il mio terzo incontro con lui fu nel pomeriggio del 30, insieme a Brauchitsch e Halder. In questa occasione il D-day fu nuovamente rinviato, di ventiquattro ore, al 1° settembre; in altre parole, l'invasione dell'esercito, pianificata per il 31, fu nuovamente fermata. Hitler spiegò che stava aspettando l'arrivo di un plenipotenziario del governo polacco da Varsavia, o almeno che al ministro polacco a

Berlino, Lipski, fosse concessa l'autorità governativa per condurre negoziati vincolanti per conto del suo governo. Doveva, disse, aspettare fino ad allora, ma aggiunse che in nessun caso avrebbe tollerato un ulteriore rinvio oltre il 1° settembre, a meno che, naturalmente, le sue richieste finali non fossero state accettate a Varsavia. Devo dire che a quel punto avevamo tutti avuto l'impressione che non ci credesse più nemmeno lui, anche se fino ad allora le nostre speranze di evitare la guerra si erano concentrate in gran parte sul patto segreto tedesco-sovietico del 23 agosto, con cui Stalin aveva accettato, in caso di guerra con la Polonia, la spartizione della Polonia e quindi l'intervento militare russo, con una linea di demarcazione tra le sfere di influenza tedesca e russa. Eravamo sicuri che, di fronte a questa possibilità, la Polonia non avrebbe mai lasciato che le cose arrivassero alla guerra, e a quel tempo credevamo ancora fermamente nel desiderio di Hitler di evitare la guerra. Nonostante tutto questo, come precauzione (probabilmente non prima del 23 agosto, dopo il discorso di Hitler ai suoi generali al Berghof) telegrafai al generale Jodl a Vienna e gli ordinai di presentarsi a Berlino. Secondo i suoi documenti di mobilitazione, era stato designato per l'ufficio di capo dello staff operativo dell'Alto Comando (OKW) per il periodo dal 1° ottobre 1938 al 30 settembre 1939, in modo che in caso di emergenza sarebbe stato a portata di mano. Jodl arrivò a Berlino il 26 o 27 agosto. Naturalmente era completamente all'oscuro e dovette prima essere informato dal colonnello Warlimont e da me sugli eventi durante il suo anno di assenza. Ancora a luglio o all'inizio di agosto aveva ricevuto conferma in una lettera da me che la sua richiesta di assumere il comando della neonata 2a divisione di montagna come suo comandante il 1° ottobre 1939 a Reichenhall era stata concessa—una prova incidentale, tra l'altro, di quanto poco pensassi allora che la guerra potesse essere dietro l'angolo. Jodl fu presentato per la prima volta al Führer da me nel treno speciale di Hitler, in cui tutti lo accompagnammo al fronte orientale nella notte del 2 settembre.

Il 1° settembre, alfine, il nostro esercito aveva lanciato l'assalto pianificato sul fronte orientale: all'alba, la nostra aeronautica aveva eseguito i primi bombardamenti su snodi ferroviari, centri di mobilitazione delle truppe e soprattutto su aeroporti in Polonia. Non c'era stata alcuna formale dichiarazione di guerra; contro tutti i nostri consigli, Hitler aveva deciso di non farla. Durante il giorno, un certo numero di brevi rapporti militari fu passato al Führer dall'esercito e dall'aeronautica, ma era così preoccupato con i probabili passi diplomatici intrapresi dai vari ambasciatori e emissari interessati, dalle prime ore del mattino fino a notte fonda, che lo vidi a malapena e poi solo per pochi minuti alla volta. All'epoca ignoravo le ampie manovre politiche durante questo e i pochi giorni successivi. Ne seppi solo durante il discorso di Hitler al Reichstag alla fine di settembre, e, pensate, ne appresi i dettagli solo qui al processo di Norimberga! L'Ufficio di Guerra aveva già lasciato Berlino nella notte del 31 agosto per prendere il suo quartier generale sul fronte orientale. Per quanto mi è noto oggi degli interventi politici, i tentativi di raggiungere un armistizio e risolvere la disputa con mezzi diplomatici durarono fino al 3 settembre, con Mussolini, Chamberlain, Daladier e il presidente americano che non lasciarono nulla di intentato durante quei primi tre giorni di settembre per persuadere Hitler a soffocare questa nascente guerra mondiale alla nascita. Questi richiami non fecero alcuna impressione su Hitler. Lasciò senza risposta l'ultimatum dell'Inghilterra emesso a mezzogiorno del 1° e quello della Francia della stessa sera—per cui avrebbe dovuto annullare l'attacco anche ora dopo che le ostilità erano iniziate; di conseguenza, la guerra era stata dichiarata dalla Gran Bretagna e dalla Francia in Occidente il 3 settembre. Ma anche a quella data tardiva, l'intervento e la mediazione tentati da Mussolini e Roosevelt avrebbero ancora potuto prevenire qualsiasi prolungamento della guerra, anche se non sono a conoscenza di quali garanzie o speranze abbiano esteso a Hitler di soddisfare le sue richieste polacche, se avesse accettato il cessate il fuoco proposto in Polonia.

Il fatto è che Hitler non ci fece mai sapere (né allora né dopo) a quali condizioni si sarebbe ancora sentito in grado di annullare l'attacco e prevenirne l'escalation in una guerra su vasta scala che avrebbe coinvolto anche le Potenze occidentali. Fummo liquidati con l'affermazione che l'ultimatum e la dichiarazione di guerra da parte della Gran Bretagna e della Francia (il 3 settembre) erano stati un'ingerenza ingiustificabile nei nostri affari orientali, che esse erano questioni da risolvere tra la Germania e la Polonia, e di nessuna conseguenza economica o simile per la Gran Bretagna o la Francia, poiché nessuno dei loro interessi europei era compromesso in alcun modo. Noi soldati avremmo visto, ci disse, quanto infondati fossero i nostri timori per il fronte occidentale: naturalmente la Gran Bretagna aveva dovuto fare un gesto chiaro e inequivocabile nello spirito del suo nuovo trattato firmato con la Polonia, ma non era in grado di intervenire con la forza né in mare né ancor meno sulla terra; e la Francia difficilmente si sarebbe stata trascinata in una guerra per cui era anch'essa del tutto impreparata solo a causa degli obblighi della Gran Bretagna verso la Polonia. L'intera cosa, sosteneva, era solo un tintinnio di sciabole a beneficio del resto del mondo, certamente niente di cui preoccuparsi troppo. Egli non aveva alcuna intenzione di lasciarsi ingannare da metodi del genere. Questo era il tenore delle quotidiane invocazioni di Hitler sia all'Ufficio di Guerra che a noi, durante i nostri viaggi al fronte. Nonostante i nostri gravi dubbi, sembrava quasi che anche allora l'intuizione di Hitler stesse per rivelarsi ancora una volta corretta, poiché i rapporti quotidiani dall'ovest riportavano solo notizie di scaramucce minori con unità francesi periferiche nella zona tra la Linea Maginot e il nostro Vallo Occidentale; queste subivano sanguinose sconfitte per mano delle nostre deboli guarnigioni di difesa. In nessun luogo erano scoppiati combattimenti importanti.

Tutto ciò poteva essere considerato, come già detto, solo un agitare di sciabole, mirato principalmente a impegnare le nostre forze a ovest e a stabilire una ricognizione armata dei nostri intendimenti e della forza del nostro Vallo Occidentale. Dal punto di vista puramente militare, questa procrastinazione da parte dell'esercito francese era del tutto inspiegabile, a meno che -cosa poco probabile - non avessero sopravvalutato di molto la forza delle nostre truppe a ovest; l'unica alternativa era, come aveva detto Hitler, che semplicemente non fossero pronti per la guerra. Certamente era un rifiuto di ogni principio accettato della strategia militare per loro limitarsi a guardare mentre l'esercito polacco veniva massacrato, invece di sfruttare appieno la situazione favorevole che si offriva al comando dell'esercito francese per tutto il tempo in cui le nostre forze principali erano impegnate nell'attacco alla Polonia. Questo era il dilemma strategico che ci angosciava noi soldati: Hitler avrebbe avuto ancora una volta ragione? Le potenze occidentali avrebbero davvero rinunciato a proseguire la guerra una volta che la Polonia fosse stata distrutta?

Hitler interveniva raramente nella condotta della battaglia da parte del Comandante in Capo: in effetti, ricordo solo due occasioni, la prima quando chiese il rapido rafforzamento del nostro fianco settentrionale (che aveva attaccato dalla Prussia Orientale) trasferendo in Prussia Orientale unità corazzate per sostenere ed estendere il fianco orientale abbastanza da accerchiare Varsavia a est del fiume Vistola; la seconda occasione fu quando intervenne nelle operazioni dell'armata di Blaskowitz (Ottava Armata), alle quali si era opposto nel modo più deciso. Altrimenti si limitava rigorosamente a esprimere opinioni e a scambiare vedute con il Comandante in Capo e a dare incoraggiamenti verbali; non intervenne mai per impartire ordini personalmente. Questo accadeva più frequentemente invece con l'Aeronautica, alla quale spesso dava istruzioni personali nell'interesse delle operazioni terrestri; quasi ogni sera era al telefono con Göring.

Affidai a Jodl il compito di riferire sugli sviluppi militari durante le conferenze nella carrozza del quartier generale; egli era assistito da tre ufficiali di collegamento, uno per ciascuna delle tre branche delle forze armate. Questi ultimi tre erano, in effetti, stati distaccati presso Hitler come ufficiali di intelligence per i rispettivi Comandanti in Capo, ma non c'era spazio per personale aggiuntivo nel treno del Führer.

Menzionerò qui solo quei pochi dei miei viaggi al fronte che sono particolarmente impressi nella mia memoria: in primo luogo, una visita al comandante dell'armata von Kluge (Comandante in Capo della Quarta Armata) che visitammo il 3 settembre: una conferenza di guerra, un pasto e un'ispezione del campo di battaglia della brughiera di Tuchel, che ci offrì un'immagine impressionante delle perdite polacche. Secondo, una visita che facemmo partendo dal quartier generale del Secondo Corpo d'Armata: il Führer visitò il fronte con il generale Strauss per vedere le sue truppe attraversare la Vistola a Culm e la battaglia che ne seguì. Terzo, visitammo il generale Busch (Ottavo Corpo d'Armata) per l'attraversamento del San e una parata di ampi reparti delle truppe, compresi feriti rientrati dal fronte, in onore del completamento del ponte dell'armata poco prima.

La quarta occasione fu una visita al mio amico generale von Briesen (30ª Divisione di Fanteria) che si era trovato nel mezzo del fianco debolmente difeso dell'armata di Blaskowitz e che, con la sua sola divisione, aveva respinto un tentativo di sfondamento in massa da parte di un'intera armata polacca accerchiata, in una lotta terribile con enormi difficoltà. Solo l'autorità del Führer era riuscita a farci arrivare a questa posizione del quartier generale, ben dentro il raggio d'azione dei cannoni nemici. In un'aula scolastica, von Briesen - il cui avambraccio sinistro era stato portato via da un colpo di arma da fuoco durante la battaglia - gli illustrò lo sviluppo della lotta che la sua divisione aveva sostenuto durante i giorni duri e sanguinosi della battaglia. Alla domanda sulla sua ferita, confessò di aver condotto personalmente in azione il suo ultimo battaglione di riserva. Mentre tornavamo dal posto di comando, accessibile solo a piedi, Hitler mi disse: "Quello è un vero generale prussiano della scuola reale. Non sono mai abbastanza soldati come lui. È un uomo che è prossimo al mio cuore. Prima che finisca la giornata, voglio che sia il primo comandante di divisione a ricevere la Croce di Cavaliere. Ha salvato l'armata di Blaskowitz con il suo coraggio e la sua determinazione".

Il mio quinto ricordo è di un volo verso un aeroporto e di aver proseguito da lì attraverso un ponte dell'armata sulla Vistola, a nord di Varsavia, verso il posto di comando del comandante dell'artiglieria del Secondo Corpo d'Armata. Da un punto di osservazione in un campanile a nord-est di un sobborgo di Varsavia sulla riva orientale della Vistola - quest'ultimo stava dirigendo il fuoco di artiglieria sulle fortificazioni esterne di Varsavia. Fu qui che Hitler ricevette la notizia che il colonnello generale von Fritsch era morto in azione quella mattina al quartier generale di un comandante di fanteria, durante un'avanzata del 12° Reggimento di Artiglieria.

Ricordo anche una visita al lato occidentale dell'azione di accerchiamento di Varsavia, e di aver osservato l'effetto del nostro bombardamento di artiglieria sui sobborghi della città da una torre dello Stadio Sportivo e Ippico di Varsavia. Tre tentativi di costringere Varsavia alla capitolazione avevano preceduto quest'ultima visita al fronte, con il risultato che ora il bombardamento di artiglieria e il bombardamento aereo della città erano iniziati come previsto.

Il 20 settembre trasferimmo il piccolo quartier generale del Führer a Zoppot. Partendo da lì, facemmo una visita alla penisola di Westerplatte vicino al porto di Danzica e al porto e alla città di Gdynia, così come alle alture adiacenti, dove erano ancora visibili i segni dei violenti combattimenti in cui era stata coinvolta la divisione di guardia di frontiera della Pomerania. Quelle erano le truppe che il maggiore von Briesen aveva addestrato e ispirato nello spirito della "leale Pomerania" durante i suoi anni di servizio nelle forze di frontiera orientali. Le perdite di ufficiali subite dalla nobiltà della Pomerania in questa divisione erano state particolarmente pesanti.

Il funerale di Stato del defunto colonnello generale von Fritsch si tenne a Berlino nella Sala del Memoriale degli Eroi il 25 settembre. Il tempo era pessimo per volare, quindi il Führer fu costretto ad abbandonare il suo piano di partecipare alla cerimonia. Nonostante ciò, decollai con Funk (il mio pilota) dirigendoci inizialmente verso Stettino, poiché l'aeroporto lì non era coperto dalla nebbia come quello di Berlino. Aspettammo lì per più di un'ora che la visibilità a Berlino migliorasse, ma ciò non avvenne. Alla fine, dato che si stava facendo tardi, decollammo comunque nella speranza che si fosse schiarito abbastanza per atterrare al nostro arrivo. Fu un volo molto complicato, ma Funk riuscì a farci atterrare sani e salvi all'aeroporto militare di Staaken, fuori Berlino. Arrivai al funerale giusto in tempo per deporre una corona sulla bara a nome del Führer, e Brauchitsch e io seguimmo la bara nell'interminabile corteo funebre che comprendeva sia i servizi, lo Stato che il Corpo Diplomatico, fino a quando non fu finalmente sepolta nel cimitero militare.

Il colonnello generale von Fritsch aveva accompagnato il 12° Reggimento di Artiglieria nella campagna polacca come soprannumerario. Il Führer aveva esitato a lungo se dargli il comando di un Gruppo d'Armate o dell'autonoma Armata della Prussia Orientale, come Brauchitsch gli aveva sollecitato e come io stesso avevano sostenuto attivamente. Alla fine, il Führer aveva deciso contro, spiegando che in tal caso avrebbe dovuto reintegrare anche Blomberg, e questo era qualcosa che non avrebbe mai potuto fare. La ragione probabilmente era che, all'epoca, aveva prospettato a Blomberg la possibilità di essere reintegrato se fosse scoppiata la guerra; poiché ora non aveva alcun desiderio di mantenere quella promessa, aveva dovuto ugualmente evitare di dare a Fritsch un incarico di alto livello, poiché ciò sarebbe stato un aperto insulto a Blomberg. Queste sono le mie opinioni personali, ma si basano su osservazioni che Hitler fece all'epoca a Schmundt, il suo aiutante.

La voce diffusa che Fritsch fosse così amareggiato da aver cercato deliberatamente la morte in azione è del tutto fuori luogo, secondo quanto vide con i propri occhi l'ufficiale che riferì al Führer della ferita fatale di Fritsch (in mia presenza): un proiettile vagante aveva colpito il colonnello generale mentre conversava con i suoi ufficiali di stato maggiore, e in pochi minuti era morto dissanguato.

La guerra in Polonia si concluse con una grande parata militare per le strade di Varsavia parzialmente distrutta, alla quale il Führer e io volammo pere presenziare con i nostri luogotenenti da Berlino. All'aeroporto era stato allestito un grande banchetto in onore del Führer, prima che decollassimo per tornare a Berlino. Non appena Hitler vide il tavolo a ferro di cavallo ben fornito allestito in uno degli hangar, si voltò bruscamente sui tacchi, disse a Brauchitsch che lui non mangiava mai con le sue truppe se non in piedi e presso una cucina da campo, tornò indietro verso il nostro aereo e ordinò al pilota di decollare immediatamente. Mentre io trovai che il Comandante in Capo dell'Esercito era stato piuttosto scortese nell'organizzare il banchetto, anche se aveva certamente agito con buone intenzioni. Durante il volo, la rabbia del Führer si placò e più volte iniziò a dire qualcosa su quel banchetto, come se ora si rimproverasse per il suo comportamento.

Quando raccontai tutto questo a Brauchitsch nei giorni successivi, mi confidò che il banchetto era stato un grande successo — anche senza Hitler..

Non appena Varsavia cadde, le prime divisioni iniziarono a dirigersi verso il fronte occidentale, anche se fino ad allora la situazione era rimasta pacifica a parte qualche sporadico focolaio di combattimenti che divampava qua e là negli approcci al Vallo Occidentale. Le prime truppe furono dirette al fianco settentrionale nella zona vicino e a nord di Aix-la-Chapelle (Aquisgrana) perché il Führer pensava che le nostre misere forze di frontiera di fronte all'Olanda e al Belgio fossero troppo deboli, e che questo fosse quasi un invito ai francesi a aggirare il Vallo Occidentale a nord e a piombare direttamente nella indifesa regione della Ruhr. Ma a quel tempo i nostri avversari a ovest erano probabilmente ancora diffidenti nel violare la neutralità del Belgio, perché il suo re aveva apparentemente rifiutato di permettere alle truppe francesi di attraversare il suo territorio, come apprendemmo più tardi via Roma, grazie ai legami familiari che univano le due case reali.

Il comportamento dell'Unione Sovietica durante tutta la nostra campagna polacca fu di particolare interesse e particolarmente edificante. Dopo che avevamo lanciato il nostro attacco, Hitler aveva, naturalmente, organizzato che l'intervento immediato di Stalin nella campagna fosse richiesto attraverso canali diplomatici; avevamo un interesse acquisito in questo, perché volevamo soprattutto la conclusione più rapida possibile della campagna -volevamo una guerra lampo - vista la vulnerabilità delle nostre frontiere occidentali. Stalin, d'altra parte, intendeva raccogliere la sua ricompensa nella divisione della Polonia con il minor spargimento possibile di sangue russo, e informò il Führer che non sarebbe stato pronto ad attaccare prima di almeno tre settimane, poiché le sue forze non erano né preparate né mobilitate. Fin dall'inizio, l'Alto Comando si era assicurato che il nostro addetto militare a Mosca (generale Köstring) fosse tenuto al corrente, e ulteriori tentativi furono fatti attraverso canali diplomatici per persuaderli a cambiare atteggiamento, ma non ci furono ulteriori notizie da Mosca: solo che non potevano prepararsi a intervenire più rapidamente.

Ma, proprio mentre attraversavamo il fiume San a sud e Varsavia era alla nostra portata operativa, l'Armata Rossa - nonostante la loro presunta "totale impreparazione" - improvvisamente marciava in Polonia, travolgendo le ultime truppe polacche mentre si ritiravano e prendendole prigioniere, mentre deviavano una gran parte delle altre in Romania. Non ci furono scontri tra le nostre forze e quelle dell'Armata Rossa; le truppe sovietiche si fermarono a una distanza rispettosa dalla linea di demarcazione e solo le informazioni militari più urgenti furono scambiate fra i due eserciti.
I treni delle truppe dell'Esercito stavano ora correndo verso ovest alla massima capacità consentita dal sistema ferroviario fin dalla caduta di Varsavia, con le truppe che spesso marciavano per distanze considerevoli verso le stazioni ferroviarie. Niente sembrava meno probabile all'Ufficio di Guerra che la possibilità di una campagna autunnale o invernale sul fronte occidentale; mentre ero ancora all'Hotel Strand a Zoppot, intorno al 22 settembre, mi fu mostrato un ordine che lo Stato Maggiore dell'Esercito aveva emesso per la parziale smobilitazione dell'esercito. All'epoca telefonai al generale Halder e dissi che il suo ordine era del tutto improponibile, poiché il Führer non lo aveva ancora autorizzato; l'ordine fu trattenuto, o meglio riformulato per dire che le lezioni apprese durante la campagna polacca rendevano necessarie nuove disposizioni per una possibile prossima guerra a ovest. La forza dell'opposizione dell'Ufficio di Guerra all'idea di Hitler di mettere l'Esercito in stato di guerra a ovest già nell'ottobre 1939 fu presto dimostrata da vari incidenti. L'Ufficio di Guerra, insieme alla stragrande maggioranza degli alti generali dell'Esercito, incluso von Reichenau, aveva ragioni non solo militari ma politiche per la sua posizione, e io le condividevo pienamente.
A parte i loro ricordi funerei della Prima Guerra Mondiale, e la forza della formidabile Linea Maginot contro la quale allora non c'erano praticamente armi di distruzione, consideravano che l'Esercito non fosse ancora in grado di lanciare alcun nuovo assalto dopo la sua campagna orientale, senza una pausa per riprendersi, per riorganizzarsi e rimobilitarsi, per completare l'addestramento e per finire di riequipaggiarsi. In particolare, furono espressi dubbi sulla guerra invernale, con la nebbia e la pioggia, i giorni brevi e le notti lunghe, che rendevano praticamente impossibile la guerra mobile. Inoltre, il fatto che i francesi non avessero sfruttato né il bel tempo né la debolezza delle nostre difese occidentali in precedenza poteva solo portarci a concludere che davvero non volessero combattere, e che qualsiasi attacco che avessimo lanciato avrebbe solo rovinato le prospettive di colloqui di pace - probabilmente rendendoli impossibili. Era chiaro per noi che la Linea Maginot ci avrebbe obbligati a spingere il nostro attacco attraverso la Francia settentrionale, il Lussemburgo e il Belgio e forse anche attraverso l'Olanda, con tutte le conseguenze che avevamo già subito nella guerra del 1914-1918. Hitler, d'altra parte, pensava che lo svantaggio strategico in ogni giorno sprecato superasse l'opprobrio di violare la neutralità di un altro paese, che era un ostacolo tanto per il nemico quanto per noi, ma alle cui implicazioni il nemico era probabilmente più suscettibile del soldato tedesco medio. Per Hitler, la questione significativa era il tempo che il nemico avrebbe guadagnato per riarmarsi e rafforzare le sue forze, specialmente ora che la Forza di Spedizione Britannica era arrivata; in seguito mise l'aumento delle dimensioni di quest'ultima durante i sette mesi persi fino al maggio 1940 a cinque volte, un aumento da quattro a venti divisioni; in questo contesto, aggiunse, ogni divisione britannica doveva essere considerata equivalente a tre o quattro francesi per quanto riguardava il valore combattivo. Ma il fattore più decisivo che pesava nella mente di Hitler era la sua ansia per la regione industriale della Ruhr nella Renania e nella Vestfalia, il cuore del riarmo tedesco: la perdita della Ruhr sarebbe stata sinonimo della perdita della guerra; credeva che il forte e mobile esercito anglo-francese nel nord della Francia avrebbe potuto tentare in qualsiasi momento una spinta improvvisa attraverso il Belgio per irrompere nella Ruhr, e con ogni probabilità avremmo potuto fare poco per contrastarla efficacemente.
Nell'ottobre 1939 questi due punti di vista si contrapponevano diametralmente. All'epoca ero incline a condividere il punto di vista dell'Ufficio di Guerra; il risultato fu la prima seria crisi di fiducia tra Hitler e me. Se avesse in qualche modo scoperto che ero andato a Zossen per una lunga discussione

con Brauchitsch e Halder non lo so cosa sarebbe accaduto. In ogni caso, quando gli dissi pubblicamente quello che pensavo, come ero tenuto a fare, Hitler mi accusò violentemente di ostacolarlo e di cospirare con i suoi generali contro i suoi piani; mi chiese di accettare e identificarmi con le sue opinioni e rappresentarle senza riserve all'Ufficio di Guerra. Quando cercai di intervenire per sottolineare che io per primo avevo certamente tenuto Brauchitsch adeguatamente informato sulla sua (di Hitler) ben nota valutazione della situazione e delle sue intenzioni, iniziò a insultarmi e ripeté l'accusa molto offensiva che stavo fomentando un gruppo di opposizione contro di lui tra i suoi generali. Ero estremamente turbato e ne parlai con Schmundt. Cercò di calmarmi e mi disse che a pranzo il generale von Reichenau era stato con il Führer e aveva avuto un lungo colloquio privato con Hitler in seguito. Hitler aveva poi detto molto arrabbiato a Schmundt che, con sua grande rabbia, Reichenau aveva espresso le stesse obiezioni fondamentali dell'Ufficio di Guerra. Quella era probabilmente la ragione del suo umore aggressivo verso di me quella sera — tutto accadde lo stesso giorno.

Chiesi a Schmundt di dire al Führer che, vista la sua mancanza di fiducia in me, desideravo essere trasferito altrove, poiché era impossibile per me continuare a lavorare in quelle pesanti condizioni. Quanto diligentemente Schmundt abbia svolto questa commissione per me non lo so; non entrai io stesso nella Cancelleria del Reich, ma aspettai solo nel caso fossi chiamato per un colloquio. Ma quando vidi che non era successo nulla nemmeno il giorno dopo, scrissi una lettera a mano a Hitler e, riferendomi alla mancanza di fiducia in me che aveva espresso, chiesi di essere trasferito altrove, e possibilmente al fronte. Consegnai questa lettera a Schmundt perché la desse a Hitler.

Il risultato fu un colloquio tra Hitler e me, in cui mi disse che stava respingendo la mia richiesta e che avrebbe preferito non ricevere tali richieste in futuro: era sua prerogativa dirmi quando non aveva più bisogno dei miei servizi, e fino ad allora dovevo fare come mi era stato detto nell'ufficio in cui mi aveva nominato. La mia lettera, suggerì, era il risultato di un'eccessiva sensibilità da parte mia; non mi aveva detto che non aveva più fiducia in me. Con ciò, passò subito ad altri argomenti, delineando la sua valutazione della situazione, con uno sfogo arrabbiato su Reichenau, che, disse, avrebbe fatto meglio a preoccuparsi meno della diplomazia e di più sul modo più rapido per preparare di nuovo il suo gruppo corazzato alla battaglia: tutto quello che stava facendo era solo di descriverlo come non pronto a causa dell'usura dei motori, dei cingoli dei carri armati e così via.

Alla fine mi fu ordinato di dire a Brauchitsch di presentarsi da lui. Allo stesso tempo Hitler mi disse che aveva già avuto una lunga discussione con Brauchitsch in mia assenza, in cui quest'ultimo aveva delineato le opinioni dell'Ufficio di Guerra. Concluse dicendo che l'Ufficio di Guerra non doveva immischiarsi in questioni politiche e militari, né era quella la preoccupazione dello Stato Maggiore che dimostrava di non aver nemmeno abbastanza slancio per riunire di nuovo l'Esercito dopo la breve campagna in Polonia: mentre ribadiva che non c'era alcun problema nel rimettere in forma le formazioni corazzate, se solo ci fosse stata la volontà di farlo. Mi fu anche ordinato di essere presente a questa nuova conferenza con Brauchitsch.

Disse che aveva considerato molto attentamente quale dovesse essere la sua decisione (sulla campagna a ovest) e nei prossimi giorni avrebbe consegnato ai Comandanti in Capo un memorandum che aveva scritto lui stesso sui problemi della guerra mondiale, con tutte le sue opinioni al riguardo. La conferenza con Brauchitsch ebbe luogo in mia presenza - credo che fosse il giorno dopo. (il 5 novembre 1939.) Von Brauchitsch e io ascoltammo in silenzio il discorso molto ampio di Hitler sul punto di vista dell'Ufficio di Guerra per quanto era noto. Brauchitsch lo seguì, dando due ragioni per cui non poteva essere d'accordo:

1. Durante la campagna polacca la fanteria si era dimostrata troppo cauta e insufficientemente aggressiva; mancava anche di addestramento, mostrava poca padronanza delle tattiche di attacco e i suoi sottufficiali mancavano di competenza.

2. La disciplina purtroppo era diventata molto rilassata e c'erano al momento condizioni che ricordavano quelle del 1917 - c'erano state orge di ubriachezza e cattivo comportamento sui treni delle truppe

e nelle stazioni ferroviarie. Gli erano stati inviati rapporti su tutto questo dai capistazione, e c'era una serie di dichiarazioni giurate che avevano portato a rimproveri per gravi violazioni della disciplina.

Concluse che l'Esercito aveva davvero bisogno di un addestramento intensivo prima che ci fosse alcuna possibilità di scatenarlo contro un nemico riposato e ben preparato a ovest.

Dopo che il Comandante in Capo ebbe finito di parlare, il Führer balzò su furioso e gridò che era del tutto incomprensibile per lui che, solo per una piccola mancanza di disciplina, un Comandante in Capo condannasse il proprio Esercito e lo denigrasse. Nessuno dei suoi comandanti gli aveva detto nulla sulla mancanza di slancio della fanteria quando era stato al fronte, e solo ora doveva ascoltare tali critiche dopo che l'Esercito aveva riportato una vittoria unica in Polonia. Come Comandante Supremo, personalmente, avrebbe dovuto respingere categoricamente tali accuse contro il suo Esercito. Concluse chiedendo di vedere tutti i documenti legali pertinenti in modo da poterli leggere personalmente. Poi lasciò la stanza, sbattendo la porta dietro di sé, lasciando tutti noi semplicemente in piedi. Brauchitsch e io ci separammo subito senza dire altro, ognuno per la sua strada. Era chiaro per me che questo segnava la rottura con von Brauchitsch e che la poca fiducia che c'era stata tra loro era finalmente infranta.

Ogni giorno mi veniva chiesto dei documenti legali che aveva richiesto; ne vidi solo uno che Hitler gettò sulla mia scrivania.

In seguito seppi da Schmundt che von Brauchitsch aveva chiesto di essere sollevato dal suo incarico dopo questa scena pesante, che era stato chiamato da solo da Hitler, e che la sua richiesta era stata categoricamente respinta.

Alcuni giorni prima — probabilmente nella prima metà di ottobre — il generale Halder era stato convocato dal Führer per informarlo sul piano di campagna per l'Occidente; Jodl ed io eravamo anche presenti. Mentre Hitler interruppe più volte l'intervento di Halder con frequenti domande, alla fine tenne per sé le sue opinioni, anche se chiese a Halder di girargli la mappa con le sue annotazioni. Dopo che se ne fu andato, Hitler si rivolse a noi e disse qualcosa del tipo: "Quello è solo il vecchio piano Schlieffen, con un forte fianco destro lungo la costa atlantica; non si può ripetere un'operazione del genere due volte. Ho un'idea completamente diversa e ve la dirò (cioè a Jodl e a me) tra un giorno o due e poi ne parlerò con l'Ufficio di Guerra io stesso".

Poiché non mi rimane molto tempo, non entrerò nei dettagli delle questioni strategiche che derivano da tutto questo, poiché saranno trattate da altri comunque; mi limiterò a rendere chiaro che fu Hitler stesso a vedere per primo la svolta corazzata a Sedan, colpendo fino alla costa atlantica ad Abbeville, come la soluzione; avremmo poi girato (verso nord) nel retro dell'esercito anglo-francese motorizzato, che molto probabilmente stava avanzando attraverso la frontiera franco-belga in Belgio, e li avremmo tagliati fuori.

Avevo alcune perplessità, poiché questo colpo di genio poteva andare storto se l'armata corazzata francese non ci avesse fatto il favore di spostarsi automaticamente attraverso il Belgio verso il nostro fianco settentrionale, ma invece si fosse trattenuto fino a quando non avesse riconosciuto l'operazione di sfondamento pianificata da Hitler. Il generale Jodl, d'altra parte, era poco incline a condividere le mie paure quanto lo era Hitler stesso.

Deve essere menzionato che un giorno qualche tempo dopo il Führer mi disse con grande piacere che su questa particolare questione strategica aveva avuto una lunga discussione personale con il generale von Manstein, che era stato l'unico dei generali dell'Esercito ad avere lo stesso piano suo, e questo lo aveva molto compiaciuto. Von Manstein era, all'epoca, Capo di Stato Maggiore del Gruppo d'Armate A di von Rundstedt, che era, in effetti, destinato a portare l'operazione pianificata a una conclusione trionfale e schiacciante.

La conseguenza dell'ostinata resistenza opposta dall'Ufficio di Guerra fu un cambiamento nel carattere dei nostri rapporti con Hitler: ciò che era stato realizzato finora con direttive e istruzioni verbali era ora eseguito con l'emissione di ordini scritti. Lo staff operativo dell'OKW elaborò le istruzioni del Führer per lui, agendo come suo ufficio militare; furono poi emesse al Comandante in Capo (dell'Esercito) firmate da Hitler o da me per suo conto. In questo modo lo staff operativo dell'OKW si insediò. In precedenza, il Führer aveva trattato verbalmente con i suoi comandanti in capo, spesso con l'esclusione totale dell'OKW, un accordo sul quale il Comandante in Capo dell'Esercito aveva posto il massimo valore; ma dopo il loro serio "contrattempo" quest'ultimo apparve di persona solo quando chiamato.

La data per l'attacco (alla Francia) era stata fissata provvisoriamente per il 25 ottobre (1939), ma Hitler dubitava che essa potesse essere rispettata; il fatto era che voleva creare una pressione sufficiente per sfruttare appieno il poco tempo disponibile per la preparazione e la concentrazione delle sue truppe. In effetti, nemmeno il necessario rodaggio delle unità corazzate era completo per allora: motori di riserva, ingranaggi e cingoli dei carri armati erano ancora particolarmente scarsi. Inoltre, il tempo era del tutto sfavorevole. Il risultato fu che fummo costretti ad accettare una serie di ritardi, perché su una cosa Hitler era fermo: avrebbe lanciato il suo attacco solo quando ci fosse stata una previsione di diversi giorni di bel tempo, in modo che la nostra Aeronautica potesse essere sfruttata al massimo. Le date successive di novembre arrivarono e passarono allo stesso modo, e Hitler decise di aspettare invece che si palesasse un lungo periodo di tempo chiaro e gelido durante l'inverno. Nei giorni che seguirono, Diesing, il meteorologo dell'Aeronautica, sudò sangue per ogni previsione meteorologica giornaliera che doveva fare prima o dopo le principali conferenze di guerra, dolorosamente consapevole della sua responsabilità se la sua previsione si fosse rivelata sbagliata. Durante il gennaio 1940 Hitler si rese conto che sembrava oramai esserci poca ulteriore prospettiva di un periodo definito di tempo chiaro e gelido, e decise di rinviare il suo attacco sul fronte occidentale - che ormai era virtualmente congelato - fino a maggio.

Attacco alla Norvegia

Discussioni erano in corso dall'ottobre 1939 con la Marina sull'importanza vitale della Norvegia come base navale e aerea per l'ulteriore condotta della guerra, nel caso in cui gli inglesi riuscissero a ottenere un punto d'appoggio lì: sarebbero stati in grado di dominare la baia di Helgoland e i canali di uscita per le nostre navi della flotta e dei sottomarini, nonché di confrontare i nostri porti navali e il passaggio dal Baltico verso l'Atlantico con una seria minaccia dalla loro Aeronautica.

Durante il dicembre 1939, dopo che era stato stabilito un contatto con l'ex ministro della Difesa norvegese Quisling, iniziò a prendere forma un piano audace per impadronirsi dei porti norvegesi dal mare. Lo staff operativo dell'OKW istituì un ufficio speciale a questo scopo, e furono avviati studi di stato maggiore con la cooperazione della Marina tedesca. Vista la grande distanza da Narvik, più di 1.250 miglia e la vasta superiorità della flotta britannica, il piano poteva solo essere definito audace; il Führer ne era ben consapevole, come lo era Raeder, il Comandante in Capo della Marina; Hitler intervenne personalmente nel piano in misura molto grande, mentre allo stesso tempo nascondeva totalmente le sue intenzioni all'Esercito e all'Aeronautica.

Per la prima volta l'OKW iniziò a funzionare come un quartier generale operativo per il comando complessivo delle forze armate da parte di Hitler, poiché assunse il comando unificato di un teatro di operazioni combinate da parte della Marina, dell'Esercito e dell'Aeronautica.

Devo dire che si rivelò un esempio ideale di quanto bene un comando congiunto e centralizzato potesse essere concentrato nelle mani dello staff operativo dell'OKW, con l'esclusione totale dello Stato Maggiore dell'Esercito e dell'Aeronautica: era chiaramente stabilito che tutte le effettive transazioni di guerra, compresi i trasporti di truppe e la logistica, erano di esclusiva responsabilità della marina, mentre le unità dell'Esercito e dell'Aeronautica che vi sbarcavano erano direttamente controllate dall'OKW. La vera operazione di invasione fu lanciata il 9 aprile (1940).

Naturalmente, l'inverno del 1939-1940 non fu solo estremamente arduo per me e per l'OKW, ma anche molto fertile di crisi interne. Le conferenze di guerra quotidiane e le riunioni informative di mezzogiorno nella Cancelleria del Reich si svolgevano alla presenza di Hitler con una regolarità quasi monotona. Jodl ed io avevamo ciascuno uno studio e un ufficio per i nostri aiutanti e segretari accanto all'ex Sala del Gabinetto del Reich; io non arrivavo mai dal Ministero della Guerra prima di mezzogiorno circa, e talvolta tornavo la sera per un'ora; Jodl, invece, lavorava pressoché esclusivamente nella Cancelleria del Reich, poiché non aveva uno studio nei locali dello staff operativo in Bendlerstrasse; così era sempre a disposizione del Führer, nel caso fosse necessario. In questo modo, il suo rapporto con Hitler divenne più intimo, così come il riconoscimento da parte di quest'ultimo delle sue capacità, cosa che per me era molto gratificante. Non nego che avrei preferito essere tenuto costantemente e più approfonditamente informato su tutto ciò che accadeva, ma, nonostante ciò, la mia collaborazione con Jodl non fu mai minimamente compromessa. Anche se nulla era più estraneo alla mia natura della gelosia, nulla sarebbe stato meno fattibile che insistere per mantenere il controllo nelle mie mani: non mi era mai permesso prendere decisioni; il Führer si era riservato quel diritto anche in questioni apparentemente banali.

Fu il 19 e il 20 aprile che ebbi il mio secondo serio "contrattempo" con Hitler, perché stava pianificando di separare l'amministrazione della Norvegia occupata dai leader militari - che, a mio avviso, era il compito principale del nostro comandante in capo in zona - e trasferire l'autorità civile al Gauleiter Terboven. Mi dichiarai fermamente contrario a questo e uscii dalla sala della conferenza quando Hitler iniziò a rimproverarmi davanti a tutti gli altri partecipanti.

Il 19 aprile Jodl scrisse nel suo diario: "Nuova crisi; il capo dell'OKW esce dalla sala..."

Sebbene mi sforzassi nuovamente, non appena ebbi qualche momento di tranquillità da solo con Hitler il giorno successivo, cercai nuovamente di convincerlo dell'improprietà della nomina, ma non ottenni nulla da lui; Terboven divenne il "Commissario del Reich per la Norvegia". Le conseguenze sono ben note.

Attacco a Occidente

L'8 maggio, poiché tutte le opinioni dei meteorologi indicavano che sembrava imminente un periodo di bel tempo, l'ordine di lanciare l'attacco (sul fronte occidentale) fu emesso per il 10. Alle sei del mattino del 10 maggio, un corriere avrebbe dovuto consegnare alla Regina dei Paesi Bassi una nota personale del governo del Reich, spiegando che gli sviluppi avevano reso inevitabile l'attraversamento del territorio olandese da parte delle truppe tedesche; la Regina era invitata a ordinare al suo esercito di permettere alle truppe di marciare indisturbate per evitare spargimenti di sangue; a lei stessa era stato chiesto di rimanere nel paese. Nonostante i preparativi minuziosi per questa missione e un visto rilasciato dall'Ambasciata olandese a Berlino, il nostro corriere del Ministero degli Esteri fu arrestato mentre attraversava la frontiera il 9 maggio, e la sua lettera segreta gli fu sequestrata. Il risultato fu che L'Aia fu così informata dell'imminente scoppio della guerra ed ebbe nelle mani tutta la conferma di cui poteva aver bisogno - la lettera del corriere. Insomma un bel pasticcio. All'epoca, Canaris indirizzò i sospetti verso il signor von Steengracht del Ministero degli Esteri, ma egli (Canaris) si avvicinò a me torcendosi le mani e supplicandomi di non dire nulla di tutto ciò al Führer o a von Ribbentrop. Oggi mi è chiaro che Canaris stesso era il vero traditore.

Eravamo stati ben informati sull'atteggiamento del Belgio e dell'Olanda, che per alcuni mesi si erano solo finti neutrali; sapevamo del Belgio a causa della parentela della sua casa reale con quella dell'Italia, e dell'Olanda grazie alla cattura astutamente orchestrata da parte del nostro servizio di sicurezza di un membro del servizio segreto britannico a Venlo. In realtà, entrambi i paesi avevano perso ogni diritto alla neutralità ignorando volutamente i voli della Royal Air Force sui loro territori sovrani.

In condizioni di massima segretezza, lasciammo Berlino a mezzogiorno del 9 maggio, partendo da una piccola stazione a Grunewald e dirigendoci, finché durò la luce del giorno, verso Amburgo, dove il Führer avrebbe dovuto arrivare il giorno successivo; non appena calò il crepuscolo, la direzione del treno fu invertita, e arrivammo a Euskirchen, non lontano da Aquisgrana (Aachen), alle tre del mattino. Mentre era ancora buio e sotto un bellissimo cielo stellato, ci spostammo in auto

▲ Mappa dell'offensiva tedesca sulla Somme tra il 5 e il 12 giugno 1940. Wiki cc-1

▲ Adolf Hitler con i suoi generali e ministri di fronte al vagone dell'armistizio di Compiegne, dove venne firmata la resa della Germania nel 1918 e che ora serviva, al contrario, a firmare la resa della Francia. Vi si riconoscono da sinistra a destra: Ribbentrop, Keitel, Goring, Hess, Hitler e von Brauchitsch. Bundesarchiv Wiki cc-1 verso il posto di comando del nuovo quartier generale del Führer, il Felsennest;[8] quest'ultimo era stato costruito dall'Organizzazione Todt lontano da qualsiasi villaggio, un'installazione bunker ricavata dalla cima di una montagna boscosa.

Nel bunker del Führer, avevo una cella di cemento senza finestre e climatizzata accanto alla sua; la cella di Jodl era accanto alla mia, mentre gli aiutanti militari erano alloggiati dall'altro lato della stanza del Führer. Il suono si propaga straordinariamente chiaro in stanze di cemento come queste; potevo persino sentire il Führer che leggeva i giornali.

I nostri uffici distavano cinque minuti a piedi lungo un sentiero forestale: erano baracche di legno con buone finestre, una piccola sala riunioni, tre stanze adiacenti e una camera da letto accogliente per l'ufficiale di stato maggiore (aiutante) di Jodl, che vi risiedeva sempre. (Era il maggiore Waizenegger.) Ero molto invidioso della sua stanza ariosa: stava molto meglio di noi nel bunker. Il quartier generale del Comandante in Capo dell'Esercito distava mezz'ora di auto lungo i sentieri forestali, anch'esso in baracche raggruppate attorno alla casa di un guardaboschi, dove viveva il Comandante in Capo stesso. Entrambi gli accampamenti erano così ben "nascosti" e remoti che non furono mai individuati dall'aeronautica nemica, né furono mai compromessi. Uno o due attacchi aerei furono eseguiti sulla stazione ferroviaria di Euskirchen, ma non erano destinati a noi. Nel primo comunicato emesso dall'Alto Comando, a mezzogiorno del 10 maggio, fui responsabile della frase:

"Per dirigere le operazioni complessive delle forze armate, il Führer e Comandante Supremo si è trasferito al fronte..."

Lottai con lui per circa mezz'ora per ottenere il suo consenso a questa rivelazione; mi spiegò che preferiva rimanere anonimo per non sminuire la gloria dei suoi generali. Tuttavia, non cedetti, perché sapevo che prima o poi si sarebbe dovuto far sapere che era lui a esercitare veramente il Comando Supremo e che era il signore della guerra dietro l'operazione. Alla fine, si arrese.

Il fatto era che Hitler conosceva ogni minimo dettaglio dei nostri compiti e delle nostre operazioni, sapeva gli obiettivi fissati per ogni giorno e i piani d'attacco, e spesso esercitava un'influenza personale diretta su di essi. Alla fine di ottobre (1939), ogni comandante di gruppo d'armate e di armata era stato convocato individualmente da Hitler per informarlo dettagliatamente sull'offensiva finale e sulla direzione pianificata dell'operazione. Con ognuno di loro aveva discusso tutti i dettagli, a volte ponendo domande imbarazzanti e dimostrando di essere straordinariamente ben informato sul terreno, gli ostacoli e simili, grazie al suo studio approfondito delle mappe. Il suo giudizio critico e i suoi suggerimenti dimostrarono ai generali che si era immerso profondamente nei problemi inerenti all'esecuzione dei suoi ordini fondamentali e che non era un profano. In seguito, si arrabbiò molto per la superficialità del suo amico Reichenau, che si era reso ridicolo in pubblico, mentre d'altra parte elogiò particolarmente la preparazione dettagliata e le esercitazioni che erano state fatte nella pianificazione del compito più impegnativo affidato all'armata di von Kluge (la Quarta Armata), lo sfondamento nelle Ardenne.

Il suo maggiore interesse era riservato al gruppo corazzato di von Kleist, soprattutto perché era questo gruppo che avrebbe messo in atto lo sfondamento pianificato verso Abbeville. Ripeté più volte quanto il terreno fosse favorevole per una battaglia di carri armati; il loro primo e principale compito era vincere il più rapidamente possibile, senza distrazioni. Il meticoloso lavoro che Zeitzler aveva svolto per il supporto logistico, in qualità di capo di stato maggiore del gruppo, ricevette grande approvazione. Più di ogni altra cosa, si occupò del compito assegnato all'armata di Busch (la Sedicesima Armata), e rivide personalmente con lui ogni fase della copertura sul fianco meridionale, per proteggere lo sfondamento senza intoppi del gruppo corazzato; sottolineò in particolare quanto fosse vitale che l'avanzata corazzata avesse successo.

---

8   Il Felsennest era il nome in codice del quartier generale del Führer utilizzato da Adolf Hitler durante la campagna contro la Francia. Si trovava vicino a Bad Münstereifel, nella parte occidentale della Germania. Era molto più angusto dell'altro quartier generale di Hitler, avendo solo quattro stanze.

In questo modo Hitler aveva già esercitato la sua influenza personale come Signore della Guerra Supremo, senza per questo sminuire in alcun modo il magnifico lavoro dello Stato Maggiore; sembrava insomma della massima importanza che il popolo tedesco sapesse che era lui a comandare anche in senso militare e che la responsabilità era sua. Dopotutto, le cose stavano davvero così. Durante l'intera campagna a ovest, che durò solo quarantatré giorni dal 10 maggio al 22 giugno (1940), Hitler si recò in volo a visitare i suoi comandanti al fronte solo quattro o cinque volte. Con quel bel tempo e considerando l'attività aerea nemica, non aveva senso sorvolare il vero teatro delle operazioni con un aereo da trasporto. Molto più frequenti, invece, furono i suoi incontri con il Comandante in Capo dell'Esercito per conferenze puramente tattiche e strategiche; si svolsero pacificamente e senza divergenze di opinione aperte. Hitler aveva tutte le ragioni per riconoscere i risultati del comando dell'Esercito, che aveva aderito strettamente alle sue richieste fondamentali, ma purtroppo espresse raramente la sua soddisfazione. Il risultato fu che io stesso iniziai a recarmi sempre più spesso in visita ai comandanti dell'Esercito e dei Gruppi d'Armate con il mio fidato Junkers 52, soprattutto durante la prima fase fino a metà giugno, quando l'attività aerea nemica si era ridotta. Volavamo per lo più a bassa quota, in modo che gli aerei da ricognizione e i caccia nemici fossero meno pericolosi per noi.

Quella prima mattina nel quartier generale *Felsennest* l'atmosfera era carica di tensione: tra noi non c'era nessuno che non fosse preoccupato dalla domanda se avessimo sorpreso tatticamente il nemico o meno. Hitler stesso attendeva febbrilmente i primi rapporti sulle operazioni speciali che aveva organizzato contro le moderne fortificazioni a blocchi dei belgi a Eben-Emael, che doveva essere catturata con un assalto combinato a sorpresa di forze aviotrasportate e di terra, con l'uso di alianti. Hitler aveva personalmente istruito e addestrato i comandanti e i sottufficiali partecipanti delle unità dell'Aeronautica e dei battaglioni del Genio coinvolti in questa operazione; era entrato nei più piccoli dettagli immaginabili e aveva utilizzato un modello in scala per questo scopo.

Mi permetto di menzionare questo solo come esempio di come il Führer amasse immergersi in ogni dettaglio dell'esecuzione pratica delle sue idee, tanto era ampio lo spettro della sua inventiva senza pari. Non potevo evitare che questo influenzasse ripetutamente ogni aspetto delle mie funzioni; di conseguenza, sia i comandanti superiori che noi del suo staff eravamo obbligati ad adottare questo *modus operandi* eccezionalmente minuzioso; non c'era fine alle sue domande, interventi e vagli dei fatti, finché con la sua fantastica immaginazione non era soddisfatto che ogni possibile falla fosse stata tappata. Vista la situazione, si può probabilmente capire perché spesso avessimo conferenze e riunioni che duravano ore con lui: era una conseguenza naturale del suo rituale di lavoro, che rappresentava una marcata divergenza dal nostro tradizionale dogma militare, in quanto eravamo abituati a lasciare ai livelli inferiori e ai comandanti il compito di interpretare come eseguire gli ordini loro impartiti. Ma ora, che mi piacesse o no, dovevo imparare ad adattarmi al suo sistema. Hitler si presentava ogni giorno verso mezzogiorno nella nostra piccola baracca, e di nuovo nel tardo pomeriggio, per essere informato sulla situazione.

A quel punto, il compito di illustrargli gli ultimi sviluppi era stato completamente assunto dal generale Jodl. A parte il fronte occidentale, l'OKW era ancora preoccupato per il problematico e molto esposto teatro norvegese, che continuò a darci motivo di allarme fino alla fine di maggio, quando gli inglesi e i franccsi finalmente vi rinunciarono. In sostanza, ero in giro ogni due giorni, soprattutto nella zona del Gruppo d'Armate di von Rundstedt, dove stava dirigendo l'operazione di sfondamento vitale del Führer, abbinata a una svolta verso nord. Nel frattempo, il suo capo di stato maggiore era stato sostituito dal generale von Sodenstern, che era un mio vecchio collega dei tempi in cui lavoravo nell'Ufficio delle Truppe (lo Stato Maggiore camuffato) dal 1926 al 1933, e legato a me da stretta amicizia. Potevo parlare apertamente con lui di tutto, compresi persino i desideri particolari del Führer, senza dover temere che andasse a raccontare a Halder, il Comandante in Capo dell'Esercito, delle "interferenze" del Comandante Supremo, cosa che avrebbe solo causato ulteriore malumore nei miei confronti.

▲ Fu nel piccolo quartier generale di Felsennest che lo Stato Maggiore tedesco seguì la campagna di Francia nel 1940. Nella foto di gruppo insieme a Hitler si riconoscono: Keitel, Bormann, Jodl e einrich Hoffmann, il fotografo ufficiale del Führer, all'estrema destra. Bundesarchiv Wiki cc-1

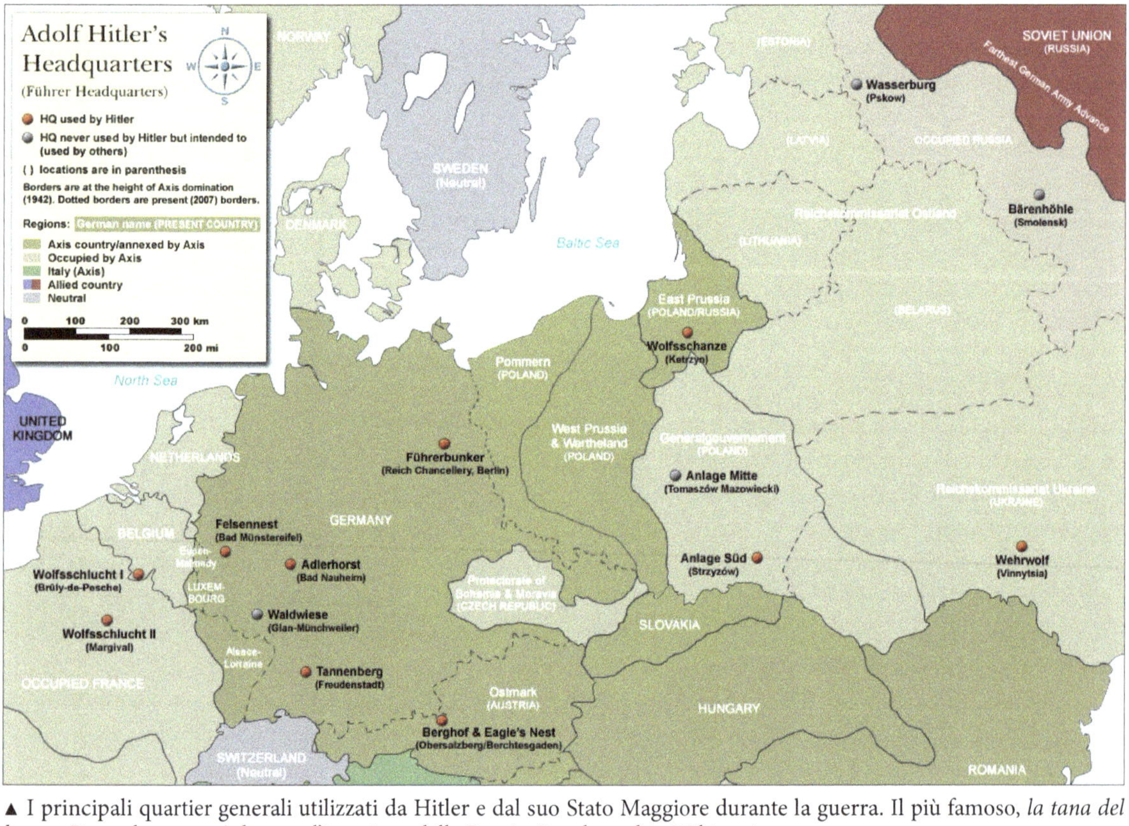

▲ I principali quartier generali utilizzati da Hitler e dal suo Stato Maggiore durante la guerra. Il più famoso, *la tana del lupo,* a Rastenburg, servì durante l'invasione della Russia. Bundesarchiv Wiki cc-1

Anche il generale von Rundstedt riconobbe saggiamente le difficoltà della mia posizione in quel momento e ascoltò con grande comprensione i "suggerimenti" che gli feci con tatto e moderazione, suggerimenti che, in effetti, provenivano dallo stesso Hitler. Le mie visite a lui, che avvenivano ogni giorno durante i giorni cruciali dello sfondamento vero e proprio, si svolsero sempre nella più stretta armonia. Ricevevo le ultime mappe di battaglia molto presto ogni mattina e le riportavo a Hitler... L'entrata in guerra dell'Italia fu più un peso che un sollievo per noi dell'OKW. Il Führer non riuscì nel suo tentativo di trattenere Mussolini almeno per un po'; avevamo un interesse molto considerevole nel farlo, perché sostenere la loro prevista penetrazione delle fortificazioni francesi lungo il fronte alpino avrebbe indebolito la nostra Aeronautica, e di fatto comportò la divisione e l'indebolimento della nostra Aeronautica, al momento dei combattimenti intorno a Parigi, a favore degli italiani. Anche allora, nonostante il nostro aiuto e la debolezza del fronte alpino francese, l'offensiva italiana si arrestò quasi subito. Questi nostri alleati italiani, che avevano improvvisamente ricordato i loro obblighi contrattuali nei nostri confronti solo perché pensavano che la Francia fosse stata sconfitta, si sarebbero rivelati la nostra grana più sfortunata e inutile con il progredire della guerra, perché nulla ostacolò di più la nostra collaborazione e l'intesa futura con i francesi, già nell'autunno del 1940, del dover rispettare le aspirazioni italiane e la convinzione del Führer che fossimo obbligati a sottoscriverle.

La firma dell'Armistizio con la Francia, nella foresta di Compiègne il 22 giugno 1940, fu l'apice della mia carriera come Capo dell'OKW. Le condizioni da imporre alla Francia erano già state formulate a livello di stato maggiore operativo dell'OKW prima del crollo, e dopo aver ricevuto la petizione francese le avevo personalmente riviste e redatte nella forma che mi sembrava più appropriata. In ogni caso, non avevamo fretta, perché il Führer voleva prima vedere raggiunti certi obiettivi strategici, come l'arrivo al confine svizzero. Non appena furono fissati la data e il luogo per i negoziati dell'armistizio, il Führer chiese la mia bozza e si ritirò per un giorno per esaminarla e, in molti casi, per riformularla, così che scoprii che, sebbene il contenuto della mia bozza non fosse stato modificato, la sua formulazione originale sì. Il preambolo era un'idea di Hitler e uscì dalla sua penna.

La cerimonia della firma dell'armistizio, nello stesso luogo storico nella foresta di Compiègne dove i tedeschi avevano chiesto la pace nel 1918, un luogo su cui gli Dei della guerra di passaggio non avevano lasciato traccia, ebbe un forte effetto sia su di me che, probabilmente, anche sugli altri partecipanti. Le mie emozioni erano contrastanti: avevo la sensazione che quella fosse la nostra ora di vendetta per Versailles, ed ero consapevole del mio orgoglio per la conclusione di una campagna unica e vittoriosa, e della determinazione a rispettare i sentimenti di coloro che erano stati onorevolmente sconfitti in battaglia.

Dopo aver salutato brevemente e formalmente la delegazione francese, guidata dal generale alsaziano Huntziger, salimmo sul vagone ferroviario che era stato conservato lì come memoriale nazionale. Il Führer si sedette al centro del tavolo, mentre io mi sedetti accanto a lui con l'atto di resa vero e proprio. I tre francesi si sedettero di fronte a noi. Il Führer aprì la cerimonia invitandomi a leggere il preambolo e le condizioni che stavamo chiedendo. Dopodiché, il Führer lasciò il vagone con i suoi cinque aiutanti e si allontanò dalla scena, con la guardia d'onore che gli presentava le armi. Il generale Jodl si sedette da un lato accanto a me e un ufficiale dello stato maggiore dell'ufficio operativo militare dall'altro, con il ministro Schmidt del Ministero degli Esteri a fare da interprete, ruolo che svolse in modo ammirevole durante tutti i negoziati.

I francesi chiesero un'ora di tregua per studiare le nostre condizioni e si ritirarono in una tenda vicina. Erano in contatto telefonico con il loro Alto Comando dell'Esercito oltre le linee del fronte, e il collegamento funzionò relativamente bene nonostante alcune interruzioni causate dai combattimenti. Durante questo intervallo, potei discutere con il Führer, che aspettava nelle vicinanze, alcuni punti che Huntziger aveva sollevato all'inizio dei colloqui.

Come era prevedibile, i francesi cercarono valorosamente di moderare le nostre richieste, e per guadagnare tempo per la trasmissione telefonica del testo del documento, con cui avevano immediatamente iniziato, sostenevano di dover ottenere la decisione del maresciallo Pétain su una serie di questioni. Avevo naturalmente preso le misure necessarie per poter ascoltare indisturbati le loro conversazioni telefoniche.

I francesi sfruttarono i colloqui per presentare ulteriori proposte, anche dopo che io - con l'accordo di Hitler e Göring - avevo già fatto alcune concessioni per quanto riguardava il disarmo dell'Aeronautica francese. Secondo i nostri rapporti di intercettazione, Pétain aveva chiesto condizioni ancora più leggere, che Huntziger nella sua risposta gli aveva detto erano del tutto fuori questione, vista la mia intransigenza.

Decisi quindi alle cinque di quel pomeriggio di consegnare al ministro Schmidt (capo interprete del Ministero degli Esteri) un ultimatum da consegnare alla delegazione, che si era nuovamente ritirata per consultazioni; l'ultimatum sarebbe scaduto alle sei. Quando i francesi finalmente riapparvero e iniziarono a fare nuove richieste, probabilmente ispirate da Pétain, annunciai che non ero disposto a prendere in considerazione ulteriori discussioni e che sarei stato costretto a interrompere i colloqui come inconcludenti se entro le sei non fossi stato informato della loro disponibilità a firmare il trattato nella sua forma attuale. Sentito ciò, i francesi si ritirarono nuovamente per le consultazioni finali; pochi minuti dopo le sei avevano completato la loro ultima conversazione telefonica, e Huntziger mi annunciò che era stato autorizzato a firmare.

Quando la cerimonia fu conclusa, congedai tutti i partecipanti alle discussioni e rimasi con il generale Huntziger da solo nella carrozza del treno. Con poche frasi militari, gli comunicai che comprendevo pienamente la sua posizione e il difficile dovere che aveva dovuto svolgere. Aveva la mia simpatia come ufficiale dell'esercito francese sconfitto e gli espressi la mia stima personale; poi gli strinsi la mano. Egli replicò che desiderava scusarsi per non aver mantenuto in un certo momento il grado di riserva richiesto, ma che la mia rivelazione, poco prima della firma del documento, che questo sarebbe entrato in vigore solo al momento della firma dell'armistizio corrispondente anche con l'Italia, lo aveva profondamente scosso: le forze armate tedesche avevano conquistato la Francia, ma gli italiani non l'avevano mai fatto. Si inchinò brevemente e lasciò la stanza.

Quella sera ci fu una breve celebrazione nella sala da pranzo della mensa al quartier generale del Führer. Un rullo di tamburi militari fu seguito dall'inno *Nun danket alle Gott* (Ora ringraziamo tutti Dio). Rivolsi alcune parole al Führer, definendolo come nostro signore vittorioso della guerra, e alla fine del mio discorso ci fu un'acclamazione generale per il Führer da tutte le parti; lui mi tese semplicemente la mano e lasciò la stanza. Quel giorno fu il culmine della mia carriera di soldato...

Mentre la massa dei nostri eserciti a ovest completava la sua ampia avanzata verso sud, il re del Belgio si arrendeva nel nord della Francia e in Belgio, e l'esercito britannico si imbarcava a Dunkerque. Naturalmente, il disastro che avrebbe potuto essere inflitto loro non si verificò, anche se i segni della rotta visibili lungo tutte le strade che portavano a Dunkerque offrivano il quadro più devastante che abbia mai visto o addirittura immaginato possibile. Anche se la massa delle truppe britanniche era riuscita a raggiungere le loro navi e a salvare la pelle, era solo una valutazione errata dei movimenti del nemico e del terreno che aveva impedito all'Armata Corazzata di von Kleist di calare su Dunkerque dalla via più breve da ovest.

Per motivi di accuratezza storica, vorrei qui trattare brevemente la mia conoscenza delle circostanze della decisione (di fermarsi prima di Dunkerque), perché le versioni fornite dallo Stato Maggiore dell'Esercito e dal suo Comandante in Capo -come ho sentito anche al Processo- hanno ingiustamente attribuito a Hitler la responsabilità di aver preso la decisione sbagliata. Ero presente alla riunione informativa cruciale con l'Ufficio di Guerra quando fu chiesto a Hitler di prendere una decisione su questa questione: il fatto era che non avevano il coraggio di accettare la responsabilità da soli se, come poteva accadere, l'operazione fosse fallita. Per quanto poco fossero disposti a dipendere da Hitler e ad accettare i suoi consigli, in questo caso particolare si liberarono del peso della responsabilità su di lui.

Nella mente di tutti, all'epoca, c'era il ricordo di come nel 1914 le pianure basse delle Fiandre tra Bruges, Nieuport-Dixmuiden e così via si fossero allagate, circostanza che aveva bloccato il fianco settentrionale tedesco e lo aveva impantanato. Ci sono le stesse caratteristiche generali nel terreno a sud e sud-ovest di Dunkerque, con una vasta pianura bassa, intersecata da migliaia di corsi d'acqua, e tutto ben al di sotto del livello del mare.

L'Armata Corazzata di Kleist era pronta a ovest del terreno basso, pronta a lanciarsi attraverso questa zona lungo due o tre strade, e questa era la situazione che fu illustrata al Führer; la sua attenzione fu attirata sul fatto che le unità corazzate avrebbero dovuto rimanere sulle strade a causa degli innumerevoli fossati e canali che attraversavano il terreno; in altre parole, in caso di seria resistenza o di blocchi stradali, che ci si poteva aspettare, non ci sarebbero state opportunità per loro di dispiegarsi e mostrare il loro vero potere di combattimento. Se il nemico avesse fatto tali preparativi, qualcosa che ovviamente nessuno poteva prevedere con certezza, le conseguenze avrebbero potuto essere, in certe circostanze, combattimenti prolungati intorno ai colli di bottiglia e, nel peggiore dei casi, persino una ritirata e una deviazione intorno al terreno impraticabile, con una inevitabile perdita di tempo. Così i generali lasciarono la decisione a Hitler, e lui che è al di sopra di ogni rimprovero per mancanza di slancio o audacia, decise in autonomia che sarebbe stato preferibile non tentare l'incursione, ma fare la deviazione intorno alla stretta striscia costiera sicura. Se i comandanti in capo competenti fossero stati veramente sicuri delle loro capacità, non avrebbero mai chiesto conferma a lui, ma avrebbero semplicemente agito. Ora non c'è dubbio che l'ordine del Führer fosse, in sintesi finale, sbagliato: perché la deviazione e l'attacco dell'Armata Corazzata fecero molta fatica nella stretta striscia costiera e gli inglesi riuscirono a tenere Dunkerque e il porto abbastanza a lungo da far imbarcare la maggior parte delle loro truppe, grazie soprattutto all'eroica resistenza dei francesi, che combatterono fino all'ultimo.

Vidi Parigi solo una volta durante la guerra, e fu dopo la firma dell'Armistizio con i francesi, quando potei accompagnare il Führer in un tour dei principali punti di interesse della città. Decollammo alle quattro del mattino e atterrammo a Le Bourget, arrivando in città nelle prime ore mentre Parigi dormiva ancora. Dopo aver osservato la città da Montmartre, visitammo l'Arco di Trionfo e gli altri principali punti di interesse, soprattutto quelli di valore architettonico. Il Führer si soffermò più a lungo all'Opéra, della cui architettura interna era più informato della guida francese, e di cui conosceva e voleva vedere dettagli di cui il francese non aveva nemmeno idea. Poi, con enorme reverenza, rese visita alla tomba di Napoleone.

Mentre Parigi gradualmente si risvegliava intorno a noi, lasciammo la città e tornammo in volo al nostro quartier generale. Fu in quell'occasione che conobbi il futuro ministro degli armamenti, il professor Speer, che accompagnava il Führer nel suo ruolo di architetto. Alcuni giorni dopo lasciammo il nostro ex quartier generale in Francia e ci trasferimmo nella Foresta Nera, dove Todt aveva costruito un secondo quartier generale per noi durante l'inverno del 1939-1940.

Durante il nostro soggiorno lì, i preparativi militari per un'invasione della Gran Bretagna presero freneticamente slancio. Era compito dell'Alto Comando delle Forze Armate coordinare gli sforzi di tutti e tre i servizi per questa operazione combinata. Nessuno era all'oscuro del rischio che avremmo corso; tutti erano ben consapevoli che il suo successo avrebbe richiesto uno sforzo massimo da parte dell'esercito, della marina e dell'aeronautica, ma tutti capivano che più l'invasione veniva rimandata, più forti sarebbero diventate le difese britanniche.

Nessuno temeva l'esercito britannico dopo il suo crollo e le enormi perdite materiali a Dunkerque; ma la Royal Air Force e la Royal Navy, di gran lunga superiori, erano fattori che non potevano essere ignorati. L'Ufficio di Guerra era quindi fortemente a favore di rischiare l'operazione e fece ogni sforzo possibile per promuoverne l'esecuzione: per la prima volta, Hitler si trovò sotto una notevole pressione da quella parte, circostanza a cui era totalmente impreparato. Anche l'aeronautica era pronta e fiduciosa nella sua capacità di fornire una copertura alle operazioni navali e di sbarco, ma giustamente insistette su un periodo di bel tempo come condizione preliminare per il successo dell'intera operazione. La nostra marina, d'altra parte, e il servizio a cui le sarebbe toccato l'onere di traghettare le forze di terra e di svolgere ruoli antiaerei e di rifornimento, oltre a fornire uno schermo contro le forze navali nemiche, espresse giustamente gravi timori non solo per la grande superiorità navale del nemico, ma anche per la Manica, la cui navigabilità in condizioni meteorologiche variabili rappresentava al massimo un elemento di pericolo indeterminabile. Quest'ultimo fattore era particolarmente importante, poiché per la nostra "flotta d'invasione" disponevamo solo di piccoli rimorchiatori fluviali e chiatte del Reno e dei bastimenti navigabili franco-belgi; con una velocità del vento superiore a due o tre nodi, nessuna di queste imbarcazioni sarebbe stata gestibile. Inoltre, concentrarle in numero sufficiente era anche un problema considerevole perché, a causa della distruzione delle chiuse e dei ponti, ampi tratti del sistema di canali erano chiusi e di conseguenza le chiatte disponibili non potevano essere spostate fino ai punti di carico e imbarco. Dovevamo anche proteggerle dalla ricognizione aerea nemica; modificarle per il facile carico e scarico dell'artiglieria, e dovevamo anche equipaggiarle con cannoni antiaerei e con motori per permettere loro di navigare in autonomia. È notevole pensare a quanto fu fatto in questo senso nel breve tempo disponibile: la marina e gli ingegneri dell'esercito gareggiarono per produrre le imbarcazioni necessarie e persino l'aeronautica aiutò, avviando il "progetto Siebel" (dal nome del colonnello Siebel dell'Aeronautica) per lo sviluppo rapido di imbarcazioni auto-propulse per l'invasione, equipaggiate con cannoni antiaerei. Misero anche una costante copertura sui porti d'invasione per proteggerli da occhi indiscreti e controllarono le nostre misure di mimetizzazione per prevenire qualsiasi negligenza.

L'esercito elaborò gli accordi tattici e il corretto ordine di precedenza nell'invasione nei minimi dettagli, e le esercitazioni di imbarco e sbarco completarono i preparativi. Ma anche se l'esercito portò avanti prima di tutti la preparazione, e il più rapidamente possibile per l'invasione, superando tutti i dubbi che furono espressi sul fatto che avrebbe avuto successo, i preparativi non potevano essere considerati veramente completi fino alla fine di agosto. La marina era quella che aveva i maggiori dubbi su tutto: a loro spettava la responsabilità di proteggere i trasporti delle truppe mentre la flotta navigava, ma mancavano delle necessarie navi di scorta per questo, e se il tempo si fosse rivelato sfavorevole, anche la copertura aerea sarebbe crollata. Sembrava un rischio enorme da correre, soprattutto considerando le perdite che la marina aveva già subito nella campagna norvegese.
Così la responsabilità della decisione finale fu lasciata tutta a Hitle. Furono fatti piani per eseguire l'operazione *Leone Marino* nella prima metà di settembre, che decenni di osservazione della Manica avevano dimostrato essere l'ultimo periodo di bel tempo prima che le tempeste e le nebbie autunnali chiudessero la Gran Bretagna. Anche se il Führer sembrava immergersi con grande entusiasmo in tutti i preparativi e chiedeva l'adozione di ogni immaginabile improvvisazione per accelerarli, non potei fare a meno di avere l'impressione che, quando si trattava della questione di chiudere effettivamente l'operazione, fosse pure lui in preda a dubbi e inibizioni: era ben consapevole dell'enorme rischio che avrebbe corso e della responsabilità che gli veniva chiesta di assumersi. La molteplicità di fattori in gioco era troppo grande, le condizioni necessarie per il successo dipendevano da troppe coincidenze, perché potesse contare con un certo grado di certezza sulla soddisfazione casuale di tutti i prerequisiti. Ebbi anche la sensazione che Hitler non fosse solo inorridito dal pensiero della perdita insensata di vite umane che un fallimento avrebbe comportato, ma soprattutto fosse riluttante a contemplare l'inevitabile perdita dell'ultima possibilità di risolvere la guerra con la Gran Bretagna con mezzi diplomatici, qualcosa che sono convinto sperasse ancora di ottenere a quel tempo. Fu tanto più facile per lui prendere la decisione che prese, all'inizio di settembre, di autorizzare il lancio di un'offensiva aerea strategica contro la Gran Bretagna, con cui il Comandante in Capo dell'Aeronautica, Göring, sperava di distruggere l'aeronautica e l'industria degli armamenti britannici, soprattutto perché con la grande superiorità numerica dell'aeronautica tedesca queste battaglie aeree, con le pesanti perdite che avrebbero inflitto agli inglesi, avrebbero inevitabilmente avvantag-

giato la nostra invasione pianificata, se mai avesse avuto luogo. Ma la massiccia offensiva aerea tedesca, sebbene fosse stata attuata con abilità esemplare dalle unità tedesche coinvolte, gradualmente si fermò quando di ebbe l'impressione illusoria e confortante che gli squadroni di caccia britannici fossero stati annientati; e cosi non fu, di conseguenza l'operazione *Leone Marino* stessa non fu mai messa in atto, perché nessuno osò prevedere un periodo di bel tempo sufficientemente lungo per essa. La riduzione della Gran Bretagna nell'autunno del 1940 divenne un'illusione, e l'ultima possibilità di concludere rapidamente la guerra era andata perduta.

Hitler non disse mai a noi soldati se avesse mai veramente nutrito speranze di concludere la guerra con la Gran Bretagna dopo il crollo della Francia. So che furono fatti tentativi per estendere tali sondaggi, anche se quando chiesi direttamente a Hitler al riguardo, insistette sul fatto che non aveva chiesto alcun negoziato diretto con la Gran Bretagna, oltre all'offerta (di pace) implicita nel suo discorso al Reichstag del 19 luglio. Un giorno, senza dubbio, gli archivi britannici mostreranno al mondo quale di queste versioni sia vera.

Tornammo quindi tutti in volo a Berlino dal nostro quartier generale nella Foresta Nera per essere presenti a quella memorabile sessione del Reichstag il 19 luglio. Mai prima e mai dopo i generali delle forze armate tedesche furono rappresentati in così gran numero sul podio. Mi era stato assegnato un posto dietro Raeder e Brauchitsch sui banchi del governo, dietro i ministri del gabinetto, mentre Göring presiedeva come presidente del Reichstag. Il Führer fu accolto con un enorme applauso quando entrò nell'aula, proprio come era stato accolto al suo arrivo a Berlino e durante il suo passaggio attraverso la Porta di Brandeburgo.

Gli onori tributati alle forze armate in questa sessione del Reichstag furono probabilmente l'evento più strano della mia vita di soldato.

Gli onori annunciati sotto forma di promozioni e decorazioni per i comandanti superiori, specialmente quelli dell'Esercito e dell'Aeronautica, superarono ogni aspettativa; Göring venne promosso Reichsmarschall e gli fu conferita la Gran Croce della sua Croce di Ferro.

Per quanto mi riguardava venni promosso *Generalfeldmarschal*, pensai che fosse troppo, perché senza voler ferire i sentimenti degli altri generali che furono promossi a feldmaresciallo, ero turbato dal fatto che il grado non fosse più riservato solo ai "guerrieri" al fronte. Non riuscivo a vedere quale giustificazione ci fosse per un tale onore conferito a me come Capo dell'OKW o al Segretario di Stato per l'Aeronautica (colonnello-generale Erhard Milch). Non ero stato un generale al fronte e non avevo guidato truppe in azione. Non riuscivo a capire perché i generali dell'Aeronautica non fossero invece promossi a Luftmarschälle (marescialli dell'aria). Mentirei se negassi che fui contento dell'onore, ma mentirei anche se negassi che interiormente mi vergognavo profondamente, anche se gli applausi da tutta l'aula quando Hitler annunciò il mio nome, per ultimo, mostrarono che erano largamente d'accordo con il riconoscimento.

Fu in questa occasione che Hitler designò quello che allora era l'Ufficio Operativo delle Forze Armate - Wehrmacht-Führungs-Amt - come mio "stato maggiore operativo delle forze armate", una mossa che aveva discusso con me poco prima della sessione del Reichstag; e allo stesso tempo, promosse il suo capo, il maggiore generale Jodl, a generale pieno, saltando il grado di tenente generale. Poco dopo questa sessione del Reichstag, Hitler si trasferì al Berghof; con Jodl e pochi colleghi lo seguii poco dopo, trasferendomi negli alloggi della Cancelleria del Reich a Berchtesgaden, e alla fine di luglio presi dieci giorni di licenza per visitare i miei amici cacciatori in Pomerania. Per un'ultima volta potei liberarmi del mio equipaggiamento per qualche giorno spensierato, dedicandomi alla caccia a caprioli, cervi e cinghiali, passeggiare per i miei campi a Helmscherode e andare a Hildesheim per acquistare nuovi attrezzi agricoli e carri con ruote gommate per la tenuta; durante quei pochi giorni ero di nuovo solo un agricoltore a tempo pieno, il sogno della mia vita, un agricoltore per l'ultima volta nella mia vita.

▲ Goering, Keitel e Himmler si sono riuniti vicino al *Sonderzug* (il treno speciale) per il 52esimo compleanno di Hitler. Archivi polacchi PD

CAPITOLO 3

PRELUDIO ALL'ATTACCO ALLA RUSSIA (1940-1941)

Quando tornai a Berchtesgaden dalla licenza, intorno al 10 agosto 1940, non avevo ancora alcuna idea sui piani futuri di Hitler; sapevo solo che non c'era speranza di concludere la guerra con la Gran Bretagna, poiché dietro di lei vi erano gli Stati Uniti con le loro illimitate risorse. Ora che i nostri piani per un'invasione della Gran Bretagna nell'autunno del 1940 erano stati accantonati, rimandando al più presto alla primavera del 1941, non ci restava che cercare un altro modo per costringere gli inglesi a chiedere la pace.

Fui incaricato dal Führer di analizzare la possibilità di contribuire allo sforzo bellico italiano contro gli inglesi in Nord Africa, in un incontro personale con il maresciallo Badoglio, capo di Stato Maggiore generale italiano; dovevo offrirgli due divisioni corazzate tedesche, in considerazione della grave situazione in cui sapevamo che il maresciallo Graziani, loro comandante in capo in Tripolitania, si era cacciato con gli inglesi al confine della colonia italiana. Jodl ed io rimanemmo a Innsbruck per un giorno e mezzo per questi colloqui, che naturalmente toccarono anche altre questioni legate allo sforzo bellico italiano, in particolare i problemi degli armamenti, il potenziamento delle difese antiaeree intorno alle fabbriche di munizioni nel Nord Italia, l'assistenza con le forniture di carburante e così via.

I nostri colloqui si conclusero con Badoglio che rifiutò la nostra offerta, sostenendo che i carri armati sarebbero stati inefficaci nel deserto a causa della loro scarsa mobilità sulla sabbia (sic). Gli unici benefici concreti che ottenemmo furono i prosciutti che Badoglio lasciò a Jodl e a me nella nostra camera d'albergo come "sussidio alimentare". Tornammo al nostro quartier generale di Berchtesgaden senza aver portato a termine la nostra missione. L'unico risultato fu un accordo per inviare in Nord Africa un gruppo di esperti di carri armati sotto il comando del colonnello Freiherr von Funck.

Un'ulteriore misura nella nostra campagna contro la Gran Bretagna era stata concordata tra il Führer e Mussolini: l'invio di unità della Luftwaffe nell'Italia meridionale per contrastare il traffico dei convogli nel Mediterraneo diretto alla base navale e aerea britannica di Malta, contribuendo così a proteggere le linee di comunicazione marittima italiana con Tripoli, già sotto attacco britannico. Purtroppo, questa operazione non poteva essere attuata senza indebolire il nostro schieramento aereo impegnato nella Battaglia d'Inghilterra; tuttavia Mussolini era riuscito a convincere il Führer promettendo a sua volta di inviare sottomarini italiani a combattere nella Battaglia dell'Atlantico. Ma questa offerta si rivelò di scarso valore, come lo era stato il contributo dell'aviazione italiana nella battaglia d'Inghilterra: le operazioni condotte dalla Francia settentrionale contro l'Inghilterra erano infatti completamente fallite. Il Führer, tuttavia, riteneva di non poter rifiutare queste proposte senza offendere Mussolini, tanto più che in quel momento stavamo pianificando di inviare anche i nostri U-Boot nel Mediterraneo.

Parallelamente, il Führer stava studiando - mantenendo il massimo riserbo verso gli italiani - un piano per occupare Gibilterra, naturalmente con il consenso della Spagna. Le necessarie indagini diplomatiche e militari erano ancora in fase preliminare, ma i lavori preparatori sarebbero iniziati a breve.

Ciò che maggiormente mi preoccupava in quel periodo erano però le considerazioni del Führer su una possibile guerra con l'Unione Sovietica, argomento che egli sviluppò in maggiore dettaglio durante un colloquio privato con Jodl e me il primo giorno del mio rientro dalla licenza. Come Jodl mi spiegò durante il viaggio di ritorno, si trattava della continuazione di discussioni iniziate già alla fine di luglio; scoprii inoltre che erano già in corso valutazioni per accelerare il trasferimento di diverse divisioni dalla Francia: il Comandante in Capo dell'Esercito aveva ricevuto da Hitler stesso l'ordine di concentrare numerose divisioni in Polonia e di calcolare i tempi necessari per dispiegare truppe in risposta alle massicce concentrazioni di forze russe nelle province baltiche e in Bessarabia, circostanza che alimentava nel Führer gravi preoccupazioni sulle intenzioni sovietiche.

Sollevai immediatamente l'obiezione che avevamo quaranta o cinquanta divisioni impegnate in Norvegia, Francia e Italia, e che poiché non potevano essere ritirate da quei teatri, non sarebbero state disponibili per un eventuale conflitto a est; senza di esse, le nostre forze sarebbero state insufficienti. Hitler replicò prontamente che questo non costituiva un motivo valido per rinunciare a un'azione necessaria a scongiurare un pericolo imminente, aggiungendo di aver già ordinato a Brauchitsch di raddoppiare il numero delle divisioni corazzate.

Infine aggiunse che non aveva creato quel potente esercito mobile per vederlo marcire inattivo per il resto della guerra: il conflitto non si sarebbe concluso da solo, e comunque in ogni caso non avrebbe potuto impiegare quelle forze contro la Gran Bretagna nella primavera del 1941, poiché uno sbarco non sarebbe stato praticabile. Mentre riprendeva immediatamente la discussione con Jodl, io tacqui, deciso a informarmi successivamente presso di lui su quanto era stato proposto durante la mia assenza e su ciò che sembrava già essere stato avviato.

Il giorno seguente chiesi un breve colloquio con il Führer, con l'intenzione di chiedergli direttamente quali fossero i motivi della sua pessimistica interpretazione delle intenzioni russe. La sua risposta, in sintesi, fu che non aveva mai perso di vista l'inevitabilità di uno scontro tra le due ideologie più diametralmente opposte al mondo, che non credeva potesse essere evitato, e che in tal caso era meglio per lui assumersi questo gravoso onere ora, oltre agli altri, piuttosto che lasciarlo in eredità al suo successore. Inoltre, riteneva vi fossero indizi sufficienti che la Russia si stesse già preparando alla guerra contro di noi, e che avesse comunque ampiamente oltrepassato i limiti degli accordi sulle province baltiche e sulla Bessarabia che avevamo stipulato mentre eravamo impegnati a ovest. In ogni caso, disse, voleva solo prendere precauzioni per evitare di essere colto di sorpresa, e non avrebbe preso decisioni definitive finché non avesse avuto la certezza che il suo sospetto fosse giustificato. Quando ribattei che le nostre forze erano già completamente impegnate negli altri teatri di guerra, replicò che intendeva parlare con Brauchitsch per potenziare l'esercito e ridurre gli effettivi in Francia. A questo punto il nostro colloquio si interruppe, poiché fu chiamato a una riunione di aggiornamento.

La questione mi turbò a tal punto che decisi di redigere un memorandum personale sul problema, senza consultare lo stato maggiore operativo e senza alcun supporto di statistiche dettagliate. Fu così che nacque il mio memorandum della seconda metà di agosto 1940, del quale nemmeno Jodl era a conoscenza.

In seguito, al processo di Norimberga, divenne nota la storia della mia visita al ministro degli Esteri von Ribbentrop a Fuschl: volevo convincerlo a dissuadere a tutti i costi il Führer da quell'idea, prima che Hitler potesse affrontare l'argomento con lui. In questo ebbi successo: durante un colloquio strettamente privato a quattr'occhi, Ribbentrop giurò di sostenermi dal punto di vista politico. Ci promettemmo reciprocamente di non parlare a Hitler del nostro incontro, per non rischiare di essere accusati di cospirare contro di lui.

Alcuni giorni dopo una programmata conferenza di guerra, mostrai al Führer il mio memorandum scritto a mano; egli promise di discuterne con me una volta che avesse avuto il tempo di esaminarlo. Attesi invano per diversi giorni, poi gliene rammentai l'esistenza; fui convocato nel pomeriggio per un colloquio a quattr'occhi. Quello che ebbi con Hitler non fu tanto una discussione quanto una lezione unilaterale sulla strategia di base del mio memorandum, che non lo aveva minimamente convinto.

Il mio riferimento al patto con la Russia dell'anno precedente era altrettanto fuorviante: Stalin aveva tanta poco intenzione di rispettarlo quanto lui stesso, una volta che la situazione fosse cambiata e si fossero create nuove circostanze. Del resto, i soli motivi che avevano spinto Stalin a firmare il patto erano stati, in primo luogo, garantirsi la sua parte nella spartizione della Polonia e, in secondo luogo, spingerci a lanciare l'attacco a ovest, nella convinzione che ci saremmo impantanati lì dissanguandoci. Stalin aveva progettato di sfruttare questo periodo di grazia e le nostre presumibili pesanti perdite come mezzo per sottometterci più facilmente in seguito.

Rimasi profondamente turbato da questa feroce critica e dal tono con cui era stata espressa, e suggerii (nuovamente) che forse sarebbe stato meglio per lui sostituirmi come Capo dell'OKW con qualcuno il cui giudizio strategico fosse per lui di maggior valore del mio; aggiunsi di sentirmi inadeguato al mio ruolo sotto questo aspetto e chiesi di essere inviato a un comando al fronte. Hitler respinse duramente la mia richiesta: forse non aveva il diritto di informarmi se, a suo avviso, il mio giudizio era sbagliato? Avrebbe davvero dovuto proibire ai suoi generali di offendersi e chiedere di dimettersi ogni volta che qualcuno li rimproverava, tanto più che neppure lui aveva la possibilità di dimettersi dalla sua carica. Voleva che fosse chiaro una volta per tutte che nessuno tranne lui aveva il diritto di sollevare qualcuno dall'incarico, se lo riteneva opportuno, e fino ad allora quella persona avrebbe dovuto semplicemente sopportare il proprio lavoro; l'autunno precedente, disse, aveva dovuto dire le stesse identiche cose a Brauchitsch. Ci eravamo alzati entrambi in piedi; uscii dalla stanza senza proferire parola. Egli conservò il memorandum che avevo scritto; senza dubbio finì nella sua cassaforte e probabilmente venne successivamente bruciato. La bozza che avevo redatto tuttavia, potrebbe trovarsi tra i documenti dello stato maggiore operativo dell'OKW, poiché Jodl e Warlimont[1] affermarono di averla letta.

Fu probabilmente a motivo delle sue ambizioni orientali - e con le relative preoccupazioni - che Hitler decise nel settembre 1940 di incontrare Pétain e Franco. Mantenevamo attivi contatti con il regime di Pétain, insediato a Vichy nella parte non occupata della Francia, fin dall'armistizio; tra l'altro, Pétain aveva espresso il desiderio di trasferire il suo governo a Parigi. Il Führer aveva rinviato per il momento una decisione al riguardo, probabilmente con l'intenzione di valutare gli esiti dell'incontro con Pétain.

All'inizio di ottobre mi recai in Francia con il Führer sul suo treno speciale. L'incontro con Pétain e Laval ebbe luogo alla stazione ferroviaria di Montoire, a sud di Parigi. Ricevetti il maresciallo anziano davanti all'edificio della stazione e lo salutai, schierato all'estremità del picchetto d'onore appositamente disposto per lui, mentre scendeva dalla sua auto blindata. Indossava l'uniforme di generale; mi restituì il saluto e oltrepassò il picchetto d'onore senza degnare di uno sguardo i soldati, mentre Ribbentrop e Laval lo seguivano da vicino. In silenzio, attraversammo l'edificio della stazione fino al vagone del Führer, parcheggiato sul binario opposto rispetto alla barriera d'accesso.

Non appena il Führer vide Pétain emergere dalla biglietteria, scese dal suo treno e gli andò incontro; gli strinse la mano e lo accompagnò personalmente nel suo vagone. Non presi parte alla loro conferenza - non mi occupavo mai di questioni politiche - ma, dopo il colloquio e un commiato quasi troppo affettuoso del Führer verso il maresciallo, lo riaccompagnai fuori dalla stazione. Percorrendo a ritroso il cammino, superammo nuovamente il picchetto d'onore che presentava le armi, fino a raggiungere la sua autovettura. Prima di salire a bordo, il maresciallo mi ringraziò brevemente per il modo in cui avevo trattato la delegazione d'armistizio del generale Huntziger. Poi, senza stringermi la mano, entrò nell'auto e partì.

Dell'andamento dei colloqui posso riferire solo ciò che appresi dallo stesso Hitler: il maresciallo si era comportato in modo impeccabile, ma con estrema riservatezza. Pétain aveva chiesto quale forma avrebbero assunto i futuri rapporti tra la Francia e la Germania e quali condizioni di pace, in linea generale, sarebbero state imposte. Hitler, dal canto suo, aveva cercato di capire fino a che punto la Francia fosse disposta ad accettare la cessione di alcuni territori all'Italia, in cambio della garanzia tedesca di preservare il suo impero coloniale, con l'eccezione della Tunisia. Era evidente che i risultati dei colloqui erano stati magri: le questioni decisive rimanevano irrisolte.

Proseguimmo il viaggio verso il confine spagnolo, passando per Bordeaux fino alla stazione di frontiera di Hendaye; Franco vi giunse poco dopo con il suo ministro degli Esteri e i suoi luogotenenti. Oltre a me, era presente anche Brauchitsch con un picchetto d'onore dell'esercito per accogliere gli ospiti con le consuete formalità.

---

1 **Walter Warlimont** (Osnabrück, 3 ottobre 1894 – Kreuth, 9 ottobre 1976) è stato un generale tedesco, fu uno dei principali ufficiali del Comando Supremo delle Forze Armate tedesche (OKW).

Naturalmente, noi militari non prendemmo parte alle lunghissime discussioni nel vagone del Führer. Invece della cena, entrambe le parti fecero una pausa per consultazioni, e dopo che il difensore spagnolo dell'Alcázar (il generale Moscardó)[2], membro dello staff di Franco, ebbe esaurito le storie con cui intrattenere il gruppo, ci annoiavamo a morte. Parlai brevemente con il Führer: era estremamente insoddisfatto dell'atteggiamento degli spagnoli e propenso a interrompere immediatamente i colloqui. Era irritato con Franco, e particolarmente seccato per il ruolo svolto da Suñer, il suo ministro degli Esteri; Hitler sosteneva che Suñer avesse Franco in pugno. In ogni caso, il risultato finale fu deludente.[3]

Durante il viaggio di ritorno, ci fu un ulteriore colloquio privato tra Hitler e Laval, probabilmente una continuazione della loro prima discussione avvenuta giorni prima. Ebbi sempre l'impressione che i politici francesi cercassero di chiarire le nostre richieste di riparazioni, e che fossero assai perplessi dalla nostra insistenza nel rappresentare anche le pretese dell'Italia, una nazione verso cui sostenevano di non avere alcun debito.

Durante il ritorno attraverso la Francia, giunse notizia che Mussolini stava pianificando di attaccare la Grecia con la forza, poiché i greci avevano rifiutato le sue richieste di cedere alcuni territori all'Albania. Il conte Ciano, ministro degli Esteri, era l'istigatore dell'intera disputa. Entrambi i politici italiani si erano lasciati convincere dal governatore dell'Albania, che li aveva rassicurati sul fatto che sarebbe bastato un po' di intimidazione per far capitolare i greci senza resistenza.

Il Führer definì questa "replica" del nostro alleato una pazzia totale, e decise immediatamente di raggiungere Mussolini passando da Monaco. Avendo questioni urgenti da seguire, lasciai il treno del Führer e tornai in aereo a Berlino, per non perdere la partenza del treno da Monaco la sera seguente. Riuscii a salire a bordo all'ultimo momento, mentre il treno iniziava già a muoversi.

L'incontro si svolse la mattina dopo a Firenze. Mussolini accolse il Führer con le memorabili parole: "Führer, siamo in marcia!". Era ormai troppo tardi per evitare il disastro. Evidentemente Mussolini aveva scoperto, attraverso i preliminari diplomatici con il nostro ambasciatore, l'intenzione di Hitler di dissuaderlo dal progetto, ed era per questo che aveva agito così in fretta - per presentarci il fatto compiuto. Per diverse ore proseguirono a Firenze le discussioni a quattro, tra i due leader e i loro ministri degli Esteri. Io combattei la noia conversando con il nostro addetto militare e con il generale italiano Gandin (capo della divisione operazioni dello Stato Maggiore), l'unico tra gli italiani a parlare tedesco. A mezzogiorno, Hitler e il Duce pranzarono in privato, e fui invitato a unirmi a loro; la conversazione fu libera e informale. Poco prima del pranzo, arrivò un dispaccio militare dall'Albania con i dettagli delle prime vittorie della campagna, iniziata all'alba. Mussolini lo lesse ad alta voce a Hitler e a me, naturalmente in tedesco: il tedesco era sempre la lingua di lavoro nei nostri incontri con Mussolini. Partimmo da casa, molto lontano, subito dopo pranzo. Nel frattempo, avevo ordinato al nostro addetto militare laggiù di inviarci quotidianamente dei telegrammi sulla guerra nel teatro greco-albanese; gli avevo imposto di riferire solo la verità nuda e cruda.

Hitler non perse veramente la calma fino a quando non fummo sul treno; allora cominciò a infuriarsi per questa nuova "avventura", come già la definiva. Aveva severamente messo in guardia il Duce sulla follia di prendere tutto così alla leggera: ed era davvero una follia, diceva, invadere in quella stagione dell'anno, e con solo due o tre divisioni, avanzando tra le montagne al confine con la Grecia, dove già solo il clima avrebbe presto bloccato l'intera operazione.

A suo avviso, come aveva già detto a Mussolini, l'unico possibile esito era una catastrofe militare; ma Mussolini aveva promesso di inviare ulteriori divisioni in Albania nel caso in cui quelle poche e deboli forze non fossero state sufficienti a sfondare l'attacco. Tuttavia, secondo lo stesso Mussolini,

---

2 **José Moscardó Ituarte** (1878 –1956) è stato un generale spagnolo. Durante la Guerra civile spagnola. Era schierato con i nazionalisti contro i repubblicani e l'azione che lo ha reso maggiormente noto è stata la famosa difesa dell'Alcázar di Toledo.
3 Nota la frase che Hitler confidò a Mussolini dopo aver parlato con Franco: "preferire farmi strappare tre o quattro denti piuttosto di dover nuovamente parlare con un uomo simile".

ci sarebbero volute parecchie settimane anche solo per far sbarcare una divisione in più negli unici due primitivi porti dell'Albania.

Se desiderava così tanto provocare una guerra con la povera piccola Grecia – continuava Hitler – perché diamine non aveva attaccato Malta o Creta? Quello avrebbe almeno avuto un senso nel contesto della nostra guerra contro la Gran Bretagna nel Mediterraneo, soprattutto considerando la posizione tutt'altro che invidiabile degli italiani impegnati in Nordafrica.

L'unico risultato positivo era stato che il Duce aveva finalmente chiesto l'invio di una divisione corazzata tedesca in Nordafrica, dopo che il nostro generale von Funck lo aveva convinto che il maresciallo Graziani stava sollecitando con grande urgenza quel rinforzo, e che sarebbe stato possibile farne comunque un qualche utile uso.

Temo però che Hitler in realtà non parlò mai a Mussolini in modo così diretto come in seguito mi descrisse, perché – come scoprii più volte in seguito – esitava sempre a dire qualcosa che potesse ferire la vanità di questo "dilettante" caporale. Solo più tardi mi resi conto che Mussolini sfruttava il Führer ogni volta che poteva, ma che la loro amicizia era molto sbilanciata: Hitler considerava il Duce quasi come un suo padrino.

Nel giro di poche settimane, tutto si svolse esattamente come Hitler aveva previsto: l'esile offensiva italiana, lanciata senza riserve sufficienti, non solo si era arenata in un terreno difficile, ma era finita in una situazione disastrosa a causa della controffensiva greca e del tempo infame. Fu allora che cominciarono a giungere le richieste di aiuto, poiché le scarse strutture portuali albanesi stavano già creando un notevole collo di bottiglia nell'organizzazione dei rifornimenti alle unità combattenti italiane, per non parlare della possibilità di rinforzi.

Hitler era disposto a inviare una divisione da montagna, ma non c'era alcuna possibilità di farla arrivare né via mare né attraverso la Jugoslavia; intervenimmo quindi con le nostre ultime navi da trasporto tedesche basate nel Mediterraneo e con squadriglie dell'aeronautica da trasporto. Se l'arrivo dell'inverno non avesse parimenti attenuato la controffensiva greca e smorzato il suo impatto, la disastrosa fine dell'avventura sarebbe giunta sei settimane dopo. Riconoscendo ciò e mosso dal sentimento che non potesse lasciare il proprio alleato a cavarsela da solo – un impulso onorevole che Mussolini, a parti invertite, si sarebbe probabilmente sentito libero di ignorare – Hitler elaborò il piano di inviare un'armata attraverso l'Ungheria e la Bulgaria in Grecia nella primavera seguente, nella speranza che almeno in Albania l'Italia potesse resistere fino ad allora.

Sarebbe stato ovviamente più opportuno contattare la Jugoslavia riguardo alla possibilità di far transitare truppe tedesche per "salvare" Mussolini nel modo più diretto, appunto attraverso la Jugoslavia; ma il Führer si rifiutò categoricamente persino di contemplare questa ipotesi militare: in nessun caso voleva mettere a rischio la posizione neutrale della Jugoslavia, che era d'altronde anche nell'interesse dell'Italia stessa.

La provocata guerra nei Balcani

Ci vorrebbe un intero volume per descrivere la storia militare della preparazione e dell'esecuzione della campagna balcanica nella primavera del 1941. L'opposizione politica ai nostri piani mostrata da Ungheria, Bulgaria e Romania era ispirata da diversi motivi: l'atteggiamento dell'Ungheria era apparentemente filo-britannico, ma considerando l'assistenza della Germania nel garantire, con il Secondo Arbitrato di Vienna, una considerevole modifica dei confini ungheresi a discapito della Romania, l'Amministratore Imperiale d'Ungheria nelle mani dell'ammiraglio Miklós Horthy fu costretta a mostrare la sua gratitudine in qualche modo.

La Romania aveva adottato una politica estera germanofila dopo che il suo Re era stato esiliato e il generale Antonescu aveva assunto la carica di Capo di Stato; su richiesta dello stesso Antonescu, avevamo mantenuto in Romania, fin dal 1940, una forte missione militare e uno staff di consiglieri tecnici; come Hitler, anche lui era sia Capo di Stato che Comandante Supremo delle Forze Armate.

I nostri rapporti con il Re Boris di Bulgaria furono sempre cordialissimi: era un ammiratore di Hitler e orgoglioso del suo servizio nell'esercito tedesco durante la guerra del 1914-1918.

Per quanto riguarda le misure puramente militari, condussi i colloqui iniziali con il Ministro della Guerra ungherese (generale von Bartha), con Antonescu e con il Ministro della Guerra bulgaro (tenente generale Daskaloff); in seguito gli addetti militari in questi Paesi agirono come intermediari e – come in Italia – ricevettero le attribuzioni di generali delle forze armate tedesche, con tutte le funzioni e prerogative che ne derivavano; l'unica eccezione fu la Romania, dove – oltre all'addetto militare – anche il capo della missione militare, il generale Hansen, agiva come generale comandante. I miei rapporti personali con l'Amministratore Horthy e con il Re Boris di Bulgaria furono particolarmente buoni e, si potrebbe quasi dire, quasi affettuosi; ci furono diversi episodi a confermarlo, e ciò senza dubbio alleggerì molte delle mie difficoltà.

Non godetti mai invece di una relazione intima con Antonescu: era un soldato capace, devoto alla sua missione, aperto e diretto, ma poco comunicativo e spesso brusco: era evidente che stesse attraversando un periodo difficile, politicamente con la Guardia di Ferro e militarmente a causa del corpo statale corrotto e marcio – sia l'amministrazione civile che l'esercito. Mostrava una determinazione di ferro nel voler portare avanti riforme spietate, ma è lecito dubitare che, soprattutto sul piano politico, stesse ottenendo qualche successo.

Chiedeva consiglio al Führer, ma poi non lo seguiva; il risultato fu che rimase isolato come politico, cercando di rafforzare la propria posizione con un esercito inaffidabile. Era incorruttibile e un ottimo soldato, ma non ebbe il tempo di realizzare le sue riforme. I preparativi per una guerra contro la Grecia – una campagna che, come il Führer ci ripeté più volte, rammaricava profondamente – occuparono tutto l'inverno lo Stato Maggiore e lo staff operativo dell'OKW.

Alla fine di ottobre lasciammo Berchtesgaden e finalmente riunii di nuovo a Berlino un OKW unificato. Nonostante ciò, l'edificio del Ministero della Guerra era così affollato dallo staff operativo, ormai ampliato, che decisi di trasferire il mio ufficio a Krampnitz, vicino a Potsdam, dove c'era spazio sufficiente per noi presso la Scuola di Cavalleria e Truppe Corazzate.

Per poter tornare a vivere con la moglie, il generale Jodl si era trasferito nel piccolo posto di comando costruito anni prima da Blomberg a Dahlem. Durante il giorno lavorava da casa o nelle stanze messe a nostra disposizione accanto alla vecchia Sala del Gabinetto nell'edificio della Cancelleria del Reich. Era comunque ora che riunissi sotto un unico tetto tutti i dipartimenti e le sezioni del mio Comando, poiché il lavoro – e la mia influenza personale su di esso – avevano indubbiamente risentito della mia assenza, iniziata a maggio; è vero che avevo formato i capi dei vari dipartimenti nel corso degli anni, ma durante la mia assenza erano stati costretti a comunicare quasi esclusivamente per iscritto o per telefono.

Non va dimenticato che il mio ruolo puramente operativo, in collaborazione con il Führer e con Jodl, era solo una parte minima dei miei compiti; e anche se le mie funzioni ministeriali assumevano minore importanza durante le campagne militari – talvolta finendo completamente in secondo piano – esse continuavano comunque a esistere, e l'arretrato di lavoro doveva essere smaltito.

Molte questioni richiedevano il mio consenso attivo per essere affrontate. Sebbene non l'abbia mai ritenuto un peso eccessivo, il mio incarico non mi dava tregua: non prendevo mai congedo nei fine settimana né durante le festività pubbliche, per tutto l'anno; stavo alla scrivania dalla mattina presto fino a notte fonda.

Cercavo svago nei miei numerosi voli e nei viaggi sul treno speciale del Führer – finché non mi richiedeva nulla – e nelle varie missioni che mi venivano affidate in Italia, Ungheria, Romania, Bulgaria e altrove: quando ero in viaggio, nessuno poteva raggiungermi telefonicamente (anche se la mia auto radio riceveva comunque segnali durante il percorso).

Spesso portavo con me i compiti più gravosi, perché solo allora potevo dedicarvi tutta la mia attenzione, cosa impossibile nel mio ufficio a causa delle innumerevoli conferenze e inevitabili interruzioni.

All'inizio di novembre 1940, il ministro degli Esteri sovietico Molotov giunse a Berlino su richiesta del Führer per discutere la situazione politica. Ero presente quando il Führer ricevette gli ospiti russi alla Cancelleria del Reich; dopo la cerimonia di benvenuto seguì un banchetto negli appartamenti privati del Führer, dove fui seduto accanto all'assistente di Molotov, il signor Dekanosov (l'ambasciatore sovietico), ma non riuscii a conversare con lui per mancanza di un interprete nelle vicinanze. In seguito, il ministro degli Esteri tedesco tenne un banchetto nel suo albergo, dove fui nuovamente posto accanto a Dekanosov; questa volta, grazie a un interprete, riuscii a parlare con lui di vari argomenti generali: gli raccontai della mia visita a Mosca e delle manovre militari cui avevo assistito nel 1931, e gli feci qualche domanda sui ricordi che avevo di quel viaggio, così riuscimmo a intrattenere almeno una conversazione, per quanto faticosa.

Non ebbi notizia dei contenuti dei colloqui diplomatici, se non quando fui convocato per assistere al congedo dei russi dopo quella che era stata evidentemente la conferenza più importante. Chiesi naturalmente a Hitler quali fossero stati gli esiti, e mi rispose che erano stati insoddisfacenti; tuttavia, non aveva ancora deciso di prepararsi alla guerra, volendo prima attendere la reazione di Stalin a Mosca. Ciononostante, mi fu subito chiaro che ci stavamo dirigendo verso un conflitto con la Russia, e non sono affatto sicuro che Hitler durante i colloqui avesse fatto tutto il possibile per evitarlo, anche se ciò avrebbe probabilmente richiesto di rinunciare a rappresentare gli interessi di Romania, Bulgaria e Stati baltici. Ma è evidente che anche in questo caso Hitler era perfettamente nel giusto, perché entro un anno o due, non appena Stalin fosse stato pronto ad attaccarci, i russi avrebbero certamente aumentato le loro pretese; già nel 1940 Stalin era abbastanza forte da perseguire i suoi obiettivi in Bulgaria, sui Dardanelli e nella questione finlandese; ma il nostro rapido successo contro la Francia in sole sei settimane aveva sconvolto tutti i suoi piani, e ora cercava di guadagnare tempo. Non avrei avanzato questa ipotesi, se la nostra guerra preventiva contro la Russia nel 1941 non avesse dimostrato l'avanzato stato dei loro preparativi per attaccarci.

Certo, ci si può solo chiedere come sarebbero andate le cose se gli eventi avessero preso un corso diverso: anche se era troppo chiedere alla fortuna che almeno l'Italia rimanesse completamente fuori dalla guerra come neutrale benevola, basti pensare, nel piccolo, alla differenza se Hitler avesse potuto impedire il loro irresponsabile attacco alla Grecia. Quanto avremmo risparmiato in aiuti all'Italia per la sua insensata guerra balcanica? Molto probabilmente non ci sarebbe stata alcuna rivolta in Jugoslavia per costringerla a entrare in guerra a fianco dei nemici dell'Asse, solo per compiacere Gran Bretagna e Unione Sovietica. Quanto diversa sarebbe stata la situazione in Russia nel 1941: avremmo avuto una posizione molto più forte, e soprattutto non avremmo perso quei due mesi preziosi. Immaginate: non ci saremmo trovati bloccati nella neve e nel ghiaccio, con temperature di meno quarantacinque gradi a soli trenta chilometri da Mosca, città ormai accerchiata da nord, ovest e sud alla fine di quel novembre; avremmo avuto due mesi interi prima che quel maledetto freddo ci cogliesse - e peraltro negli inverni successivi non ci fu più nulla di simile!

Quanto era vero il detto che un'alleanza permanente con le potenze del destino non può mai essere stabilita! Gli imponderabili più temibili attendono lo statista e il condottiero che osa rischiare; e questo, a mio avviso, è ciò che accadde quando la partecipazione della Jugoslavia al Patto Tripartito fu ratificata a Vienna. Altrimenti, non ci sarebbe stata che un'altra soluzione: chiedere la pace alla Gran Bretagna a qualsiasi prezzo, rinunciando a tutti i frutti delle nostre vittorie fino a quel momento. Ma la Gran Bretagna l'avrebbe accettata? Dopo la perdita dell'alleato francese, aveva nuovamente steso le più forti antenne verso Mosca. Considerata la sua tradizionale politica di opposizione alla potenza più forte nell'Europa centrale, non crederò mai che la Gran Bretagna ci avrebbe lasciato uscire dalla trappola in cui lei e il suo alleato americano ci avevano cacciato, sicura com'era - a ragione - delle intenzioni di Mosca.

La decisione finale di Hitler di prepararsi alla guerra contro l'Unione Sovietica fu presa all'inizio di dicembre 1940; i preparativi dovevano essere tali da permettergli, in qualsiasi momento, a partire dalla metà di marzo 1941, di emettere gli ordini finali per il programma di movimenti di truppe verso il nostro confine orientale, in linea con un attacco vero e proprio da lanciare all'inizio di maggio. Il prerequisito principale era che le ferrovie dovessero poter operare su tutte le tratte disponibili alla massima capacità e senza guasti. Anche se questi ordini sembravano lasciare aperta la decisione finale fino alla metà di marzo, io non avevo più alcun dubbio che solo una circostanza del tutto imprevista avrebbe potuto modificare la sua decisione di attaccare.

Durante il Natale, fortunatamente fui padrone di me stesso per dieci interi giorni, cosa che non mi era più capitata da diversi mesi. Proprio come l'anno prima il Führer si era recato al fronte occidentale per ispezionare il Westwall, quest'anno visitò la costa della Manica e il nostro Vallo Atlantico, per trascorrere anche questo Natale tra le sue truppe, dedicando le mattinate all'ispezione delle installazioni belliche, delle postazioni di batterie e di altre strutture del Vallo Atlantico.

Anche quest'anno, quindi, riuscii a trascorrere il Natale e il Capodanno del 1940-1941 con la mia famiglia. Non fu solo l'ultima volta che passai il Natale a casa; fu anche l'ultima volta che il mio orgoglioso gruppetto di figli si riunì sotto il mio tetto.

L'ipotesi di una attacco a Gibilterra

Dall'inizio di dicembre 1940 ci eravamo gettati con grande energia nella pianificazione di un attacco combinato via terra e via aerea contro la Rocca di Gibilterra, partendo dall'entroterra spagnolo. Gli spagnoli, e in particolare il generale Vigon – intimo amico del feldmaresciallo von Richthofen (dell'Aeronautica) e dell'ammiraglio Canaris, e generale che godeva non solo della fiducia di Franco ma anche dell'effettiva autorità di un feldmaresciallo – non solo ci avevano concesso il permesso di effettuare una ricognizione tattica della Rocca dal lato spagnolo della frontiera, ma ci avevano addirittura fornito la massima assistenza nel farlo. Il piano d'attacco fu elaborato nei minimi dettagli da un generale delle nostre truppe da montagna e presentato a Hitler in mia presenza all'inizio di dicembre. Le truppe necessarie per l'operazione erano già pronte in Francia; la Luftwaffe aveva predisposto basi aeree avanzate nella Francia meridionale; il punto critico era convincere la neutrale Spagna – giustamente timorosa della Gran Bretagna – a chiudere un occhio sul transito attraverso il suo territorio di truppe tedesche di forza pari a un corpo d'armata, con artiglieria pesante e batterie contraeree, come fase preliminare all'attacco. Su mia stessa proposta, l'ammiraglio Canaris fu inviato a trovare il suo amico Vigon all'inizio di dicembre, per negoziare il consenso di Franco all'esecuzione dell'operazione; fino a quel momento, il generale Franco aveva chiuso un occhio su tutte le attività preliminari di Stato Maggiore e dei servizi segreti. Naturalmente, convenimmo che, una volta conquistata Gibilterra, avremmo restituito la Rocca alla Spagna non appena la guerra non avesse più richiesto di bloccare lo Stretto di Gibilterra al traffico navale britannico, compito militare di cui ci saremmo occupati personalmente.

Qualche giorno dopo, Canaris tornò per riferire al Führer, che lo aveva incaricato personalmente della missione e lo aveva istruito: Franco aveva rifiutato di collaborare, osservando che una simile grave violazione della neutralità avrebbe potuto indurre la Gran Bretagna a dichiarare guerra alla Spagna. Il Führer ascoltò con calma, e poi annunciò che, in tal caso, avrebbe abbandonato l'idea, poiché non era attratto dall'alternativa di far transitare le truppe con la forza, rischiando che Franco denunciasse pubblicamente l'oltraggio. Temeva che ciò potesse aprire un nuovo fronte operativo, perché la Gran Bretagna avrebbe potuto, con pari giustificazione, sbarcare truppe in Spagna, magari passando per Lisbona, come era accaduto in Norvegia.

Se Canaris fosse l'uomo adatto per quella delicata missione, ora tendo a metterlo in dubbio, alla luce del tradimento che ora pare abbia operato per diversi anni. Ora presumo che non abbia fatto alcuno sforzo serio per convincere la Spagna ad approvare l'operazione, ma che in realtà abbia consigliato agli amici spagnoli di opporvisi. Io, personalmente, non ho alcun dubbio che saremmo riusciti a conquistare Gibilterra, se la Spagna ce lo avesse permesso, data la vulnerabilità della fortezza dal lato terrestre, e che di conseguenza il Mediterraneo sarebbe stato chiuso alla Gran Bretagna: varrebbe la pena, altrove, dedicare una riflessione approfondita alle conseguenze che ciò avrebbe avuto per il resto della guerra nel Mediterraneo. Fu Hitler a riconoscere quanto ciò avrebbe influito non solo sulle linee di comunicazione britanniche con il Vicino e Lontano Oriente, ma soprattutto sull'Italia ormai in difficoltà.

Dopo che l'operazione contro Gibilterra fu accantonata, tutta l'attenzione tornò nuovamente alla questione orientale. Credo che sia stato probabilmente nella seconda metà di gennaio 1941 che Halder, Capo di Stato Maggiore dell'Esercito, illustrò al Führer, in presenza mia e di Jodl, il piano operativo dell'Esercito per l'attacco alla Russia, descrivendo in dettaglio le informazioni d'intelligence finora raccolte sul nemico, una serie di incidenti di confine segnalati lungo la linea di demarcazione e i movimenti ferroviari pianificati delle truppe in preparazione all'invasione. Su quest'ultimo punto, il Führer mostrò particolare interesse per l'organizzazione dell'ultima ondata di concentramenti di truppe, in particolare per il trasferimento delle unità corazzate provenienti dalle guarnigioni della Germania centrale, dove avevano svernato e si erano riorganizzate, e dove erano state costituite nuove unità.

Per me, l'intervento di Halder fu sconvolgente, in quanto mi diede per la prima volta un'idea dell'ampiezza dei preparativi bellici della Russia e un'immagine inquietante della crescente concentrazione di divisioni russe al di là del confine, come avevano stabilito al di là di ogni dubbio gli sforzi di ricognizione delle nostre guardie di frontiera. A quel punto non era ancora possibile determinare se i russi si stessero effettivamente preparando a un attacco, oppure se stessero semplicemente concentrando truppe per difendersi da noi. Ma l'invasione tedesca avrebbe presto strappato via quel velo di incertezza.

Alla fine di marzo 1941, Hitler tenne la prima conferenza interforze con i comandanti superiori designati per il fronte orientale, presso la Cancelleria del Reich a Berlino. Riuscii a far partecipare anche tutti i capi dipartimento dell'OKW (Oberkommando der Wehrmacht) per ascoltare il discorso del Führer. Compresi subito che intendeva dettare un vero e proprio programma d'azione: nella piccola sala del Gabinetto, erano state predisposte file di sedie e un podio, proprio come per una conferenza pubblica. Hitler ci parlò in tono molto solenne, con un discorso ben organizzato e preparato con cura.

Partendo dalla situazione militare e politica del Reich e dalle intenzioni delle Potenze Occidentali , Gran Bretagna e Stati Uniti, sviluppò la sua tesi secondo cui la guerra con l'Unione Sovietica era ormai inevitabile, e che rimanere in attesa non avrebbe fatto altro che peggiorare le nostre possibilità di vittoria. All'epoca, ammise apertamente che ogni esitazione avrebbe fatto pendere l'equilibrio delle forze a noi avverse: i nostri nemici disponevano di risorse illimitate, che non avevano nemmeno cominciato a sfruttare appieno, mentre noi non eravamo più in grado di incrementare di molto le nostre risorse umane e materiali. Perciò aveva preso la decisione che bisognava prevenire la Russia e colpirla il prima possibile; il pericolo, latente ma palpabile, che essa rappresentava per noi, doveva essere eliminato.

Seguì poi una pesante esposizione sull'inevitabilità di un simile conflitto tra due ideologie diametralmente opposte: sapeva che prima o poi sarebbe arrivato, e preferiva assumersi lui stesso questa responsabilità ora, piuttosto che ignorare la minaccia che incombeva sull'Europa e lasciare questo problema cruciale in eredità al suo successore. Non voleva rimandarne la soluzione. Nessuno che gli fosse succeduto, disse, avrebbe avuto abbastanza autorità in Germania per assumersi la responsabilità di scatenare quella guerra preventiva che da sola avrebbe potuto fermare il rullo compressore bolscevico prima che l'Europa ne fosse travolta. Nessuno conosceva il volto del comunismo e i suoi poteri distruttivi meglio di lui, che aveva combattuto per salvare la Germania dalle sue grinfie.

Dopo una lunga tirata sull'esperienza acquisita e le conclusioni tratte, concluse con una dichiarazione secondo cui la guerra era una lotta per la sopravvivenza e richiedeva di abbandonare tutte le idee antiquate e tradizionali sulla cavalleria e sulle regole generalmente accettate della guerra: i bolscevichi le avevano da tempo abbandonate. I leader comunisti avevano dato prova evidente di ciò con il loro comportamento negli Stati baltici, in Finlandia e in Bessarabia, così come con il loro rifiuto arbitrario sia di riconoscere le Regole dell'Aja sulla guerra terrestre, sia di considerarsi vincolati dalle convenzioni di Ginevra sul trattamento dei prigionieri di guerra.

Seguì un'ulteriore insistenza sul fatto che i commissari politici sovietici non dovevano essere considerati soldati, né trattati come prigionieri di guerra: andavano uccisi in combattimento o giustiziati sul posto. Sarebbero stati il nucleo duro di ogni tentativo di resistenza fanatica; i commissari, disse Hitler, erano la spina dorsale dell'ideologia comunista, la garanzia di Stalin contro il suo stesso popolo e contro le sue stesse truppe; avevano potere illimitato sulla vita e sulla morte. Eliminarli avrebbe significato salvare molte vite tedesche, tanto in battaglia quanto nelle retrovie.

Le sue ulteriori dichiarazioni sulla competenza dei tribunali militari per i soldati tedeschi accusati di eccessi contro la popolazione civile, che si trattasse o meno di reprimere resistenze armate, erano "ispirate dagli stessi motivi", sebbene la riattivazione di tali tribunali militari fosse lasciata alla discrezione di ogni comandante non appena avesse considerato pacificato il proprio territorio. Infine, Hitler annunciò che proibiva il trasporto di prigionieri di guerra russi nel territorio del Reich, poiché a suo avviso rappresentavano un pericolo per la manodopera, non solo a causa della loro ideologia - che aveva già una volta epurato dal panorama industriale tedesco - ma per il rischio di sabotaggi. L'impressione che il suo discorso aveva suscitato nell'uditorio non gli sfuggì, sebbene nessuno alzasse apertamente la voce per protestare; concluse questo indimenticabile discorso con le memorabili parole: "Non mi aspetto che i miei generali mi comprendano; ma mi aspetto che obbediscano ai miei ordini".

Fu in questo momento che, in linea con le dichiarazioni di Hitler, furono redatte le "norme speciali" per l'amministrazione dei territori sovietici occupati, come supplemento alla direttiva fondamentale per i preparativi della guerra a est (il piano Barbarossa). Oltre ai mandati di Göring e del Comandante in Capo dell'Esercito in qualità di detentori dell'autorità esecutiva, conteneva la clausola che avevo così strenuamente contestato, relativa all'autorità del Reichsführer delle SS, Heinrich Himmler, come Capo della Polizia nelle retrovie operative. Alla luce della nostra esperienza in Polonia e della notoria megalomania di Himmler, intravidi in questo un grave pericolo: che avrebbe abusato del potere conferitogli da Hitler per il mantenimento dell'ordine nelle retrovie del fronte. La mia opposizione fu vana e, nonostante varie proteste e il sostegno costante di Jodl, fui subito messo in minoranza.

Solo alcuni giorni dopo riuscii a discutere con Brauchitsch le nostre impressioni sul discorso di Hitler. Egli fu molto franco: in fondo, i suoi generali non volevano aver nulla a che fare con questo tipo di guerra. Mi chiese se ci si poteva aspettare ordini scritti in quella direzione. Lo rassicurai che, senza chiare direttive da Hitler, non avrei certamente preparato né richiesto tali ordini per iscritto; non solo li consideravo superflui, ma addirittura estremamente pericolosi. Dissi che personalmente avrei fatto tutto il possibile per evitarne la stesura. In ogni caso, tutti avevano sentito con le proprie orecchie ciò che aveva detto; quello bastava. Ero fermamente contrario a mettere per iscritto una questione così controversa.

Purtroppo, Brauchitsch probabilmente non fu convinto dalle mie argomentazioni, perché in maggio l'Ufficio della Guerra fece circolare delle bozze di ordini per l'approvazione di Hitler, prima della loro emissione alle truppe dell'esercito sul fronte orientale. Fu così che nacquero il noto "Ordine sui Commissari" - certamente noto a tutti i comandanti, ma di cui non sembra esistere più un testo letterale - e l'ordine sulla "Competenza dei Tribunali Militari nei territori sovietici".

Il primo fu apparentemente emesso dall'Ufficio della Guerra dopo che Hitler ne aveva approvato i termini. Il secondo fu redatto dall'ufficio legale dell'Alto Comando, che riformulò la bozza dell'Ufficio della Guerra; esso porta la mia firma, in quanto rilasciato per conto del Führer. Entrambi questi ordini furono presentati come prove decisive contro di me al processo di Norimberga, soprattutto perché erano stati emessi sei settimane prima del nostro attacco e quindi non vi era alcuna possibilità di giustificarli retrospettivamente con circostanze verificatesi durante la campagna russa. Poiché il loro unico autore - Hitler - era morto, fui io solo a doverne rispondere davanti a quel Tribunale.

A metà marzo cominciammo a spostare truppe verso est in preparazione all'attacco; il giorno dell'operazione era stato fissato per il 12 maggio 1941, anche se non era stato ancora emesso alcun ordine esecutivo. Era questo il modo di agire di Hitler: lasciava la data definitiva per l'attacco alla frontiera la più aperta possibile fino all'ultimo momento, perché non si poteva mai sapere quale imprevisto potesse sorgere nelle ultime settimane o persino nelle ultime ore, e ciò richiedeva la massima libertà d'azione.

Contemporaneamente, eravamo impegnati con l'attraversamento del Danubio e con l'avanzata del feldmaresciallo List verso la Bulgaria; l'esercito bulgaro progrediva lentamente a causa del maltempo invernale e delle pessime condizioni delle strade. Nello stesso tempo ci occupavamo anche dei negoziati diplomatici per l'adesione della Jugoslavia al Patto Tripartito dell'Asse. Allo stesso tempo, una nuova catastrofe minacciava le truppe italiane in Albania. E tutto il tempo, Hitler continuava a chiedere il rafforzamento del nostro esercito di occupazione in Norvegia e la fornitura di altre 200 batterie costiere di ogni tipo di calibro. Potrei estendere ancora questo elenco, se non fossi ora così pressato dal tempo. Mi basterà sottolineare quanto la nostra organizzazione militare – anche durante questo intervallo tra la vittoria sulla Francia e l'attacco all'Unione Sovietica – fosse impegnata in tutti i tipi di accertamenti, per garantire che nulla, nemmeno il minimo dettaglio, che potesse condurre a un rovescio, fosse trascurato. Giorno e notte, anche quando sembrava che non accadesse nulla di particolare, l'Alto Comando era divorato da un'intensa attività. Era Hitler a tenerci costantemente all'opera, con il suo spirito irrequieto e la straordinaria immaginazione con cui non solo pensava a tutto personalmente, ma che lo spingeva a prevedere le contromisure più elaborate per il caso in cui l'improbabile si fosse materializzato.

Alla fine di marzo accompagnai Hitler a Vienna, dove fu firmato il nuovo Patto a Quattro con la Jugoslavia nel Castello del Belvedere, con tutto il consueto sfarzo cerimoniale... Quando fui convocato dal Führer quel pomeriggio, egli espresse la sua profonda soddisfazione e sollievo per il fatto che non si prospettassero sorprese inaspettate sul fronte balcanico. Mi lesse una lettera che aveva appena dettato per Mussolini, contenente varie proposte, e in particolare la richiesta che venisse introdotto un minimo di ordine nei suoi collegamenti marittimi con il Nord Africa. A tal fine, aveva suggerito che alcuni vecchi cacciatorpediniere e incrociatori fossero disarmati e spogliati, e convertiti in navi da trasporto rapide, meno vulnerabili agli attacchi dei sommergibili nemici. Hitler mi chiese se avessi qualche obiezione sul fatto che avesse avanzato proposte così radicali al Duce; scossi decisamente la testa. Se qualcuno doveva dire qualcosa a Mussolini, allora quella persona doveva essere lui, Hitler; bisognava fargli capire in qualche modo che non si poteva continuare in quel modo, soprattutto se anche le truppe tedesche dipendevano dai rifornimenti via mare. Quella notte tornammo a Berlino con il nostro treno speciale.

Due giorni dopo, disgraziatamente, il regime di Zvetkovic fu rovesciato a Belgrado, insieme al reggente, il principe Paolo, un ammiratore del Führer e sostenitore, fino a quel momento, della loro politica estera; il Patto a Quattro Potenze aveva (apparentemente) causato una rivolta degli ufficiali. Ero già stato convocato dal Führer nell'edificio della Cancelleria del Reich e vi arrivai contemporaneamente a Jodl. Il Führer apparve nella nostra sala conferenze e ci mostrò il telegramma, esplodendo di ira subitamente: non aveva alcuna intenzione di tollerare una cosa del genere; e ora avrebbe schiacciato la Jugoslavia una volta per tutte. Non importava ciò che il nuovo governo avrebbe potuto dirgli, si sentiva tradito in modo ignobile, e una dichiarazione di fedeltà ora non sarebbe stata altro che un inganno, un espediente per guadagnare tempo. Aveva fatto chiamare anche Ribbentrop e il comandante in capo dell'esercito (Brauchitsch), e non appena fossero arrivati, avrebbe impartito i suoi ordini: c'era una sola via, e cioè un attacco immediato e concentrico sia da nord sia, con l'esercito di List, dalla Bulgaria a est; il ministro ungherese Sztojay doveva essere convocato immediatamente e gli si doveva dire che l'Ungheria avrebbe dovuto cooperare; in cambio avrebbe riottenuto il prezioso territorio del Banato. Avremmo visto tutti come il vecchio Horthy si sarebbe schierato con entusiasmo per quel premio.

Intervenni facendo notare che la nostra scadenza sul fronte orientale non poteva essere rimandata, poiché i movimenti delle truppe erano già in corso secondo il nostro programma ferroviario massimo e non potevamo più ridurlo ulteriormente; l'esercito del feldmaresciallo List era troppo debole per essere opposto alla Jugoslavia, e non potevamo fare affidamento sugli ungheresi. Fu allora che Hitler ribatté che proprio per questo aveva fatto venire Brauchitsch e Halder; bisognava trovare una soluzione. Intendeva ormai fare piazza pulita nei Balcani: era tempo che la gente imparasse a conoscerlo meglio. La Serbia era sempre stata uno Stato incline ai putsch, e quindi andava sistemata una volta per tutte, e così continuò nel suo sfogo—si può dire che fosse ormai totalmente lanciato. Quando tutti furono arrivati, il comandante in capo dell'esercito, il ministro degli Esteri, e gli altri, Hitler ci annunciò la situazione nel suo consueto modo e illustrò le sue intenzioni. Come sempre, si trattava di una raffica di ordini: attaccare la Jugoslavia il prima possibile; l'esercito di List avrebbe dovuto accerchiarla da destra e, invadendo da est, marciare su Belgrado da sud-est con un forte fianco settentrionale, mentre unità tedesche e ungheresi avrebbero catturato Belgrado da nord attraversando il Danubio, e un nuovo esercito, composto dalle unità retrostanti delle truppe schierate per l'attacco alla Russia, avrebbe effettuato un'incursione dall'Austria. Le proposte opportune da parte del Ministero della Guerra e dell'Alto Comando dell'Aeronautica dovevano essere presentate senza indugio. Lui stesso si sarebbe occupato delle necessarie trattative con gli ungheresi e avrebbe inviato il loro ministro Sztojay a Budapest quello stesso giorno. L'intervento di Jodl, che proponeva di lanciare un ultimatum con un limite di tempo al nuovo governo jugoslavo, fu categoricamente respinto dal Führer. Hitler non lasciò nemmeno parlare il ministro degli Esteri. Brauchitsch fu autorizzato a moderare il ritmo dei movimenti delle nostre truppe, per non interferire troppo con i trasporti pubblici. Non vi fu ulteriore discussione; Hitler uscì dalla sala accompagnato dal ministro degli Esteri per un colloquio con il ministro ungherese a Berlino, che lo stava già aspettando al piano inferiore. Dopo un rapido scambio di opinioni tra Halder e Jodl, per tutti noi rimaneva solo una cosa da fare: "Tornare al lavoro!" Considerando che tutti i nostri piani precedenti per l'attacco alla Russia, la campagna in Grecia e l'aiuto all'Italia furono accantonati nel frattempo, e che nuove disposizioni, movimenti di truppe, ridislocazioni, accordi con l'Ungheria per le operazioni, il transito delle truppe tedesche e l'organizzazione dell'intero sistema di rifornimenti dovettero essere improvvisati da zero, e che nonostante tutto ciò l'invasione della Jugoslavia – accompagnata da un attacco aereo su Belgrado – ebbe luogo solo nove giorni dopo, il risultato ottenuto dagli stati maggiori operativi dell'Alto Comando, del Ministero della Guerra e dell'Aeronautica può solo essere definito una prestazione eccezionale, della quale, va detto, la parte del leone spettò allo Stato Maggiore Generale dell'Esercito. Nessuno lo sapeva meglio del Führer, ma non espresse mai la sua gratitudine. Avrei voluto che avesse dato merito dove era dovuto; lo Stato Maggiore Generale se lo era guadagnato, invece delle recriminazioni di cui era così spesso bersaglio.

L'Amministratore Imperiale Horthy si mostrò più che scettico sulla capacità dell'Ungheria di partecipare: era riluttante a mobilitarsi nel bel mezzo della stagione della semina primaverile, poiché non poteva privare i contadini dei loro cavalli e della manodopera. Il Führer fu estremamente contrariato da questa risposta. Tuttavia, le conferenze dello Stato Maggiore portarono almeno a una mobilitazione parziale in Ungheria, con il governo ungherese che mise in campo un piccolo esercito per avanzare nel Banato e accaparrarsi il suo pezzetto di territorio (sebbene concedesse alle truppe tedesche l'onore di entrare per prime, mentre loro si vendicavano nelle retrovie). Il Führer scrisse una lettera a Horthy per spiegare che, sebbene le truppe ungheresi dovessero integrarsi nel piano operativo generale, era lui a comandarle, ma le avrebbe coordinate in anticipo con Horthy in qualità di Comandante Supremo delle forze ungheresi, senza così usurpare la sua autorità sovrana. In questo modo, gli ultimi ostacoli sulla strada di una guerra di coalizione furono superati con successo e formalmente, pur tenendo conto della vanità del vecchio ammiraglio. L'abilità politica di Hitler gli permise persino di strappare la Croazia dal fronte nemico unificato e di spingerla a sabotare il decreto di mobilitazione jugoslavo.

Scatta l'inaspettata campagna jugoslava

Poiché non avevamo un quartier generale permanente del Führer pronto e non era possibile costruirne uno nei pochi giorni disponibili, venne utilizzato il treno speciale del Führer come quartier generale improvvisato, sebbene angusto; fu posizionato su un binario morto vicino a una piccola locanda, che offriva allo stato maggiore operativo dell'OKW un alloggio e spazi di lavoro modesti, mentre solo Jodl e io vivevamo con i nostri aiutanti nel treno del Führer; il vagone comando ci serviva come ufficio permanente. Le nostre comunicazioni radio funzionavano in modo impeccabile, un altro merito degli ufficiali delle trasmissioni permanentemente assegnati al quartier generale del Führer e dei Capi delle Comunicazioni Militari, i generali Fellgiebel e Thiele, che erano tecnicamente eccellenti e spesso riuscivano a compiere l'impossibile. Non ebbi mai davvero motivo di lamentarmi da questo punto di vista.

Dal treno-comando del Führer guidammo prima la campagna di Jugoslavia e poi quella di Grecia fino alla loro vittoriosa conclusione; entrambi i paesi si arresero in poco meno di cinque settimane. Alcuni eventi mi sono rimasti particolarmente impressi nella memoria: ricordo la visita di Horthy a bordo del nostro treno speciale, angusto e affollato; la visita si svolse in piena armonia, perché il Führer aveva sfoderato tutto il suo fascino e sapeva come adulare il vecchio signore – un talento al quale quest'ultimo era molto sensibile. Horthy, inoltre, non poteva che trovarsi in un mondo incantato, vedendo realizzarsi uno dei suoi sogni di una vita: l'orologio veniva riportato indietro e il Banato – una delle province più belle e fertili del vecchio regno – tornava sotto la sua reggenza. Io stesso potei assaporare questa nuova atmosfera solo durante il pranzo nella stretta carrozza ristorante, dove sedevo accanto a Horthy al tavolo comune; dominava la conversazione con il suo volto raggiante e le innumerevoli aneddoti delle sue esperienze come ufficiale di marina e come agricoltore, allevatore di cavalli e proprietario di scuderie. Indirizzai la conversazione verso racconti di caccia, benché sapessi che la caccia era un tema tutt'altro che caro al cuore del Führer: diceva sempre che la caccia non era altro che un omicidio codardo, poiché il cervo – la più bella delle creature della Natura – non era in grado di difendersi; il bracconiere, invece, lo esaltava come uno dei suoi eroi e il miglior tipo di soldato; disse che avrebbe voluto formare un battaglione d'élite composto da bracconieri.

Dopo che la resa della Jugoslavia fu accettata il 17 aprile 1941 dal feldmaresciallo List per conto del Führer e in conformità alle direttive dell'OKW, Hitler esercitò la sua influenza personale sull'armistizio con la Grecia, pur continuando a tenere in considerazione gli interessi dell'Italia e la smisurata vanità di Mussolini, inviando il generale Jodl a prendere il comando. Il Führer era fondamentalmente intenzionato a concedere ai Greci una sistemazione onorevole, in riconoscimento del loro coraggioso combattimento e della loro innocenza rispetto all'origine della guerra: dopotutto, erano stati gli Italiani a iniziarla. Ordinò il rilascio e il rimpatrio di tutti i prigionieri di guerra greci non appena fossero stati disarmati; il povero paesaggio rurale doveva essere preservato e la produzione del paese non doveva essere toccata, salvo che potesse essere utilizzata per aiutare gli Inglesi, che erano sbarcati in Grecia a marzo. Se si doveva ancora combattere su suolo greco, allora l'obiettivo era uno solo: eliminare fino all'ultimo inglese presente in Grecia e scacciarli da tutte le isole che avevano occupato. Dopo aver vinto la battaglia del Monte Olimpo, sconfitto gli Inglesi alle Termopili e cacciati da Atene, li inseguimmo nei resti dispersi fino all'Istmo di Corinto e li eliminammo da ogni angolo del paese, ad eccezione di una manciata di isole dell'Egeo e della principale base britannica a Creta. La disputa sull'ingresso trionfale delle truppe ad Atene fu un capitolo a parte: Hitler voleva evitare una parata speciale, per non ferire l'orgoglio nazionale greco. Mussolini, purtroppo, insistette per un ingresso trionfale nella città delle sue truppe italiane (che dovettero prima essere rapidamente condotte sul posto, poiché avevano perso diversi giorni di marcia dietro alle truppe tedesche che avevano già scacciato gli Inglesi). Il Führer cedette alla richiesta italiana e insieme le truppe tedesche e italiane entrarono ad Atene. Ai Greci, questo miserabile spettacolo organizzato dal nostro valoroso alleato, da loro onorevolmente sconfitto, dovette provocare più di una risata amara.

A causa delle sue preoccupazioni per le linee di rifornimento delle nostre truppe combattenti in Nord Africa – linee che si stavano via via espandendo fino alla forza di una divisione corazzata al comando di Rommel – il Führer iniziò a cercare modi per proteggere le comunicazioni attraverso il Mediterraneo dagli attacchi delle forze navali britanniche e garantir loro maggior sicurezza. Mentre Rommel aveva scongiurato il pericolo immediato per Tripoli grazie alla sua azione audace e rapida, nella mente di Hitler cominciò a prendere forma l'idea di conquistare Creta o Malta dagli Inglesi, indeboliti com'erano dalle sconfitte in Grecia; il progetto poteva realizzarsi solo con uno sbarco aereo, combinato o seguito da un attacco militare dal mare, per il quale l'aiuto che gli Italiani potevano fornire sembrava piuttosto dubbio. È possibile che Hitler volesse dimostrare a Mussolini cosa significasse una vera campagna mediterranea. Tra i due obiettivi possibili, io mi dichiarai favorevole a un'operazione contro Malta, che sia Jodl sia io consideravamo la base britannica di maggiore importanza strategica e pericolosità. Ma la decisione finale fu lasciata all'Aeronautica, e Göring decise che l'attacco dovesse essere su Creta, ritenendola indubbiamente l'alternativa più facile. Hitler acconsentì. Nel frattempo, il Führer aveva deciso che il nuovo "D-day" per l'invasione della Russia sarebbe stato verso la metà di giugno. Ciò comportava il rapido rientro delle unità dell'Esercito impegnate nelle operazioni di rastrellamento nei Balcani e il loro reinserimento tra le truppe che si stavano ammassando dietro il nostro confine con la Russia. La conseguenza fu una pacificazione tutt'altro che adeguata della regione jugoslava, dove, in brevissimo tempo e incitati dagli appelli espliciti di Stalin e dal suo entusiastico sostegno, scoppiò la terribile guerra partigiana. Purtroppo, le poche truppe rimaste non furono in grado di soffocare questa guerriglia sul nascere, e col passare del tempo si creò una situazione che richiese addirittura il rafforzamento delle nostre forze di sicurezza in loco, poiché gli arroganti italiani, che avrebbero dovuto sollevarci da questo peso, abbandonarono presto le loro posizioni lungo tutto il fronte, dando nuovo vigore all'esercito partigiano di Tito, che si servì delle loro armi.

Gran Bretagna e Russia fecero tutto il necessario per fomentare nuovi focolai di disordini e immobilizzare lì le nostre truppe tedesche, mentre il nuovo Stato croato, pieno di diffidenza nei confronti del suo "Protettore" italiano, si trovava ostacolato nei tentativi di ristabilire l'ordine interno dalla gelosia dell'Italia nei nostri confronti. Il Führer osservava passivamente questa tragedia, senza il minimo tentativo di manifestare la sua solidarietà al popolo croato di fronte alle intrighe che Mussolini stava evidentemente ispirando. Lasciava che il suo Alleato giocasse la sua partita come meglio credeva, forse perché altri affari gli sembravano più urgenti in quel momento, o forse perché era vincolato da promesse già fatte.

Rientrammo a Berlino da Berchtesgaden verso l'inizio di giugno 1941. Finalmente l'intero Alto Comando fu nuovamente riunito sotto la mia direzione, anche se solo per alcune settimane. Poiché non potevo essere in due posti contemporaneamente, ero stato costretto a concedere all'OKW – con l'eccezione del suo stato maggiore operativo – un alto grado di autonomia per molti affari di Berlino, anche se la comunicazione tramite corriere e telefono aveva, naturalmente, mantenuto un collegamento permanente con me, anche in mia assenza. Forse avevo sbagliato a non abituare Hitler alla necessità di accettare che il fulcro del mio lavoro si trovava a Berlino; ma, a prescindere da ciò, non mi lasciava mai piena autonomia: mi faceva richiamare ogni volta che mi assentavo per più di due giorni consecutivi. Era impossibile separare lo stato maggiore operativo (la componente di comando) dal resto del personale del Führer (la componente del Ministero della Guerra) all'interno dell'Alto Comando; era necessario un collegamento tra i due, e nessuno poteva sostituirmi in quel ruolo. Se, una volta assunto l'incarico, avessi avuto il tempo di elaborare una struttura organizzativa più adatta alle esigenze della guerra, forse si sarebbe potuta trovare una soluzione. Fino al 1941 le mie assenze da Berlino erano ancora relativamente brevi; fu solo con l'assenza permanente imposta dalla guerra a est che mi trovai di fronte a un problema che non ero più in grado di risolvere. Nel 1944 avevo pianificato di risolverlo nominando Warlimont mio Capo di Stato Maggiore e rappresentante permanente a Berlino; ma a causa della sua malattia, durata diversi mesi dopo l'attentato del 20 luglio 1944, non ci fu mai modo di realizzarlo.

A metà giugno 1941, e per l'ultima volta prima dell'attacco alla Russia, il Führer convocò tutti i suoi comandanti in prima linea e i rappresentanti dei vari alti comandi delle forze armate per esporre loro i rispettivi compiti e tenere un ultimo discorso, nel quale espresse con forza le sue opinioni sulla imminente "guerra delle ideologie".

Attirando l'attenzione sulla resistenza massiccia che veniva opposta alle nostre operazioni di pacificazione nei Balcani, il Führer disse che questa era la lezione da imparare dal trattare troppo indulgentemente la popolazione civile; il trattamento era stato interpretato come debolezza e questa insurrezione era la conseguenza logica. Aveva studiato i metodi che la vecchia monarchia danubiana aveva sempre dovuto adottare per stabilire l'autorità dello Stato sui suoi sudditi; e ci saremmo dovuti aspettare molti più problemi dai cittadini sovietici, che sarebbero stati incitati ad atti di violenza e terrorismo da parte di... * Per questo motivo, disse, il pugno di ferro sarebbe stato alla fine il modo più gentile: si poteva schiacciare il terrore solo con il contraterrore, non con le procedure militari da tribunale. Non era con i libri di legge che lui stesso aveva distrutto le tattiche terroristiche del Partito Comunista tedesco, ma con la forza bruta del suo movimento SA composto dalle camicie brune. Fu allora che iniziai a percepire ciò che descrissi per la mia difesa in un memorandum durante il Natale del 1945: Hitler era diventato ossessionato dall'idea che la sua missione fosse distruggere il Comunismo prima che lo stesso distruggesse noi. Considerava che non ci fosse alcuna prospettiva nel fare affidamento su patti di non aggressione permanenti con il Comunismo russo; aveva riconosciuto che, se non fosse riuscito a distruggere il cerchio di ferro che Stalin – in collaborazione con le Potenze occidentali – sarebbe stato in grado di forgiare attorno a noi in qualsiasi momento se lo avesse voluto, ciò avrebbe portato al collasso economico della Germania. Disdegnava di chiedere la pace alle Potenze occidentali a qualsiasi costo e puntava tutto su una sola carta: la guerra! Sapeva che, se le carte fossero state avverse, il mondo si sarebbe rivoltato contro di noi. Sapeva anche cosa avrebbe significato una guerra su due fronti. Ma si caricò di questo fardello perché aveva erroneamente valutato le riserve del bolscevismo e dello Stato Stalinista, ed è così che provocò la rovina di sé stesso e del Terzo Reich che aveva creato.

Anche così, durante l'estate del 1941 sembrava quasi che il colosso orientale sarebbe crollato sotto i colpi possenti inferti dall'Esercito tedesco, poiché la prima e probabilmente la migliore delle armate sovietiche di prima linea era stata in effetti quasi annientata entro quell'autunno, e avevano subito enormi perdite in termini di uomini e materiale: migliaia di cannoni pesanti e veicoli corazzati giacevano sui campi di battaglia delle prime azioni di accerchiamento, e i prigionieri erano più di un milione. Ci si chiede quale esercito nel mondo avrebbe potuto sopportare tali colpi devastanti, se non fosse stato per l'immensa estensione della Russia, le sue riserve di manodopera e l'inverno russo che vennero in suo aiuto.

Già alla fine di luglio, Hitler credeva non solo che l'Armata Rossa sul campo fosse stata sconfitta, ma che il nucleo delle loro difese fosse stato così gravemente danneggiato che sarebbe stato impossibile per loro recuperare le enormi perdite materiali prima che il paese fosse travolto da una sconfitta totale. Per questo motivo – e questo è di alto interesse storico – entro la fine di luglio o i primi di agosto stava già ordinando che considerevoli sezioni dell'industria bellica dell'Esercito (a parte la costruzione di carri armati) venissero indirizzate verso l'accelerazione della produzione di munizioni per la Marina (sottomarini) e per la Luftwaffe (aerei e batterie antiaeree) in previsione di un'intensificazione della guerra con la Gran Bretagna, mentre sul fronte orientale l'Esercito avrebbe solo dovuto tenere sotto controllo il nemico sconfitto utilizzando le armi a disposizione, ma con il doppio della capacità di attacco corazzato.

Ha inizio l'operazione Barbarossa

Solo nella notte tra il 21 e il 22 giugno 1941, il treno del Führer, con alcuni dei suoi più stretti collaboratori tra cui Jodl, me e i nostri aiutanti, raggiunse il nuovo quartier generale del Führer in un accampamento forestale vicino a Rastenburg. Il quartier generale operativo dell'Ufficio della Guerra era stato sistemato in un grande accampamento forestale a circa tredici miglia di distanza, mentre Göring, il comandante in capo della Luftwaffe, aveva fatto spostare il suo treno quartier generale in un altro accampamento nella vicina foresta di Johannesburg; il risultato fu che i vari Comandi Superiori ora potevano, con un preavviso brevissimo, scambiarsi pensieri personali, e nel giro di un'ora (o molto

meno utilizzando i loro aerei leggeri Storch) potevano essere tutti riuniti su richiesta del Führer.
Lo staff operativo dell'OKW si trovava in un accampamento speciale, distaccato meno di un chilometro dal vero quartier generale del Führer, la Zona di Sicurezza I. Ho spesso sorvolato il sito a varie altitudini, ma nonostante la mia precisa conoscenza della sua posizione non sono mai riuscito a individuare il campo dall'aria, se non forse grazie alla strada che attraversava la foresta e una diramazione ferroviaria a binario singolo, chiusa al traffico pubblico. A circa due o tre miglia di distanza era stato preparato un campo di atterraggio e l'aeromobile del Führer, le unità di corriere e gli aerei dell'OKW stesso erano parcheggiati attorno a esso. Vorrei sapere quante volte ho volato da lì tra il 1941 e il 1944. Ho sentito parlare di un solo incidente aereo mortale in quel campo di aviazione, quando il Ministro delle Munizioni, Dr. Todt, rimase ucciso in un Heinkel III che si schiantò durante il decollo nel febbraio del 1942.

Ogni giorno, a mezzogiorno, si teneva una conferenza di guerra alla presenza del Führer, per discutere dei telegrammi del mattino provenienti dai vari Comandi Superiori, che, nel caso dell'Ufficio della Guerra, erano a loro volta basati sui dispacci terminali della sera provenienti dai Corpi d'Armata. Solo i Comandanti in capo in Finlandia, Norvegia e Nord Africa riferivano direttamente all'OKW, con copie per informazioni all'Ufficio della Guerra.

Era consuetudine che il Colonnello Generale Jodl delineasse la situazione bellica, compreso l'aspetto dell'Esercito, eccetto quando il Comandante in capo dell'Esercito e il Capo di Stato Maggiore dell'Esercito partecipavano personalmente; in queste occasioni, il Generale Halder si occupava della situazione dell'Esercito. Dopo il 19 dicembre 1941, quando il Führer assunse la carica di Comandante in capo dell'Esercito, il Capo di Stato Maggiore doveva informarlo ogni giorno sul fronte orientale e raccogliere personalmente gli ordini del Führer; man mano che la situazione diventava più tesa, Halder era obbligato ad apparire anche alle conferenze serali di guerra verso mezzanotte, occasioni in cui il Colonnello Generale Jodl, altrimenti, illustrava la situazione a un piccolo gruppo di ufficiali. Eventuali istruzioni che il Führer potesse emettere in queste occasioni venivano poi inviate quella stessa notte dallo staff operativo dell'OKW agli uffici interessati, tramite telegrafia, dopo che la sintesi era già stata comunicata telefonicamente.

Queste conferenze di aggiornamento avevano anche la funzione secondaria di permettere al Führer di emettere una serie di ordini riguardanti non solo i problemi strategici, ma qualsiasi cosa che avesse anche la più debole connessione con la conduzione militare della guerra. Poiché Hitler non riusciva mai a rimanere sul punto in queste occasioni, ma deviava ripetutamente verso ulteriori problemi man mano che venivano introdotti da altre parti, le conferenze di guerra a mezzogiorno duravano in media tre ore e quelle serali non meno di un'ora, anche se le questioni strategiche e tattiche, di regola, non avrebbero dovuto occupare più di una frazione di tutto quel tempo. Di conseguenza, io, che già dovevo aggiornarmi sulla situazione della guerra del mattino o della sera leggendo i riassunti dello staff operativo o partecipando agli aggiornamenti serali di Jodl, non potevo mai permettermi di essere assente da queste conferenze, che facevano perdere tempo, organizzate dal Führer, poiché a ogni momento venivano sollevati tutti i tipi di questioni, direttive e misure invocate da Hitler, problemi che non avevano nemmeno la più remota connessione con la strategia o la diplomazia del momento, ma che dovevano essere presi in carico, e per i quali si rivolgeva a me come suo Capo di Stato Maggiore, per quanto poco potessero rientrare nelle competenze dell'Alto Comando.

Tutto ciò non poteva che essere attribuito ai disordinati processi di pensiero e modus operandi di questo autocrate; un suo vero punto dolens, ma operando in questo modo mi ritrovai coinvolto in quasi ogni ambito dell'attività dello Stato e della macchina del Partito, senza che io avessi mai preso l'iniziativa in prima persona, tanto ero già impegnato con i miei compiti propri. Dio solo sa che lavoro avevo nel cercare di respingere tutto il lavoro che chiaramente non rientrava nei miei compiti; io e il mio aiutante potremmo elencare innumerevoli casi in cui visitatori, corrispondenti e chiamate telefoniche hanno fatto qualche richiesta direttamente a noi, aggiungendo la giustificazione stereotipata: "Il Führer mi ha mandato da te per questo!" O: "Quando ho esposto questo al Führer, ha dichiarato che lo stesso doveva valere anche per le Forze Armate!" O: "Devi annunciare quanto segue alle Forze Armate!" e così via. Oppure: "A chi nell'OKW devo indirizzare questa questione?" e tutte le altre formule standard che usavano. Per tutti questi esterni, che fossero dell'OKW o dell'Ufficio della Guerra, o le "Forze Armate" significavano una sola persona: Keitel. È molto significativo che il capo del dipartimento legale dell'Alto Comando, il dottor Lehmann, abbia dovuto spiegare al mio avvocato difensore che io permetto che il mio nome venisse invocato da ogni angolo immaginabile in questioni che non erano affatto di mia competenza.

Cosa altro dovevo e potevo fare? Quando Hitler mi dava personalmente queste istruzioni durante le sue conferenze di guerra, dovevo rispondere in presenza di venticinque persone: "Mio Führer, questa non è una mia competenza... dì al tuo Segretario cosa vuoi"? Sarebbe stato possibile per quelli che avevano discusso con Hitler sui loro progetti, e che lui aveva detto loro di discuterli prima con me, rispondere: "Non lo faremo... Keitel ci caccerebbe fuori"? Le cose non erano affatto così semplici; non era la mia bonomia o la mia stupidità a essere in colpa, l'intero sistema era sbagliato.

Potevo prevedere tutto questo quando questa aberrante carica di Capo dell'Alto Comando è stata creata? Mi hanno dato il tempo, dopo il 4 febbraio 1938, per modificare le debolezze nella struttura organizzativa che era stata progettata principalmente per combinare il potere e l'autorità esecutiva di Hitler con un esperto militare come suo segretario?

Nella tradizione prussiana reale, un vero feldmaresciallo era troppo valido per quella carica, e l'ufficio sarebbe stato troppo umile per una promozione a feldmaresciallo. Da quando ho concluso il mio ultimo e più felice servizio militare come comandante di divisione a Brema, sono diventato un "generale da scrivania"; nella Prima Guerra Mondiale sono stato il maggiore ufficiale di stato maggiore di divisione per quasi due anni, e sono stato orgoglioso di condividere con i miei comandanti la responsabilità — come la vedevamo allora — per i nostri coraggiosi soldati. Nella Seconda Guerra Mondiale sono diventato feldmaresciallo, incapace di dare ordini a chiunque fuori dalla struttura effettiva dell'OKW, a parte il mio autista e il mio cameriere!

E ora, dover rispondere per tutti quegli ordini che sono stati emessi contro il mio consiglio e contro la mia coscienza: che amara pillola è da inghiottire, ma almeno, mi son più volte detto, sarà una pillola onorevole se, facendo così, posso assumermi la responsabilità dell'intero OKW.

L'intenzione di Hitler era di far comprendere al suo entourage immediato l'importanza delle Forze Armate, facendole rappresentare da un feldmaresciallo. Il generale Schmundt, d'altra parte, mi disse dopo la mia promozione che il Führer aveva voluto mostrarmi la sua gratitudine in questo modo per aver portato alla fine dell'armistizio con la Francia. Che sia come sia! Il mio retaggio tradizionale mi porta a rammaricarmi del fatto che il grado di feldmaresciallo ha smesso di essere riservato esclusivamente a quei generali che avevano dimostrato particolare coraggio di fronte al nemico.

Poco dopo le nostre prime vittorie in battaglia, però, cominciarono a scoppiare le solite liti tra Hitler e l'Ufficio della Guerra. La strategia di Hitler prevedeva una variazione di quella proposta dall'Ufficio della Guerra: mentre quest'ultimo aveva sostenuto che il Gruppo d'Armata Centro dovesse sfondare con l'obiettivo di prendere Mosca e catturare le alture di Valdai a nord, tagliando così le comunicazioni tra Leningrado e la capitale, Hitler voleva fermarsi lungo una linea generale che andava da Odessa al Lago Peipus passando per Orel e Smolensk; dopo aver fatto ciò, avrebbe distolto parte della forza dal Gruppo d'Armata Centro (di gran lunga il più formidabile e pesantemente corazzato dei Gruppi d'Armata) e avrebbe usato un Gruppo d'Armata Sud rinforzato per privare il nemico di tutta la zona del Donetsk, dei giacimenti di petrolio di Majkop e Krasnodar; poi avrebbe preso Leningrado usando un altro Gruppo d'Armata Nord rinforzato e si sarebbe collegato con la Finlandia. Gli altri due Gruppi d'Armata non sarebbero stati abbastanza forti per compiere questi compiti senza rinforzi.

Hitler visualizzava questi obiettivi sui fianchi come di grande valore economico nel caso della zona del Donetsk, e di valore politico e navale nel caso della Finlandia e del Baltico: dal punto di vista strategico militare non si preoccupava tanto della città di Leningrado in sé, o del suo status mondiale come città di un milione di abitanti, quanto più della base navale di Kronstadt e della sua eliminazione come punto chiave navale; essa rappresentava una considerevole minaccia per le nostre comunicazioni e per l'addestramento dei sommergibili nel Baltico. L'Ufficio della Guerra, d'altro canto, riteneva che nella loro proposta risiedesse la chiave per una rapida conclusione della guerra. Il Führer rimase tuttavia scettico.

Decise di volare al quartier generale del Gruppo d'Armata Centro (a Borisov), avendo convocato i comandanti di due armate corazzate, Hoth e Guderian, per incontrarlo lì. Io accompagnai Hitler e partecipai alla successiva conferenza tra il comandante in capo del Gruppo d'Armata Centro, von Bock, e i due generali corazzati indicati, ciascuno dei quali Hitler voleva distogliere per assegnarli agli altri Gruppi d'Armata come primi rinforzi. Si scontrò con un muro di rifiuti, con i due generali corazzati che arrivarono addirittura ad annunciare che le loro unità erano così esauste che avrebbero avuto bisogno di due o tre settimane per riorganizzarsi e revisionare i loro carri armati prima di essere nuovamente operative.

Ovviamente non avevamo mezzi per verificare queste affermazioni; i due generali rimasero poco collaborativi - nonostante il conferimento delle Foglie di Quercia alle loro Croci di Cavaliere - e rifiutarono di ammettere qualsiasi possibilità di impiego alternativo per le loro unità, almeno su tali sezioni remote del fronte. Von Bock, naturalmente, non voleva perderli e suonò la stessa campana. Tutti e tre erano consapevoli del piano d'attacco dell'Ufficio della Guerra e lo vedevano come la loro panacea; qualsiasi indebolimento del Gruppo d'Armata Centro avrebbe messo a rischio questo piano, un piano che li aveva elettrizzati tutti.

Anche se il Führer riusciva a vedere chiaramente attraverso la loro mossa - niente di impossibile per chiunque - esitò a ordinare all'Ufficio della Guerra di ignorare le loro richieste e rilasciare i due generali corazzati come voleva, nonostante il periodo di recupero che stavano richiedendo avrebbe ritardato l'operazione pianificata di circa quattro settimane. L'Ufficio della Guerra, il Gruppo d'Armata Centro e i comandanti corazzati erano riusciti a presentare un fronte unito di fronte al Führer. Lui era convinto che non volessero farlo e avevano semplicemente affermato di non essere in grado di farlo; questo è quello che lui stesso mi disse di aver pensato in quel momento.

Dentro di sé, era di nuovo molto irritato con l'Ufficio della Guerra per tutto questo, ma stavolta riuscì a inghiottire il suo risentimento. Ci fu un compromesso che, ovviamente, affondò il grande piano strategico di Hitler, almeno per quanto riguardava Leningrado a nord. Da parte sua, Hitler mise il veto all'attacco alle alture di Valdai citandolo come esempio tipico delle obsolete tattiche "del terreno elevato" dello Stato Maggiore. La vera furia di Hitler, tuttavia, non si manifestò realmente finché il Gruppo d'Armata Centro eseguì un'operazione su piccola scala per garantire la necessaria libertà di movimento sul suo fianco sud per l'attacco a Mosca, e il gruppo corazzato di Guderian miracolosamente "recuperò" abbastanza velocemente per l'operazione.

Questa volta fu lo stesso Hitler a intervenire con il risultato che, a est di Kiev, il Gruppo d'Armata Sud aprì la sua battaglia più devastante contro i russi. Quante volte dovetti sentire il suo sfogo contro i generali insubordinati e arbitrari che avevano mandato in tilt tutto il suo piano maestro. Nel frattempo, tanto tempo era stato sprecato su questa vittoria non del tutto insoddisfacente a est di Kiev che, visto l'autunno ormai imminente con il suo terreno difficile e il fango, Hitler dovette abbandonare l'intero piano strategico, perché solo la questione della riorganizzazione aveva già preso troppo tempo prezioso. Per questo motivo autorizzò l'azione di doppio accerchiamento del Gruppo d'Armata Centro a Vyasma e Bryansk, il prerequisito per il piano — ancora non abbandonato dall'Ufficio della Guerra — di investire Mosca prima che arrivasse l'inverno. Il destino di quest'operazione, e la crescente catastrofe nella neve e nel gelo dell'inverno più crudele vissuto dalla Russia centrale dall'inizio del XIX secolo, sono ben noti.

Sarebbe, però, un interessante studio militare per qualcuno analizzare quale prospettiva avrebbe avuto il piano originale di Hitler e quali sarebbero state le conseguenze per la nostra campagna russa del 1941, specialmente se, come mi disse un ufficiale dello Stato Maggiore russo, avevano veramen-

te anticipato le intenzioni dell'Ufficio della Guerra nell'autunno del 1941 concentrando tutti i loro principali rinforzi, insieme alle loro divisioni del Far East e alla loro Armata di Riserva, intorno a Mosca con mesi in anticipo.
Quale sarebbe stata la conseguenza di quella mossa per il piano di Hitler? Non avrebbe migliorato notevolmente le sue probabilità di successo? Al momento per me rimane ancora una domanda aperta, ma mi ha certamente dato spunto di riflessione: gli errori nella grande strategia non possono mai essere riscattati nella stessa guerra. Con questo non sto dicendo che il piano dell'Ufficio della Guerra fosse di per sé un errore: l'errore reale fu adottare un compromesso, se il tempo di cui il Gruppo d'Armata Centro aveva bisogno prima di poter attaccare non fosse, di fatto, un prerequisito vitale per ristabilire la qualità combattiva delle sue truppe. Perché il piano d'attacco del Führer avrebbe certamente richiesto marce forzate immediate e faticose; e non si deve mai dimenticare il dogma dei generali: "Il mio esercito può attaccare, ma non può continuare a marciare."
Durante l'estate del 1941, la resistenza della popolazione civile alle nostre forze di occupazione aumentò sensibilmente in ogni teatro di guerra, con atti di sabotaggio e attacchi alle truppe di sicurezza tedesche e alle installazioni. Mentre la guerra partigiana cominciava ad assumere un aspetto ancora più minaccioso nei Balcani, dove era apertamente incoraggiata dalla Gran Bretagna e dall'Unione Sovietica, e ci costringeva a lanciare operazioni su larga scala contro i centri partigiani, gli atti di sabotaggio divennero orribilmente frequenti in Francia e persino in Belgio. Il lancio diffuso di agenti e di truppe sabotatrici travestite, incidenti con bombe, il lancio di armi, munizioni, trasmettitori radio e spie erano all'ordine del giorno. Non c'era dubbio che, nell'ovest, la mano della Gran Bretagna fosse dietro a tutto ciò: essa cercava di incitare la popolazione a molestare le forze di occupazione, distruggere installazioni industriali, di pubblica utilità, di trasporto e di approvvigionamento energetico, e creare un malcontento generale per disturbare l'ordine pubblico; sperava di incitare la popolazione alla resistenza passiva e persino di provocare rappresaglie da parte nostra che, a loro volta, avrebbero preparato il terreno per la crescita di un futuro movimento di resistenza. Mentre inizialmente la polizia francese cooperava molto efficacemente con noi nell'arresto e nell'eliminazione dei sabotatori in Francia, ben presto si verificò un cambiamento palpabile, spesso testimoniato dalle loro simpatie verso i colpevoli e perfino da un certo grado di partecipazione di alto livello alla guerra di guerriglia contro le nostre forze di sicurezza.
La richiesta di rinforzi per le nostre forze di sicurezza e le unità di polizia divenne sempre più urgente con il tempo, e i primi tentativi di improvvisare misure di sicurezza prendendo ostaggi e applicando rappresaglie su di essi divennero alla fine la prassi quotidiana. Poiché anche i Balcani chiedevano rinforzi di truppe, e le forze di sicurezza destinate ai territori occupati in espansione nell'Unione Sovietica non riuscivano più a far fronte alla situazione, il Führer insistette sull'impiego di misure di rappresaglia draconiane e azioni spietate per dissuadere i terroristi prima che la situazione sfuggisse di mano, prima che i movimenti di resistenza riuscissero a sottrarre così tante delle nostre forze da far crescere l'intera situazione al di là delle capacità delle autorità occupanti.
L'estate e l'autunno del 1941 videro quindi l'emissione dei primi ordini volti a combattere queste nuove tecniche di guerra "alle spalle", di sabotaggio e di guerra commando, un tipo di guerra lanciato sotto la direzione di forze oscure—il "servizio segreto" da gangster, spie e altre creature infide, e successivamente rinforzato da idealisti, tutti i quali ora sono idolatrati congiuntamente come grandi e patriottici "eroi nazionali". Questi ordini includevano tra gli altri le "leggi sugli ostaggi" dei comandanti militari, il decreto "Nacht und Nebel" ("Notte e nebbia") del Führer, che io stesso firmai, e tutte le altre variazioni su quelle direttive brutali del 1942 progettate per emulare il nemico nel suo modo più degenerato di fare guerra, che potevano, naturalmente, essere veramente apprezzate nella loro ferocia ed effetto solo nel mio ufficio centrale, dove tutti questi rapporti fluivano. Lo scopo era far capire chiaramente a tutti quegli ufficiali tedeschi, cresciuti in un mondo di "cavalleria" in guerra, che quando si trovano di fronte a metodi come questi, l'unico che riuscirà a mantenere la calma è quello che meno esita a infliggere le rappresaglie più spietate in una situazione in cui una "guerra

illegale delle ombre" ha sistematizzato senza scrupoli il crimine per intimidire la potenza occupante e terrorizzare la popolazione del paese in generale. Che questi metodi del servizio segreto britannico fossero così alieni a noi tedeschi e alla nostra mentalità giustificava in larga misura l'esistenza di avvertimenti come questi ai nostri uomini; ma se il modo corretto di far capire loro tutto ciò fosse stato quello di emettere lo slogan "Il terrorismo può essere combattuto solo con il terrorismo" è un punto che, guardato retrospettivamente, le persone potrebbero giustamente contestare. Tutti i buoni tedeschi dovrebbero imparare a lasciare che la casa prenda fuoco intorno a loro prima di cominciare a cercare il fumo?

All'inizio di giugno del 1941, al mio ritorno a Berlino, trovai mio figlio Hans-Georg a casa nostra. La sua ferita alla coscia era completamente guarita, ma a causa delle molte operazioni subite, i muscoli e i tendini gli provocavano un dolore lancinante quando cavalcava. Così, finalmente, gli diedi il permesso di trasferirsi dal suo reggimento di Halberstadt al 29° reggimento di artiglieria mobile, che faceva parte della 29ª divisione (mobile). Era esattamente quello che aveva sempre sognato, far parte di un'unità motorizzata, con la moderna cavalleria da battaglia. Con il viso luminoso di felicità, lasciò di nuovo la casa, poiché il suo nuovo reggimento lo stava chiamando con urgenza; dopo aver preso congedo dalla madre e dalle sorelle, che come lui stesso non avevano idea di cosa li aspettasse, lo accompagnai alla porta e con cuore pesante gli dissi addio. Gli dissi: "Dio sia con te! Sii coraggioso, ma non temerario o incauto, a meno che non sia strettamente necessario." Probabilmente non capì, ma mi abbracciò brevemente e si incamminò felicemente lungo il vialetto con la sua valigia, il fucile e il resto dell'equipaggiamento. Quando tornai nel soggiorno, mia moglie disse: "Come eri grave e diverso con lui! Che cosa ti è successo?" Ovviamente non ero riuscito a ingannare la percezione delicata di una madre. Evitai di rispondere direttamente, ma mormorai qualcosa riguardo al fatto che l'avevo avvertito di fare attenzione alla gamba.

Il colpo fu ancora più duro quando giunse la notizia, già il 18 luglio, che Hans era morto in un ospedale da campo a causa di una grave ferita riportata durante un attacco aereo russo il giorno prima. Mia moglie si trovava a Helmscherode con il resto della famiglia: chi doveva dirle ora che suo figlio preferito, quello per il quale si era preoccupata tanto spesso, era stato sepolto in terra straniera, fuori Smolensk? Inviai il professor Nissen, nostro medico di famiglia a Helmscherode, incaricandolo di questa triste missione, perché avevo paura di come mia moglie avrebbe reagito con il suo cuore delicato. Fu allora che scoprii quanto siano forti i cuori delle mogli e delle madri.

La simpatia del Führer fu espressa in una lettera personale a mia moglie; lei ne fu molto grata. Poiché sia mia moglie che io eravamo contrari alla pubblicazione di un necrologio, il Führer ordinò alla stampa di pubblicarne uno, spiegandoci che il popolo tedesco doveva sapere che anche i figli degli alti ufficiali stavano dando la loro vita sul campo di battaglia.

Con l'inizio delle operazioni contro la Russia, il Führer aveva definito la struttura di comando operativo per i restanti teatri di guerra, affidando la responsabilità diretta per la Finlandia, la Norvegia, l'ovest, l'Africa del Nord e i Balcani a lui, cioè al Comando Supremo, al fine di alleggerire il Ministero della Guerra da questi oneri. Nel 1941, le uniche vere ostilità si verificarono in Finlandia, in Nord Africa e nei Balcani; nei restanti cosiddetti "teatri dell'OKW" prevaleva solo la guerra partigiana.

Il Führer aveva preso questa decisione perché, ad eccezione della costa atlantica, questi teatri erano impegnati in guerre di "coalizione", per la cui direzione Hitler aveva assunto, per ragioni politiche, sia il comando che la responsabilità della collaborazione con i nostri alleati: desiderava tenere tutte le trattative con i loro capi di stato e i loro stati maggiori nelle sue mani. Allo stesso tempo, questa decisione portò un notevole sollievo al Ministero della Guerra, anche se l'organizzazione dell'Esercito rimaneva ancora responsabile del mantenimento della loro forza combattiva e di tutto l'equipaggiamento e il servizio di rifornimento. Di per sé, consideravo il termine "teatro OKW", che si era diffuso nell'uso comune, una sfortunata denominazione: portava a una concezione errata del ruolo complessivo del Comando Supremo come corte suprema di comando, superiore ai tre servizi in ogni teatro di guerra; questa incomprensione veniva ulteriormente amplificata dal modo in cui il

Führer aveva completamente escluso il suo Comando Supremo dalla direzione dell'offensiva contro l'Unione Sovietica, a parte le questioni relative alla Finlandia.

La soluzione più inequivocabile sarebbe stata trasferire il comando dei tre servizi in ogni singolo teatro a un individuo con un mandato interforze che gli conferisse autorità sull'esercito, la marina e l'aeronautica; ciascuno di questi individui sarebbe stato poi subordinato al controllo del Comando Supremo. Ma ciò era qualcosa per cui i Comandanti in Capo e i loro stati maggiori non erano pronti, e lo stesso valeva per i comandanti della marina e dell'aeronautica che pure rifiutavano di subordinare i loro contingenti locali a un comando complessivo.

Qui solo il Führer aveva il potere, sia tatticamente che come mediatore, di intervenire: né Raeder né Göring avevano alcun desiderio di concedere ai Comandanti in Capo dei vari teatri di guerra (quasi tutti generali dell'esercito) l'autorità sui loro contingenti, poiché temevano di perdere la loro influenza immediata su di essi, anche se loro stessi erano obbligati a nominare comandanti locali a cui non potevano rifiutare di delegare ampi poteri di azione indipendente. Non andai mai oltre con questo tentativo di ridistribuzione dell'autorità che proposi, se non con un paio di iniziative modeste, mentre il comando operativo complessivo della guerra in mare e nell'aria rimase intatto per i Comandanti in Capo della marina e dell'aeronautica.

La conseguenza fu che nell'Unione Sovietica il Ministero della Guerra, o più precisamente Hitler e il Ministero della Guerra, erano al comando, con l'esclusione totale del Comando Supremo. Sono obbligato a chiarire questo punto per motivi di accuratezza storica, perché l'Unione Sovietica, almeno al processo di Norimberga, sembra aver supposto che gli ordini fossero stati effettivamente iniziati dall'OKW.

Tra i nostri stati alleati amici, la Romania e la Finlandia parteciparono alla campagna russa fin dall'inizio; una volta che questa ebbe inizio, Italia, Ungheria e Cecoslovacchia contribuirono con un piccolo contingente, una forza di spedizione della forza di un debole corpo mobile, e i cechi con l'equivalente di una divisione di fanteria leggera. Hitler fece tutti gli accordi finali con Antonescu a Monaco; quest'ultimo aveva prontamente accettato un aumento del numero di consiglieri assegnati alla nostra missione militare in Romania e ne aveva tratto le conclusioni corrette; partecipai alle trattative insieme al comandante dell'esercito previsto per le unità tedesche, il generale Ritter von Schobert, e al capo della nostra missione militare, il generale Hansen. Per Antonescu l'obiettivo ovvio era il recupero della Bessarabia, e questo fu il motivo sufficiente per mobilitare ampie parti del suo esercito; lo scopo reale del nostro attacco e la sua data gli furono nascosti.

Nel maggio del 1941, avevo avuto un incontro a Salisburgo con il capo di stato maggiore finlandese, il generale Heinrichs, e avevamo raggiunto un accordo di base sulle linee tracciate da Hitler riguardo al permesso per le truppe tedesche di radunarsi sotto il tenente generale von Falkenhorst nel territorio finlandese, l'accordo fu poi messo in termini operativi definitivi da Jodl. Né Jodl né io sospettavamo che la nostra missione fosse solo una conferma di colloqui preliminari già tenuti tra Halder e Heinrichs a Zossen alcuni mesi prima.

Il comportamento del generale Heinrichs era ricettivo nei nostri confronti e accettò prontamente di presentare tutte le nostre richieste al maresciallo Mannerheim come desideravamo. La mia impressione personale, specialmente del carattere del generale Heinrichs, fu molto favorevole, e riferii al Führer che la Finlandia non avrebbe perso questa occasione per sistemare i vecchi conti con l'attacco russo contro di essa nell'inverno del 1939-1940. La spedizione di un generale con poteri plenipotenziari dal maresciallo, indipendentemente dal nostro attaché militare, fu subito concordata e non avemmo mai motivo di rimpiangere la scelta del generale Erfurth per quel ruolo.

Il Führer aveva severamente vietato qualsiasi tipo di discussione diplomatica preliminare e persino colloqui a livello di stato maggiore con l'Ungheria e la Cecoslovacchia, anche se il Ministero della Guerra aveva sottolineato la loro importanza in vista dei nostri attuali piani per il transito di truppe attraverso questi paesi e l'ammissione dei trasporti ferroviari di truppe. Hitler rifiutò di cedere su questo punto, nonostante i rischi che comportava; temeva che la sicurezza dell'operazione sarebbe stata compromessa, e non era convinto che i vantaggi di organizzare tutto in anticipo superassero gli svantaggi. Alla fine, non emerse alcun grande svantaggio, anche se non so fino a che punto il Capo di Stato Maggiore ungherese ci abbia permesso di fare alcuni accordi preliminari.

La nostra invasione del 22 giugno fu in realtà una sorpresa tattica, sebbene in nessun modo strategica, per l'Armata Rossa.

Su iniziativa propria, Ungheria e Cecoslovacchia costituirono una forza di spedizione dopo che erano scoppiate le ostilità—tenendo naturalmente un occhio vigile sui cambiamenti di frontiera che si aspettavano favorevoli—e la misero a disposizione del Ministero della Guerra. Ma già nel settembre 1941, il Capo di Stato Maggiore ungherese Szombathelyi mi disse che voleva fare una visita al quartier generale del Führer, poiché desiderava ritirare la brigata rapida ungherese (divisione) contro i desideri del Ministero della Guerra, anche prima che avessimo attraversato il fiume Dnepr: diceva che non era equipaggiata per una campagna invernale, e doveva essere impiegata per la costituzione di nuove unità nel prossimo anno di guerra. Dopo una breve e convenzionale accoglienza al quartier generale del Führer, le discussioni furono affidate a Halder e a me. Organizzai un banchetto per il generale Szombathelyi (noto anche come 'Knaus', un tipico svevo) nel mio treno, e durante il pomeriggio lo portai al quartier generale del Ministero della Guerra, dove gli vennero mostrate diverse cose.

Mi irritarono molto alcune delle sue osservazioni più che offensive sul nostro comando e sul funzionamento dell'unica "divisione leggera" dell'Ungheria, e gli dissi bruscamente, pur rispettando il protocollo, di allontanare prima le sue truppe dall'abitudine di depredare e saccheggiare ovunque andassero, spedendo i loro bottini a casa. Non appena vide che il suo atteggiamento arrogante non aveva avuto alcun effetto su di me, ma aveva avuto l'effetto opposto a quello desiderato, divenne improvvisamente molto amichevole, traboccante di lodi per il nostro comando complessivo dell'esercito, e non riusciva a esprimere adeguatamente quanto ammirasse il Führer, che lo aveva impressionato profondamente, delineandogli la situazione complessiva sulla mappa del fronte orientale. Quella sera rimase ospite del Ministero della Guerra; il giorno successivo volò a casa dopo aver raggiunto con Halder un compromesso che prevedeva un ritiro molto più tardivo delle truppe ungheresi.

Nel primo periodo del 1942, feci una visita di ritorno su istruzioni del Führer a Budapest. La mia missione era difficile, poiché questa volta dovevo chiedere la mobilitazione dell'esercito in tempo di pace dell'Ungheria, e l'invio di almeno metà di esso per partecipare alle operazioni estive pianificate. A quel tempo, l'Ungheria disponeva di ventitré brigate in fase di conversione in piccole divisioni, comprese le brigate di montagna e le unità di cavalleria, ma escludendo le forze di occupazione che erano già state trasferite o promesse al Ministero della Guerra per il ruolo di forze di sicurezza nelle aree posteriori. Oltre alle visite all'Amministratore Imperiale di Horthy, al Ministro della Guerra von Bartha, al Primo Ministro von Bardossy e ad altri, in due separate mattinate si svolsero trattative molto dettagliate con il Capo di Stato Maggiore e il Ministro della Guerra.

Il primo giorno non riuscimmo ad andare oltre una sorta di mercanteggiamento su come avremmo potuto ricambiare con la fornitura di una notevole quantità di armamenti. Naturalmente, feci delle concessioni in questo caso, perché senza cannoni controcarro, armi per la fanteria e simili equipaggiamenti moderni, le truppe ungheresi non sarebbero state di alcuna utilità contro i russi armati con armi migliori. Ma quando Szombathelyi mi chiamò personalmente quella sera con la sua auto per portarmi a un grande banchetto per i generali, mi sorprese chiedendomi quante delle "divisioni leggere" che avevo suggerito quella mattina stavo chiedendo. Decidendo rapidamente, risposi: "Dodici!" Mi disse che anche lui aveva pensato a un numero simile; aggiunse però che poteva promettermi nove divisioni di fanteria leggere e una divisione corazzata ancora debole, e mi disse che avrebbe formato una seconda divisione corazzata per noi se gli avessimo inviato tempestivamente i carri armati che il Führer aveva promesso personalmente all'Amministratore Imperiale. Infine, c'era anche una divisione di cavalleria disponibile, che Horthy non avrebbe rilasciato a nessun prezzo per il momento. Se avessi però cercato un impegno da parte dell'Amministratore Imperiale su queste linee durante la mia visita del giorno successivo, mi avrebbe supportato. L'unica opposizione sarebbe poi venuta dal Ministro della Guerra e dallo stesso Horthy, in cui il loro Primo Ministro aveva ispirato timori riguardo alle intenzioni della Romania e del Parlamento stesso. Così, raggiungemmo un accordo in quei pochi minuti prima che la macchina ci lasciasse fuori dall'hotel. Io stesso ero soddisfatto del risultato, poiché poche divisioni ben equipaggiate e ben addestrate erano più preziose per noi di un gran numero di unità con solo scarsa potenza combattiva.

Sebbene i nostri colloqui trilaterali la mattina successiva abbiano ancora messo in evidenza una varietà di punti critici quando si trattava di discutere i dettagli, finimmo nel cadere in uno scontro che a un certo punto mi portò persino a minacciare di interrompere i colloqui, un accordo fu quindi finalmente raggiunto e messo per iscritto, soprattutto per quanto riguarda la scala e il programma delle consegne di munizioni tedesche.

Il mio incontro con l'Amministratore Imperiale si svolse più agevolmente di quanto mi aspettassi, poiché il Capo di Stato Maggiore aveva ovviamente preparato il terreno. Il vecchio signore dell'Ungheria era di ottimo umore e il suo atteggiamento nei miei confronti fu molto disponibile. Infine, l'ambasciatore tedesco organizzò un banchetto, durante il quale una conversazione che ebbi in privato con il Primo Ministro Bardossy mi colpì particolarmente: mi disse che si rendeva perfettamente conto che le dieci divisioni sarebbero state utilizzate sul fronte orientale, a differenza del nostro piano di rafforzare le forze di sicurezza che pattugliavano il territorio russo occupato, ma era gravemente preoccupato per la sua incapacità di spiegare al parlamento del popolo ungherese il motivo per cui stavano partecipando alla guerra della Germania. La gente non era affatto preparata a questo; nessuno, disse, pensava alla guerra, tranne forse contro la Romania. Gli risposi che in questa lotta contro il bolscevismo, l'Europa doveva fare uno sforzo massimo ora; quindi, come potevano pensare in termini di regolare vecchi conti con la Romania in questo momento? Era al di fuori di ogni mia comprensione!

La nostra conversazione finì su questa nota, mentre veniva servita la cena. Quel pomeriggio, presi un volo di ritorno al quartier generale del Führer. Senza dubbio, Szombathelyi fu il più lungimirante di tutti loro; esercitò una considerevole influenza sull'Amministratore Imperiale. Questa, almeno, fu la mia impressione.

Dopo che l'11ª armata sotto il generale Ritter von Schobert, attaccando dalla Romania insieme alle truppe rumene, nel mese di agosto del 1941 si collegò con il Gruppo d'armate Sud e, dopo duri combattimenti, liberò la Bessarabia dal nemico, si svolse il primo incontro tra il maresciallo Antonescu e il Führer al quartier generale del Gruppo d'armate Sud del feldmaresciallo von Rundstedt. Dopo una conferenza di guerra e una discussione ad alto livello, il Führer premiò personalmente Antonescu con la Croce di Cavaliere alla presenza di von Rundstedt e mia; era evidente che il maresciallo rumeno era profondamente onorato da questo riconoscimento. Secondo la valutazione del Gruppo d'armate, il suo intervento energico e la sua influenza personale sugli ufficiali e le truppe rumene erano stati esemplari; queste qualità, come avevano visto i suoi aiutanti tedeschi, caratterizzavano il comportamento militare di questo capo di stato.

Naturalmente, Mussolini non voleva restare indietro rispetto all'Ungheria e alla Romania e aveva offerto al Führer un Corpo Italiano leggero (semi-mobile), in cambio della presenza del corpo corazzato di Rommel in Africa. Il Ministero della Guerra fu furioso per questa offerta, che valutò tutt'altro che positivamente, poiché non era un carico ragionevole da porre sul nostro sistema ferroviario già sovraccarico in quell'estate, dato che gli italiani potevano essere trasportati al fronte solo a spese di forniture di guerra per noi indispensabili.

Mentre gli italiani erano in viaggio verso il fronte, Mussolini arrivò al secondo quartier generale del Führer, situato in Galizia, su invito del Führer. I due treni del quartier generale erano stati sistemati in un apposito tunnel ferroviario adattato. La mattina presto volammo tutti in diversi aerei verso Uman, per visitare von Rundstedt; dopo una conferenza generale di guerra e una descrizione della battaglia di Uman da parte di Rundstedt, ci dirigemmo in veicoli motorizzati per ispezionare una divisione italiana.

L'impressione suscitata dall'immensa distesa di terra nera e, secondo gli standard tedeschi, dalla vastità sconfinata delle terre da raccolto dell'Ucraina fu enorme. Spesso, nel paesaggio aperto, dolcemente ondulato e privo di alberi, non si vedeva altro per chilometri e chilometri se non i covoni di un enorme, interminabile campo di grano. Si poteva percepire la verginità del suolo, che secondo gli standard tedeschi è tuttora coltivabile solo per circa un terzo; e poi ancora le vaste distese lasciate a maggese, in attesa della semina autunnale.

Per il Führer e per noi soldati tedeschi, la sfilata e il saluto delle truppe italiane furono - nonostante i loro leali "Evviva il Duce" - una delusione sconfinata: i loro ufficiali erano troppo anziani e a vederli davano un'impressione penosa, il che poteva solo influire negativamente sul valore di alleati tanto dubbi. Come potevano questi "mezzi soldati" reggere il confronto con i russi, se erano già crollati di fronte ai miseri contadini della Grecia? Il Führer però aveva fiducia in Mussolini e nella sua rivoluzione, ma il Duce non era l'Italia, e gli italiani erano italiani ovunque nel mondo. Questi erano i nostri alleati, quegli alleati che non solo ci erano già costati tanto, che non solo ci avevano abbandonato nel momento del bisogno, ma che infine ci avrebbero anche traditi.

Dopo la perdita di mio figlio, un altro colpo amaro fu la morte in azione del mio caro amico von Wolff-Wusterwitz; comandava un reggimento di fanteria della Pomerania, ed era stato ucciso alla testa delle sue fiere truppe mentre le guidava all'attacco.

Dopo che la tensione latente tra il Führer e von Brauchitsch era stata, almeno esteriormente, notevolmente attenuata dalla schiacciante vittoria del Gruppo d'armate Centro nella doppia battaglia di Vjazma-Bryansk, i risultati delle nostre prime sconfitte cominciarono a offuscare la situazione.

Era abitudine di Hitler trovare un capro espiatorio per ogni fallimento, e ancor più quando non poteva non rendersi conto che la colpa delle origini del fallimento era, almeno in parte, sua. Quando von Rundstedt nel sud e von Leeb nel nord furono infine costretti a ritirare le loro punte avanzate che stavano attaccando nei pressi di Rostov sul Don e Tichvin, come Hitler stesso aveva suggerito, non si poteva certo incolpare né il Ministero della Guerra né i due comandanti supremi in questione. Von Rundstedt protestò con forza contro gli ordini che il Ministero della Guerra era stato costretto a trasmettergli, vietandogli di ritirare il fronte sulla linea del fiume Mius. Von Brauchitsch mostrò al Führer il telegramma di protesta, redatto in termini durissimi, che era destinato solo ai suoi occhi in quanto Comandante in Capo dell'Esercito, e non al Führer. Il Führer sollevò von Rundstedt dal comando, non tanto per questa faccenda, quanto perché von Rundstedt (ignaro che dietro agli ordini del Ministero c'era proprio Hitler) aveva minacciato di dimettersi se non si fosse ritenuto capace di comandare.

Il Führer andò su tutte le furie per questo, sapendo bene, in cuor suo, che la responsabilità era sua, e sentendosi tradito da von Rundstedt. Furioso, ordinò il suo immediato congedo e chiamò al suo posto von Reichenau al comando del Gruppo d'armate Sud. Con Schmundt, il Führer volò a Mariupol per incontrare Sepp Dietrich, comandante della divisione corazzata delle SS "Leibstandarte", per sapere, come disse, "la verità" sulla situazione dal suo fidato amico e per confermare i suoi sospetti circa la cattiva conduzione dell'esercito a livello superiore. Hitler però fu deluso: Sepp Dietrich si espresse con onestà e incorruttibilità in difesa del suo superiore dell'Esercito, ed è a lui che si deve l'eliminazione, in quell'occasione, della sfiducia del Führer.

Durante il volo di ritorno, Hitler fece quindi visita al Gruppo d'armate Sud per discutere direttamente con von Rundstedt e, pur non revocando il suo "congedo permanente", gli confermò di aver ritrovato la fiducia in lui.

Al nostro ritorno, Hitler mi espresse la sua soddisfazione per questo fatto, e la sua critica nei confronti del vecchio amico Reichenau, che aveva già assunto il comando del Gruppo d'armate e aveva cominciato a sfruttare le nuove occasioni di conversare con Hitler per commentare in modo offensivo il Comandante in Capo dell'Esercito e altri alti ufficiali, fu decisamente aspra: Reichenau pensava che fosse giunto il momento di sfruttare la sua nuova posizione per incitare contro tutti quelli che personalmente non approvava. Il risultato fu l'opposto, altrimenti Hitler difficilmente mi avrebbe confermato per la seconda volta che il mio giudizio iniziale su Reichenau era stato giusto: non sarebbe stato un buon Comandante in Capo dell'Esercito. Fu allora che capii con certezza che, se mai von Brauchitsch fosse stato sollevato dal suo incarico, Hitler non avrebbe mai nominato Reichenau come suo successore.

All'inizio di dicembre, l'offensiva per Tichvin nel nord, che il Führer aveva lanciato tatticamente contro il parere del Ministero della Guerra, ma che già conteneva in sé i germi del fallimento, subì una battuta d'arresto. Anche se Tichvin fosse stata conquistata, non si sarebbe potuta mantenere. L'obiettivo strategico di tagliare le comunicazioni retrostanti di Leningrado raggiungendo il Lago Ladoga, e in seguito collegarsi con i finlandesi, dovette essere abbandonato. In diverse conversazioni telefoniche con il Führer, alle quali ebbi modo di assistere, il feldmaresciallo von Leeb chiese insistentemente di ottenere libertà d'azione e il permesso di ritirare quel settore del suo fronte dietro la linea del fiume Volchov in tempo utile, per accorciare il fronte e liberare forze da tenere di riserva. Non ottenne alcun successo, e conseguentemente il nemico riconquistò le posizioni che non eravamo più in grado di mantenere; alla fine, si presentò di persona al quartier generale del Führer per chiedere di essere sollevato dall'incarico, poiché si sentiva troppo vecchio e i suoi nervi non reggevano più lo stress. Fu rimosso dal comando, come aveva chiesto; ovviamente, la cosa "faceva comodo" a Hitler.

So che i pensieri che scorrevano silenziosamente nella mente di Hitler erano rivolti alla posterità: sacrificò quei due comandanti di prim'ordine solo per fornire dei "capri espiatori" per i primi rovesci; non voleva in alcun modo riconoscere che la colpa era, in realtà, tutta sua.

Queste prime crisi, in realtà non particolarmente significative, furono praticamente sommerse dall'improvviso ingresso del Giappone in guerra e dall'ondata di ottimismo che ne seguì. Contesto con veemenza che Hitler ne fosse stato informato in anticipo o che avesse avuto qualche influenza sui giapponesi; nemmeno il miglior attore del mondo avrebbe potuto simulare una reazione del genere. La verità era che Hitler era davvero convinto dell'autenticità dei colloqui tra americani e giapponesi a Washington, e l'attacco a Pearl Harbor lo colse completamente di sorpresa.

Jodl ed io eravamo presenti quella notte, quando, per l'unica volta durante la guerra, Hitler fece irruzione da noi con il telegramma in mano. Ebbi l'impressione che il Führer si sentisse improvvisamente liberato da un incubo: la guerra tra il Giappone e l'America sembrava avergli tolto un enorme peso dalle spalle; certamente ci portava un certo sollievo dalle conseguenze dello stato di guerra non dichiarato con gli Stati Uniti.

Molto prima che osassero esprimere apertamente i loro dubbi al Führer, il Ministero della Guerra aveva già perso fiducia nella nostra capacità di ottenere una vittoria decisiva conquistando la capitale sovietica prima dell'arrivo dell'inverno. Non solo i soldati mostravano segni evidenti di stanchezza, non avevano avuto un attimo di riposo dalla doppia battaglia di Vjazma-Bryansk, ma il freddo si faceva sempre più intenso, e la mancanza di vestiario invernale mieteva numerose vittime.

Dopo essersi ripreso da un grave attacco di cuore, tenuto segreto all'epoca, Brauchitsch si recò al fronte per diversi giorni e, come appresi in seguito dai comandanti in prima linea, discusse con loro la questione di dove sarebbe stato opportuno ritirare il fronte, nel caso - come temuto - l'attacco non fosse riuscito a sfondare: dove passare l'inverno e come costruire riserve dietro un fronte accorciato, sempre ammesso che tale misura si rendesse inevitabile. A mio parere, era dovere del comandante in capo prendere in tempo simili precauzioni.

Un nuovo attacco cardiaco, unito a un crollo nervoso in quest'ufficiale amareggiato, costrinse Brauchitsch a tornare a letto per diversi giorni. Halder, che continuava a presentarsi ogni giorno alle riunioni informative del Führer, naturalmente si teneva aggiornato sulla situazione al fronte. Era evidente che anche Hitler si rendeva conto che si stava profilando una crisi, ma si ostinava a respingere tutti i piani del Ministero della Guerra illustrati da Halder.

Nel frattempo, il gelo e il freddo si erano intensificati, provocando gravi perdite tra le truppe. Hitler rimproverò duramente il Ministero della Guerra per non aver provveduto in tempo alla distribuzione di indumenti invernali, stufe da trincea e simili.

Sapeva benissimo che il trasporto al fronte dell'equipaggiamento invernale necessario era impossibile in una campagna così prolungata, quando mancavano perfino munizioni e viveri a causa della crisi logistica in corso. Per ogni giorno che passava, il freddo diventava più intenso, sempre più uomini cadevano vittime dei congelamenti, i carri armati si guastavano perché i radiatori si ghiacciavano, e infine si dovette ammettere che non vi era più alcuna prospettiva realistica di proseguire l'offensiva. Nessuno che non fosse presente può immaginare lo stato d'animo del Führer quel giorno, poiché lui stesso si era già da tempo reso conto che una catastrofe militare era imminente, per quanto cercasse di nasconderla al suo stato maggiore; ora cercava capri espiatori cui attribuire la responsabilità della mancata assistenza alle truppe e di molte altre mancanze.

Le vere ragioni della disfatta furono tenute nascoste, benché fossero evidenti: Hitler aveva sottovalutato la capacità di resistenza del nemico, il rischio di un inverno precoce quell'anno, e aveva preteso troppo dalla capacità di combattimento delle truppe nelle battaglie senza fine a partire da ottobre; e infine, mancavano i rifornimenti necessari. Sono convinto che Brauchitsch avesse capito che bisognava in qualche modo aggirare l'inflessibilità sia del fronte sia del Führer; non poteva certo sfuggirgli che presto si sarebbe cercato un colpevole, e che quel colpevole non sarebbe stato Hitler. Come mi disse lui stesso quel giorno, il 19 dicembre 1941, trovò tutto il coraggio possibile e litigò con Hitler per quasi due ore. Io non ero presente, ma so che nel corso dell'accesa discussione chiese di essere sollevato dal suo incarico, adducendo come motivo aggiuntivo il suo stato di salute (come era comunque suo dovere fare).

Passò a salutarmi brevemente subito dopo e disse solo: "Torno a casa, mi ha cacciato. Non ce la faccio più". Alla mia domanda: "E adesso cosa succederà?", Brauchitsch rispose: "Non lo so: chiedilo a lui". Era chiaramente molto agitato e abbattuto. Poche ore dopo fui convocato dal Führer; mi lesse un breve Ordine del Giorno redatto da Schmundt e da lui stesso, in cui annunciava che assumeva personalmente il comando dell'Esercito; l'Ordine doveva essere diffuso immediatamente a tutte le forze dell'Esercito. Un secondo ordine, di natura interna, subordinava lo Stato Maggiore dell'Esercito direttamente alla persona del Führer, mentre le responsabilità amministrative del Ministero della Guerra venivano trasferite a me, con la limitazione che dovevo attenermi alle direttive del Führer; quest'ultimo ordine fu trasmesso soltanto a Halder, in qualità di Capo di Stato Maggiore, e non fu divulgato oltre.

Così, anche se non fu reso pubblico il fatto che la rimozione da parte del Führer del Comandante in Capo dell'Esercito era avvenuta di comune accordo, era chiaro che si era trovato un capro espiatorio per le sconfitte dell'Esercito e per la crescente crisi nella disastrosa battaglia che si stava combattendo a una quindicina o ventina di miglia dalle porte di Mosca, anche se non era ancora stato pubblicamente identificato.

W. Keitel
Feldmarschall a.D.

CAPITOLO 4

LA CAMPAGNA DI RUSSIA 1941-1943

Nutrivo i più gravi dubbi riguardo alla presa di comando dell'Alto Comando dell'Esercito da parte del duo Hitler-Halder, poiché avevo ben percepito quanto fossero inadatti l'uno all'altro. Nei nostri circoli privati, il Führer aveva spesso preso in giro Halder, definendolo un "ometto". Anche se questa sgradevole abitudine di scegliere ufficiali assenti come bersaglio dei suoi scherzi non era poi così grave in un uomo come Hitler, dato che erano davvero pochi coloro che risparmiava dalle sue derisioni; mi sembrava discutibile che un tale team potesse mai funzionare bene. Io stesso proposi a Hitler che Jodl fosse nominato Capo di Stato Maggiore Generale dell'Esercito, poiché lo aveva conosciuto e rispettato; suggerii inoltre che il Generale von Manstein prendesse il posto di Jodl come Capo dello Stato Maggiore delle operazioni militari, in altre parole, che diventasse il Capo di Stato Maggiore delle Forze Armate, con una nuova definizione dei suoi compiti rispetto a me in quanto Capo dell'Alto Comando. Sorprendentemente, Hitler non rifiutò la proposta sul momento, ma disse che avrebbe voluto discuterne prima con Schmundt e rifletterci. Senza riferire alcuna discussione tra loro, Schmundt in seguito mi informò che il Führer voleva mantenere Jodl nell'OKW e aveva deciso di lavorare con Halder: probabilmente sarebbe andato tutto bene, perché, al di là di tutto, Halder era onesto, leale, affidabile e obbediente.

Una cosa era chiara per me (e nulla di ciò che disse Schmundt sminuì questa convinzione): per quanto grande fosse il rispetto di Hitler per Manstein, rimaneva un personaggio che temeva in una certa misura; temeva le sue idee indipendenti e la forza del suo carattere. Quando confidai la mia proposta a Jodl, egli condivise la mia opinione: "Con Manstein, non avrebbe mai funzionato". Una volta presa la decisione, feci tutto il possibile per rafforzare la posizione di Halder con il Führer, per sostenerlo e informarlo sul funzionamento della mente di Hitler quando ne ero a conoscenza, e per dargli buoni consigli. Feci tutto ciò che era in mio potere per costruire una fiducia duratura tra loro. In ogni caso, era nel mio interesse, perché ero io a dover soffrire e riparare le conseguenze di ogni crisi latente di fiducia. A poco a poco, mi stavo stancando di essere il bersaglio dell'odio di tutti, come se fossi responsabile ogni volta che Hitler decideva che la faccia di questo o quel generale non era più adatta. Verso la metà di dicembre, dopo il nostro ritorno dalla sessione del Reichstag dell'11 dicembre 1941 a Berlino, sull'ingresso del Giappone in guerra, il tempo era cambiato drasticamente in pochi giorni, passando dal fango e dal gelo a un freddo infernale, con tutte le conseguenze catastrofiche per le truppe, vestite com'erano solo di indumenti invernali improvvisati. Ma il peggio era che, oltre ai guasti ai mezzi di trasporto, il sistema ferroviario si era completamente bloccato: le locomotive tedesche con le loro torri dell'acqua si erano congelate.

Di fronte a questa situazione, il primo ordine di Hitler per il fronte orientale fu: "Resistere, non un passo indietro!" Questo perché aveva correttamente capito che ritirarsi anche solo di poche miglia equivaleva a rinunciare a tutte le nostre armi pesanti; in tal caso, le truppe stesse potevano considerarsi perdute, perché senza armamenti pesanti esse erano assolutamente indifese, per non parlare del fatto che artiglieria, cannoni anticarro e veicoli erano insostituibili. In realtà, non c'era altra soluzione che resistere e combattere, se l'esercito non voleva ritirarsi senza armi e subire lo stesso destino di Napoleone nel 1812. Ovviamente, ciò non escludeva ritiri ben preparati e limitati verso posizioni difensive migliori, purché i movimenti fossero tenuti saldamente sotto controllo.

Mentre su entrambi i lati del fronte i grandi eserciti si congelavano, a ovest di Mosca e nel settore centrale del Gruppo d'Armate Centro iniziarono a scoppiare crisi locali durante i combattimenti. Il Feldmaresciallo von Kluge telefonò personalmente al Führer una notte, in mia presenza, con una

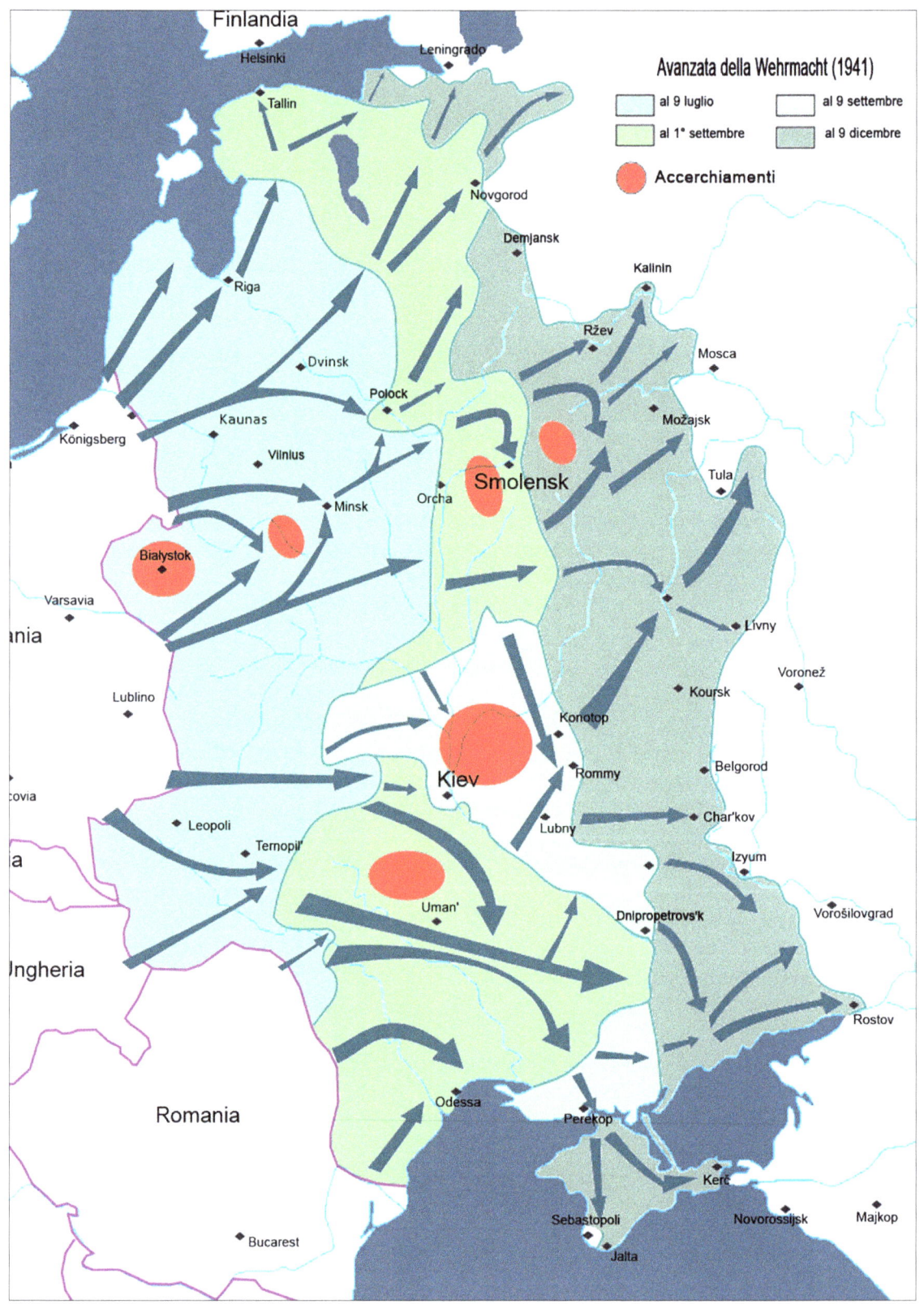

▲ Mappa dell'operazione *Barbarossa* nel momento di massimo successo, con le truppe tedesche alle periferie di Mosca e Leningrado (1941). Wiki CC-1

lamentela accesa contro il Colonnello Generale Hoepner[1], che aveva ordinato il ritiro del suo esercito per qualche distanza, in sfida all'ordine del Führer, e che di conseguenza metteva gravemente in pericolo il fianco settentrionale adiacente dell'esercito di von Kluge. Il Führer andò su tutte le furie e ordinò l'immediata rimozione di Hoepner dal comando dell'esercito e il suo congedo dalle forze armate per disobbedienza deliberata e premeditata; Halder era al quartier generale dell'Ufficio di Guerra in quel momento, quindi non era presente. Il Führer inveì per tutta la notte nella nostra sala di lettura, maledicendo i suoi generali che non erano stati educati a obbedire. Avrebbe fatto un esempio di lui—avrebbe annunciato ciò che aveva fatto a Hoepner in un Ordine del Giorno, come monito per tutti coloro che osavano sfidare i suoi ordini espliciti seguendo i propri capricci.

Un caso simile emerse durante il Natale 1941 e il Capodanno, coinvolgendo Guderian. Egli era al comando della Seconda Armata Corazzata mentre attaccava Mosca da sud, attraverso Tula, solo per congelarsi letteralmente nel freddo. Il Gruppo d'Armate Centro aveva pianificato, con il permesso del Führer, di ritirarlo verso ovest nel varco a sud della Quarta Armata di von Kluge. Guderian, tuttavia, aveva elaborato il suo programma, che prevedeva una ritirata verso sud lungo la sua precedente rotta di attacco, passo passo, dopo aver fatto saltare in aria la maggior parte dei suoi carri armati che si erano appena congelati nel fango, per non lasciarli al nemico. Il Feldmaresciallo von Kluge aveva cercato invano di influenzare Guderian, ma quest'ultimo si rifiutava di eseguire l'ordine di ritirata "impossibile" che gli era stato dato. Von Kluge chiese il licenziamento del generale, che Hitler ordinò immediatamente: Guderian fu convocato al quartier generale del Führer

Ero presente durante l'incontro tra Hitler e Guderian, avvenuto il 20 dicembre 1941. Egli rimase irremovibile di fronte a tutte le esortazioni e rimostranze del Führer, dicendo che non considerava né necessario né giustificato l'ordine del Gruppo d'Armate, e non accettava le ragioni del Führer; per lui, spiegò, il benessere delle sue truppe era la priorità, aveva agito di conseguenza ed era fermamente convinto di aver agito correttamente. Alla fine, il Führer si arrese e, mantenendo una compostezza assoluta, congedò Guderian con il suggerimento che avrebbe potuto recarsi da qualche parte a riprendersi dopo questo enorme sforzo nervoso. Dopo questo episodio, Guderian andò in pensione; soffrendo terribilmente per la sua temporanea inattività.

Il terzo caso si verificò nel gennaio 1942, nella Nona Armata del Colonnello Generale Strauss sul fianco sinistro del Gruppo d'Armate Centro. Questa volta furono coinvolti il generale comandante del Sesto Corpo d'Armata, il Generale Foerster, e uno dei suoi comandanti di divisione che a mio parere, avevano completamente perso la testa e furono rimandati a casa. Preferirei non entrare nei dettagli della violenta battaglia difensiva e delle circostanze deplorevoli che caratterizzarono questi licenziamenti; era ovvio che c'era stata un'ingiustizia a causa di rapporti errati dell'aviazione.

Sarebbe una distorsione della verità, tuttavia, se non sottolineassi a questo punto che il modo in cui abbiamo fortunosamente scongiurato il disastro può essere attribuito solo alla forza di volontà, alla fermezza e alla severità inflessibile dimostrata da Hitler. Se il piano d'emergenza miope ed egoista ideato dai generali di prima linea stanchi e apatici del Gruppo d'Armate Centro, soffrendo terribilmente per il freddo, non fosse stato bloccato dall'opposizione spietata e intransigente, dalla volontà ferrea del Führer, l'esercito tedesco avrebbe inevitabilmente subito nel 1941 lo stesso destino dei francesi di napoleone nel 1812.

Devo esprimermi chiaramente su questo punto, perché sono stato testimone di quelle terribili settimane. Tutti i nostri armamenti pesanti, tutti i nostri carri armati, tutti i nostri veicoli a motore sarebbero stati abbandonati sul campo di battaglia. Le truppe avrebbero capito di essere praticamente indifese, avrebbero gettato via fucili e cannoni e sarebbero fuggite, con un nemico spietato alle calcagna.

---

1   **Erich Hoepner** (1886 – Berlino, 8 agosto 1944) generale tedesco. A seguito di un ritiro parziale delle sue truppe in Russia, fu congedato con disonore dall'esercito con la motivazione di "codardia e disobbedienza", con perdita di tutte le decorazioni e divieto di indossare l'uniforme. Prese poi parte attiva al complotto contro Hitler, catturato venne quindi impiccato nella prigione di Plötzensee

Fu sotto questo peso, che ci preoccupava profondamente, che trascorremmo un Natale triste al quartier generale del Führer. Organizzai una breve festa nella grande mensa delle guardie per i sottufficiali e le truppe assegnate al quartier generale del Führer, con la partecipazione anche dei loro ufficiali; feci un discorso sulla lotta sul fronte orientale e sul nostro amore per la Patria. C'erano ombre scure di ansia su ogni volto, mentre cominciavamo a cantare con reverenza ma tristezza: "Notte silenziosa, notte santa".

All'inizio di gennaio 1942, l'intero fronte orientale era riuscito a riorganizzarsi dalla struttura d'attacco che lo aveva caratterizzato fino all'inizio di dicembre a un fronte difensivo relativamente ordinato. Ma non si poteva parlare di una tregua invernale. I russi erano estremamente attivi e in diversi punti lungo il nostro fronte, dove era stato gravemente indebolito da perdite e guasti, e consisteva praticamente solo di pochi avamposti, passarono all'offensiva. Ora l'iniziativa era del nemico; fummo costretti a tornare a disposizioni difensive e pagammo il prezzo con perdite non insignificanti.

A febbraio, dovetti imporre un nuovo programma a Speer, il nuovo Ministro del Reich per gli Armamenti e le Munizioni (il Dr. Todt era morto in un incidente aereo all'aeroporto del quartier generale del Führer all'inizio di quel mese); il programma prevedeva il rilascio immediato per il servizio di prima linea di duecentocinquantamila soldati dell'esercito che erano stati messi a disposizione per la produzione di munizioni. Fu l'inizio della lotta per la manodopera, una lotta che non sarebbe mai finita. Durante quei primi mesi invernali, l'esercito aveva perso oltre centomila uomini, e il doppio nel dicembre 1941 e nel gennaio 1942.

Una riduzione della forza divisionale da nove a sette battaglioni era inevitabile, mentre contemporaneamente si facevano notevoli incursioni nelle truppe non combattenti dei reparti di rifornimento, la "coda" dell'esercito, che furono drasticamente ridotte. Questa mia prima iniziativa nel febbraio 1942 segnò l'inizio per me di una lotta infinita e straziante con le autorità civili dell'economia di guerra, una lotta per la manodopera per mantenere la forza combattente delle forze armate e soprattutto quella dell'esercito.

Rispetto all'esercito, le esigenze di manodopera fresca della marina e dell'aviazione erano minime, mentre quelle delle Waffen-SS salivano a una curva ripida nel grafico, un sifone insaziabile che scremava la crema della gioventù tedesca. Con il totale sostegno del Führer, le Waffen-SS avevano attirato nelle loro file le sezioni più preziose della gioventù tedesca in tutti i modi, con metodi di propaganda aperti e nascosti, legali e illegali, e anche con tattiche di pressione indiretta; i migliori elementi della gioventù, che sarebbero stati perfetti futuri comandanti e ufficiali per l'esercito, furono così persi per noi.

Tutte le mie proteste al Führer furono vane; si rifiutò di avere a che fare con le mie argomentazioni. Solo menzionare l'argomento provocava un suo scoppio d'ira: sapeva della nostra avversione e del nostro disprezzo per le sue Waffen-SS perché erano un'élite, diceva, un'élite che veniva addestrata politicamente nel modo che aveva sempre avuto in mente, qualcosa che l'esercito si era rifiutato di fare; ma era sua intenzione irrevocabile incanalare nelle Waffen-SS quanti più giovani, fra i migliori di tutto il paese che vi si offrissero volontari—non ci sarebbe stato alcun limite al numero di volontari. La mia protesta che i metodi di reclutamento erano spesso molto discutibili e persino illegali, anche attraverso tangenti ad esempio, non ottenne nulla se non farlo andare su tutte le furie e chiedere prove per le mie affermazioni, che ovviamente non fornii mai, per proteggere i miei informatori, per lo più padri e insegnanti delle scuole superiori, dalle persecuzioni della polizia segreta di stato. Non c'era da meravigliarsi se la qualità combattiva di un esercito che aveva da tempo perso i suoi giovani ufficiali e leader più coraggiosi precipitava sempre più in basso se era privato dei suoi rinforzi più preziosi, e se per tappare i buchi nei suoi ranghi veniva rifornito solo con un numero crescente di ex operai delle munizioni che pensavano di aver evitato la guerra e tutti i suoi orrori da tempo e che ora venivano rimandati a frotte e con sentimenti decisamente contrastanti al fronte. Oltre a questi, l'esercito otteneva ulteriori rinforzi necessari per riempire le sue unità sempre più ridotte

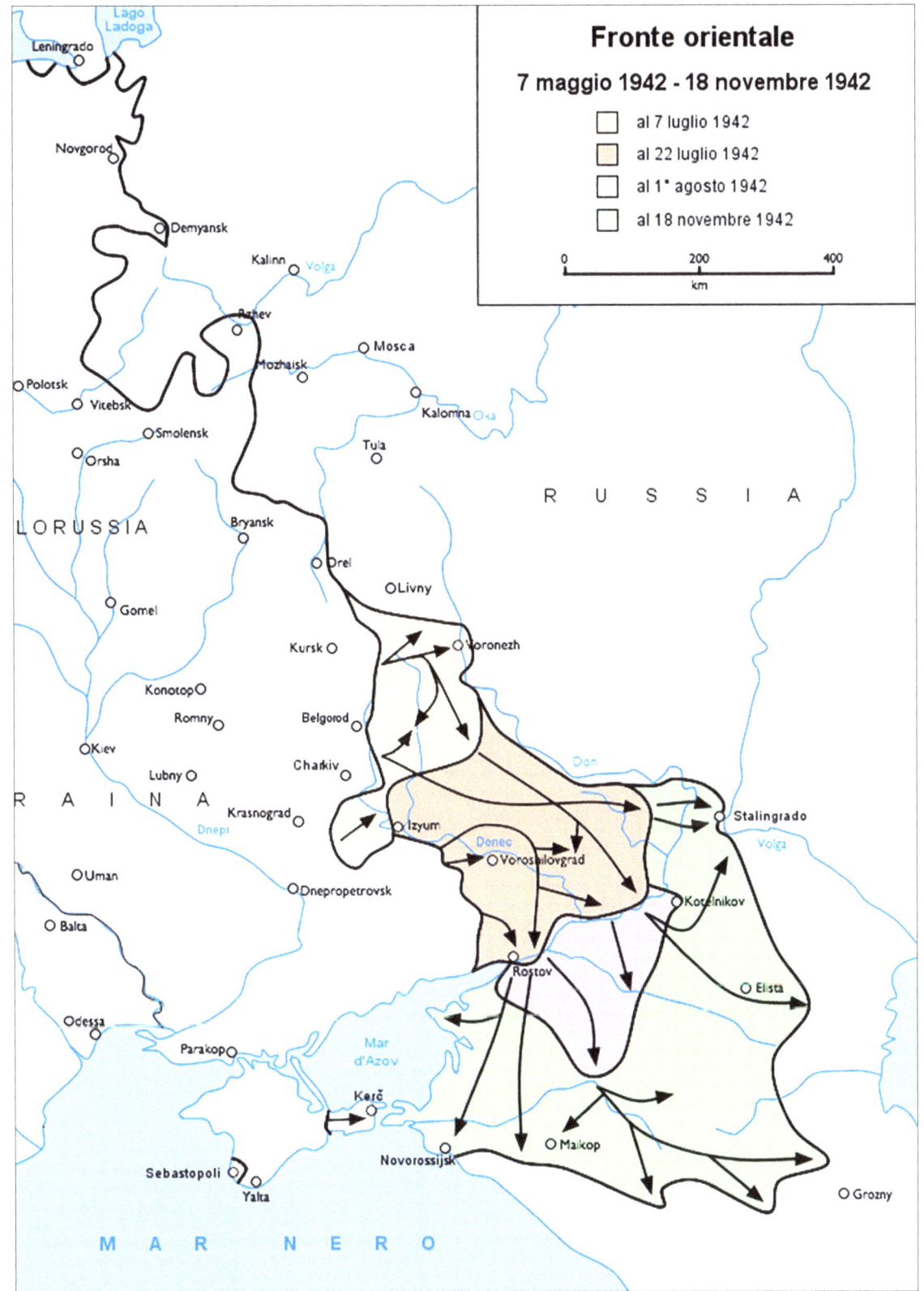

▲ Mappa dell'operazione attorno a Stalingrado (1942). L'avanzata tedesca durante la denominata operazione Blu, dal maggio al novembre 1942. Wiki CC-1

attraverso i cosiddetti "rastrellamenti" sia in Germania che tra le innumerevoli formazioni e unità di quella che era eufemisticamente chiamata la "zona delle comunicazioni", un concetto che non mancava di meritarsi tutta la sua discutibile reputazione. Non intendo sprecare fiato sul valore di questi rinforzi; ovviamente c'erano anche alcuni combattenti preziosi e onorevoli che tornavano al fronte, specialmente quelli che rientravano dagli ospedali militari in Germania; ma la maggior parte non era entusiasta del loro incarico. Nessuna meraviglia che lo spirito combattivo delle truppe e la loro disponibilità a sacrificarsi calassero permanentemente.

Come soldato di prima linea nella Prima Guerra Mondiale, il Führer non aveva affatto escluso pensieri simili dalla sua mente, ma trovava sempre conforto nella convinzione che il nemico sarebbe stato almeno nella stessa situazione, se non peggiore, di noi.

Speer riusciva sempre a fare in modo che i vari datori di lavoro dell'economia di guerra, compresi quelli del settore pubblico, le Ferrovie del Reich, le Poste, e così via; avessero il diritto di rilasciare gli uomini il cui servizio sembrava meno indispensabile, mentre trattenevano per sé i dipendenti più preziosi; in questo modo potevano rispettare numericamente, almeno approssimativamente, le quote richieste. Ma ovviamente i lavoratori più facilmente sostituibili sono senza dubbio non i migliori soldati, e certamente non giovani e attivi uomini con addestramento militare.

Poi Sauckel, il Commissario Generale per l'Utilizzo della Manodopera, doveva trovare sostituti per i vuoti causati nell'economia di guerra, per lo più lavoratori non qualificati dalla Germania e dai territori occupati. Non fu altri che lo stesso Sauckel a, non solo riconoscere le mie opinioni sul problema, ma a confidarmi apertamente che in questo "affare" erano le forze armate a essere truffate e che l'industria delle munizioni non solo scaricava su di noi manodopera senza valore, ma di fatto spesso nascondeva lavoratori qualificati, conservandoli e proteggendoli dalla chiamata, per puro egoismo, trattenendoli per un possibile sfruttamento altrove in seguito. Sauckel stimava che il numero di uomini che evadevano illegalmente il servizio militare, in questo modo, fosse di almeno mezzo milione, per lo più uomini che sarebbero stati il tipo migliore di soldato.

Cosa non avrebbero significato questi uomini mancanti per il fronte orientale? È una semplice aritmetica: centocinquanta divisioni di tremila uomini ciascuna, che avrebbero aumentato l'organico dell'esercito del cinquanta per cento. Invece, le sue unità in diminuzione venivano riempite con attendenti e seguaci dell'accampamento e simili, mentre le loro posizioni nei reparti di rifornimento dell'esercito venivano occupate da volontari tra i prigionieri di guerra russi.

Ho sempre saputo che non solo il mantenimento, ma il massimo aumento possibile della produzione di munizioni è un prerequisito vitale per una guerra, perché la sostituzione di equipaggiamenti logori e obsoleti è il prerequisito per il mantenimento della forza combattente delle truppe; mi rendevo pienamente conto che più la guerra durava e più cominciava a somigliare alla guerra statica da trincea della Prima Guerra Mondiale, con il suo colossale dispendio di munizioni e materiali, maggiore sarebbe stato il nostro dispendio di munizioni e armamenti. Ma nonostante tutto, ho sempre creduto che in ultima analisi sia l'uomo che combatte usando le armi l'elemento primario in un esercito degno di battaglia, e che il suo spirito combattente dipende da lui. Senza di lui, le migliori armi e le munizioni più abbondanti del mondo sono una magra consolazione.

Era caratteristico del *modus operandi* di Hitler ottenere il massimo sforzo mettendo le parti opposte l'una contro l'altra, in questo caso giocando con il Ministro delle Munizioni nella sfera materiale contro di me come Capo dell'Alto Comando nella sfera della manodopera; faceva richieste a ciascuno di noi che sapeva essere impossibili e poi lasciava che noi combattessimo per risolverle. Io avevo bisogno di soldati, Speer aveva bisogno di operai per le munizioni; io volevo rafforzare le nostre forze di prima linea che erano in costante declino, Speer, a sua volta voleva evitare il declino della produzione di armamenti, e anzi aumentarla secondo gli ordini che gli erano stati dati. Entrambi gli obiettivi erano reciprocamente inconciliabili e impossibili da realizzare se il Commissario Generale per l'Utilizzo della Manodopera non forniva i lavoratori. Piccola meraviglia che Speer e io mettessimo pressione su Sauckel, perché io non avrei ottenuto soldati se Speer non avesse ricevuto sostituti

▲ Unione Sovietica del Nord: revisione della Situazione strategica, da destra Wilhelm Keitel, Adolf Hitler, Walther von Brauchitsch, Friedrich Paulus e staff dell'OKW. Bundesarchiv Wiki cc-1

▲ Notissima immagine ripresa nel quartier generale a Rastenburg che mostra da sinistra a destra: Keitel, Goering, Hitler e Bormann. Bundesarchiv Wiki cc-1

per quei suoi operai chiamati al servizio militare, nessuno dei quali avrebbe rilasciato prima che arrivassero i loro sostituti.

Quando Speer accusò le forze armate davanti a Hitler di impiegare troppe persone nella loro "coda", nell'esercito di base, nell'aviazione, in convalescenza negli ospedali militari, nelle unità di convalescenza, nelle zone delle comunicazioni, e così via, le sue proteste furono applaudite; ma quando dichiarai che l'economia di guerra accumulava e nascondeva manodopera, per essere pronta a qualsiasi evenienza: lavoro su più turni, contratti extra e simili, fui insultato, perché io, come profano, non potevo sapere nulla della produzione industriale; mi fu detto di stanare i "rastrellamenti di uomini nelle famigerate zone delle comunicazioni"! C'erano centinaia di migliaia di imboscati e fannulloni che si nascondevano lì. Era un tiro alla fune senza fine perché l'arco era stato teso troppo, anche se lo sfruttamento razionale della manodopera militare e industriale non aveva ancora raggiunto i limiti estremi della praticabilità. L'inadeguatezza umana e l'egoismo di quelli coinvolti erano tutti contro di esso.

Potrei scrivere un libro solo su questa tragedia degli ultimi tre anni di guerra, senza esaurire l'argomento. Le conseguenze della carenza di manodopera nell'esercito sono chiaramente illustrate da due statistiche: il tasso di logoramento mensile dell'esercito in tempi normali, a parte le grandi battaglie, era in media di 150.000-160.000 uomini, dei quali in media circa 90.000-100.000 potevano essere sostituiti. Le reclute di una classe di leva erano in media 550.000 durante gli ultimi anni; quindi, se per espresso ordine le Waffen-SS "dovevano" ricevere 90.000 volontari da quel numero (e niente di simile a quel numero si offrì mai volontario) e l'aviazione 30.000 uomini, e la Marina lo stesso numero, allora era già quasi un terzo della classe di leva perso per la Wehrmacht.

Solo quando la stagione del fango primaverile ricominciò nell'aprile del 1942, gli attacchi settoriali che i russi avevano portato avanti lungo tutto il nostro fronte fino ad allora cominciarono a diminuire. Era ovvio che il loro obiettivo fosse quello di non lasciarci alcuna vera tregua, creando punti di crisi attaccando prima qui e poi là, ma senza un obiettivo strategico maggiore e chiaro. Le uniche posizioni veramente pericolose dal punto di vista tattico erano il cuneo profondo spinto a sud di Orel e la sacca di Demyansk. Mentre quest'ultima alla fine fu abbandonata, si presentò la possibilità di iniziare un'azione di accerchiamento nel sud, a est di Poltava, soprattutto perché le condizioni del terreno e del tempo avrebbero permesso di iniziare le operazioni lì circa quattro settimane prima che lungo i settori centrale e settentrionale del fronte, e i russi ci obbligarono offrendoci un obiettivo strategicamente valido, concentrando le loro truppe e aumentando i loro attacchi lì. Hitler decise quindi di precedere l'operazione estiva che aveva personalmente pianificato con un'offensiva indipendente contro il cuneo russo che avanzava verso Poltava.

Era ovvio che il piano della campagna di Hitler, di cui era l'unico ideatore, non poteva prevedere un'ulteriore ripresa dell'offensiva generale sul fronte orientale, vista la drastica carenza di manodopera e la nostra responsabilità di rimanere sulla difensiva ovunque; per questo motivo aveva deciso una svolta sul fianco settentrionale del Gruppo d'Armate Sud, che era sotto il comando del Feldmaresciallo von Bock a seguito della morte di Reichenau avvenuta il 17 gennaio 1942. Dopo una svolta delle forze corazzate verso Voronezh-sul-Don, il Gruppo d'Armate, rafforzando costantemente il suo fianco settentrionale, avrebbe dovuto srotolare il fronte russo lungo il Don e avanzare su Stalingrado da questo fianco mentre il fianco meridionale avanzava sul Caucaso, invadendo i campi petroliferi dei suoi pendii meridionali e catturando i passi posti sul Caucaso.

Mentre tutte le forze che potevano essere risparmiate sul fronte orientale dovevano essere ritirate per questa operazione, in particolare le armate corazzate, la Crimea doveva essere occupata allo stesso tempo in preparazione di un attraversamento dalla penisola di Kerch nelle regioni petrolifere del Caucaso; l'Ufficio di Guerra aveva pianificato questo già da marzo.

Per Hitler, il primo requisito essenziale dell'operazione era ingannare i russi sul suo vero obiettivo con l'avanzata su Voronezh, circa a metà strada tra Mosca e la regione del Donetsk, per dare loro l'impressione di una svolta deliberata a nord e verso Mosca e indurli a tenere le loro riserve lì. In secondo luogo, pianificò di tagliare i vari collegamenti ferroviari nord-sud tra Mosca e le regioni industriali e petrolifere, e poi, girando improvvisamente e inaspettatamente verso sud lungo il Don, di invadere la stessa regione del Donetsk, prendere il controllo dei campi petroliferi del Caucaso e bloccare il Volga vicino a Stalingrado al traffico fluviale destinato alla Russia interna; questo perché quel fiume trasportava le forniture di petrolio della Russia, con centinaia di petroliere che risalivano da Baku. Le nostre truppe alleate, quelle della Romania, dell'Ungheria e dell'Italia, avrebbero dovuto proteggere il lungo fianco settentrionale del nostro esercito lungo l'ostacolo naturale rappresentato dal fiume Don con le loro trenta divisioni circa, che si poteva presumere fossero al riparo dal pericolo di attacco dal fiume stesso.

Durante la mia visita a Bucarest nell'ottobre del 1941, per la parata della vittoria tenuta per celebrare la cattura di Odessa, avevo già discusso in dettaglio l'aiuto militare rumeno per il 1942 con Antonescu. Ubriacato dalla riconquista della Bessarabia e dall'occupazione di Odessa (un vecchio sogno rumeno) Antonescu non fu difficile da portare a patti: ancora una volta si trattava di un certo "baratto", con le sue truppe scambiate per armamenti e munizioni da noi, ma il punto dolente era ancora il *Patto di Vienna* che aveva obbligato la Romania a cedere all'Ungheria quella che, di fatto, era la parte maggiore della Transilvania.

Antonescu chiedeva quindi che l'Ungheria fornisse un contingente uguale di truppe per il 1942. Se quest'ultimo paese non avesse fornito un contributo decisivo, prevedeva un pericolo per la Romania, perché il conto doveva essere poi regolato con l'Ungheria: quest'ultimo paese manteneva forti concentrazioni di truppe al confine con la Romania, quindi la Romania avrebbe dovuto fare lo stesso contro l'Ungheria, il che avrebbe limitato notevolmente la portata del suo contributo al nostro attacco alla Russia.

Protestai che durante una guerra con l'Unione Sovietica, che avrebbe liberato entrambi i paesi dall'immenso pericolo rappresentato dal bolscevismo, qualsiasi discorso su ostilità tra Romania e Ungheria era una pazzia assoluta; ma le mie proteste non ebbero alcun effetto su di lui, anche se il pericolo più immediato che minacciava entrambi i loro paesi era stato eliminato solo poche settimane prima. O era, in effetti, proprio per questo che erano così bellicosi?

In ogni caso, Antonescu promise la sua ulteriore partecipazione alla nostra guerra contro la Russia con un contingente di quindici divisioni, se avessimo garantito di modernizzarle e ri-equipaggiarle completamente, cosa a cui naturalmente acconsentii, per quanto difficile e complicato sarebbe stato per noi. In effetti, l'esercito rumeno era più facile da soddisfare, poiché era già stato originariamente equipaggiato in gran parte con armi standard dell'industria bellica francese e potevamo soddisfare le loro richieste a sufficienza con il bottino che avevamo preso lì.

Il modo in cui era avvenuta la mia visita a Bucarest fu questo: Hitler aveva rifiutato un loro invito, e Göring era stato riluttante ad andarci perché aveva messo Antonescu alle strette sulla questione delle consegne di petrolio della Romania; il risultato fu che ci andai io, come rappresentante delle forze armate tedesche alla parata della vittoria. Soggiornai come ospite del giovane re al castello reale, dove, insieme ad Antonescu, ebbi un'udienza con il re e la regina madre (la moglie del re esiliato, che aveva da tempo trovato una sostituta adatta per lui nella sua amante, Madam Lupescu). A ventun anni, il re era un giovane alto, magro e di bell'aspetto, ancora piuttosto goffo nei modi ma non antipatico; la regina madre era ancora una donna molto attraente e mondana. Antonescu pose fine alla nostra frivola conversazione con la frase che era ora di partire per la parata e la cerimonia preliminare di investitura. Diverse volte Antonescu mi chiese la mia opinione sulla sfilata, che secondo gli standard tedeschi era più che sgangherata. Mi affrettai a fargli notare che, naturalmente, non si potevano usare le nostre grandi parate di truppe tedesche come standard di confronto, poiché quelle truppe ora venivano direttamente dal fronte; dissi che ciò che contava non era la disciplina della loro esercitazione, ma le espressioni sui loro volti mentre guardavano i loro più alti leader; e quello mi aveva fatto un'impressione molto favorevole.

Come risultato dei miei colloqui a Budapest, la vanità di Mussolini fu messa a dura prova non solo dalla Romania ma anche dall'Ungheria che contribuivano alla nostra campagna del 1942 in Russia:

il Duce non poteva permettere che l'Italia fosse messa in imbarazzo in quel modo. Di conseguenza, ci offrì un contingente non sollecitato di dieci divisioni di fanteria; era un'offerta che il Führer difficilmente poteva rifiutare. Secondo il nostro generale a Roma, il Generale von Rintelen, dovevano essere divisioni d'élite, tra cui quattro o sei divisioni Alpini, o comunque il meglio che gli italiani avessero a disposizione. Le complessità del trasporto resero impossibile per noi spostarle fino all'estate, poiché le nostre ferrovie dovevano prima occuparsi delle concentrazioni di truppe tedesche per l'offensiva estiva.

Il sistema di trasporto ferroviario non fu mai veramente all'altezza delle esigenze delle forze armate o di un'economia di guerra, nonostante il fatto che le Ferrovie del Reich tedesco non solo spendessero enormi quantità di materiale per la modernizzazione, ma mettessero anche i suoi migliori ingegneri e direttori ferroviari a lavorare sul sistema. Ciononostante la performance delle ferrovie durante l'inverno del 1941-1942 può essere definita solo disastrosa; dal dicembre 1941 al marzo 1942 divenne così critica che solo l'istituzione di un'organizzazione speciale di trasporto motorizzato evitò il completo collasso del sistema vitale di rifornimento per le nostre truppe. Il 1° gennaio 1942, il Ministro Dorpmüller (Ministro dei Trasporti del Reich) e il suo Sottosegretario, Kleinmann, trascorsero l'intera giornata dal mattino presto fino a tarda sera al quartier generale del Führer. Per ore e ore andarono avanti le loro conferenze con il Führer e me, e anche il Capo dei Trasporti Militari, Generale Gercke, fu chiamato. La situazione richiedeva l'adozione di misure speciali, in particolare per la protezione delle locomotive e delle loro stazioni di rifornimento d'acqua, totalmente inadatte alle temperature sottozero del periodo insolitamente freddo. C'erano giorni in cui si guastavano fino a cento locomotive contemporaneamente; le locomotive tedesche semplicemente non erano progettate per un clima del genere; eravamo stati costretti a riadattare tutte le ferrovie allo scartamento standard tedesco, perché praticamente nessun materiale rotabile russo era caduto nelle nostre mani. Il Capo dei Trasporti Militari si era lamentato amaramente, e giustamente delle nostre Ferrovie del Reich per non aver sostituito le locomotive mentre si guastavano; la loro mancanza di protezione dal gelo non era colpa sua. Durante la serata, con il Führer alla presidenza, si arrivò all'unica soluzione possibile: le Ferrovie del Reich avrebbero assunto la responsabilità dell'intero sistema ferroviario nella Russia occupata fino ai terminali ferroviari dell'esercito da cui i rifornimenti sarebbero stati distribuiti direttamente ai depositi di emissione del fronte; la rete non sarebbe più stata di responsabilità del Capo dei Trasporti Militari.

Sulla carta era l'unica soluzione e piuttosto notevole, poiché la direzione dell'intero sistema di trasporto nei territori occupati era altrimenti di competenza del Capo dei Trasporti Militari. Ma il Generale Gercke fu abbastanza saggio da accettare questo suggerimento del Führer perché il Ministro dei Trasporti aveva a disposizione mezzi completamente diversi per eliminare i blocchi e perché lui, Gercke, non ne sarebbe più stato responsabile. Invece, il Ministro fu obbligato a riferire personalmente al Führer ogni giorno su quanti treni aveva consegnato al Capo dei Trasporti Militari ai terminali ferroviari. Le seguenti cifre daranno un'idea delle dimensioni del problema: l'esercito da solo (cioè senza includere l'aviazione) aveva un fabbisogno di 120 treni di rifornimenti ogni ventiquattr'ore, assumendo che non fossero in corso operazioni particolari che richiedessero un aumento delle forniture di munizioni e dei trasporti sanitari.

Ma con uno sforzo supremo, la capacità di trasporto della ferrovia poteva essere portata al massimo a soli cento treni al giorno e solo per brevi periodi. Inoltre, c'erano violente fluttuazioni che potevano essere attribuite alle infinite interruzioni ferroviarie causate dai partigiani russi; spesso c'erano più di cento tratti di linea ferroviaria fatti saltare in una sola notte.

L'offensiva di primavera iniziò nella regione di Poltava all'ultimo momento, prima che le profonde penetrazioni russe potessero sfondare le nostre difese deboli e sempre più estese. Il Feldmaresciallo von Bock voleva utilizzare i rinforzi assegnatigli per la controffensiva, alcuni ancora in fase di trasferimento, per difendere l'area dove il pericolo di una sfondamento russo verso ovest sembrava più imminente; ma il Führer, come Comandante in Capo dell'Esercito, insistette affinché il contrattacco fosse lanciato in modo da colpire alla radice il saliente nemico e tagliarlo attraverso la sua "corda"; avrebbe rimosso la cisti in quel modo. Von Bock, d'altra parte, temeva che tutto ciò fosse tentato oramai troppo tardi.

Hitler intervenne e ordinò semplicemente che l'operazione fosse eseguita come aveva detto. Ebbe ragione, con il risultato che in quell'ora di crisi la battaglia si trasformò in una sconfitta decisiva per i russi, che persero un numero inaspettatamente alto di prigionieri.

Non mi rimane molto tempo, quindi eviterò di descrivere il progresso dell'offensiva di Hitler mentre si arrestava nel Caucaso e a Stalingrado, il preludio al cambiamento di marea contro di noi a est. Vorrei limitare il mio racconto ad alcuni episodi particolari e a esperienze personali di quel periodo. Il primo evento, completamente inspiegabile, fu la pubblicazione sui giornali delle Potenze Occidentali di alcune copie del nostro piano d'attacco. Riprodussero almeno una frase della "direttiva base" del Führer con tale accuratezza che non poteva esserci alcun dubbio che ci fosse stato un tradimento da qualche parte lungo la linea di comando. La diffidenza del Führer verso gli stati maggiori incaricati dello studio preliminare trovò nuovo nutrimento: rinnovò le sue accuse contro lo Stato Maggiore Generale, che, disse, poteva essere l'unica fonte di questo tradimento.

In realtà, come si scoprì durante l'inverno successivo, il colpevole era un ufficiale rinnegato dello staff operativo dell'Aeronautica, che era stato impiegato nella loro sezione di intelligence e che aveva stabilito contatti con la rete di spionaggio nemica. Durante un grande processo davanti al Tribunale Militare del Reich nel dicembre 1942, furono emesse diverse condanne, perché era stata scoperta una vasta organizzazione di traditori e spie a Berlino. Anche se il sistema coinvolgeva per lo più civili, sia uomini che donne, la fonte più importante delle informazioni militari nemiche era stato questo ufficiale dell'Aeronautica, il tenente colonnello Schulze-Boysen[2], e sua moglie. Ma fino a quando ciò non fu stabilito, Hitler continuò a riversare insulti sullo Stato Maggiore Generale dell'Esercito, rivelatosi poi completamente innocente.

La seconda disgrazia fu quando l'aereo di un ufficiale di stato maggiore di una divisione si schiantò nella terra di nessuno sul fronte orientale; aveva con sé l'ordine emesso per il Corpo d'Armata del Generale Stumme per il suo attacco durante la grande offensiva che sarebbe iniziata di lì a pochi giorni. Lo sfortunato ufficiale si era perso nella nebbia e, insieme ai documenti, era caduto nelle mani dei russi; lui stesso fu fucilato sul posto. L'indignazione di Hitler verso gli ufficiali comandanti coinvolti—il generale comandante, il suo capo di stato maggiore e il comandante della divisione—portò a una corte marziale davanti al Tribunale Militare del Reich presieduto da Göring. Fu grazie a lui, e alla mia collaborazione, che gli ufficiali condannati furono tutti graziati in vario modo e in seguito ripresero servizio altrove. Il degno Generale Stumme fu ucciso in azione alcuni mesi dopo mentre sostituiva Rommel in Nord Africa.

Dopo una battaglia di tre giorni riuscimmo a sfondare verso Voronež e iniziò la battaglia per l'attraversamento del Don nella città stessa; fu allora che iniziarono a farsi sentire i primi dubbi sulla leadership di von Bock del suo Gruppo d'Armate, perché secondo Hitler si stava trincerando per una battaglia lì invece di virare verso sud (senza preoccuparsi del destino di Voronež o dei suoi fianchi e retroguardia) e conquistare territorio lungo il Don il più rapidamente possibile.

Nelle sue dispute con Halder potevo di nuovo vedere profilarsi una crisi di leadership e consigliai al Führer di volare personalmente dal Feldmaresciallo von Bock per discutere con lui. La mia proposta fu accettata. Accompagnai il Führer nel volo, mentre Halder aveva fornito un ufficiale di stato maggiore del dipartimento operativo dell'Ufficio di Guerra. Come al solito, il Führer delineò la sua strategia base a von Bock e discusse con lui, in modo amichevole, il modo in cui voleva che continuasse l'operazione. Da tutte le parti c'era un'atmosfera cordiale, che devo ammettere mi deluse, perché il Führer toccò solo marginalmente la questione che gli stava più a cuore e che il giorno prima aveva così decisa-

---

2   **Heinz Harro Max Wilhelm Georg Schulze-Boysen** (1909 – Berlino, 22 dicembre 1942) è stato un antifascista e ufficiale tedesco, organizzatore di un gruppo di resistenza tedesca, giustiziato con la moglie dai nazisti per spionaggio.

mente bollato come un errore. Questo mi fece arrabbiare molto e, in modo del tutto eccezionale, abbandonai la mia abituale reticenza e dissi chiaramente a Bock ciò che il Führer voleva, aspettandomi che quest'ultimo ora esprimesse più chiaramente la sua opinione. Ma il momento passò inosservato mentre tutti si alzavano per il pasto. Io, tuttavia, colsi l'occasione per dire al Capo di Stato Maggiore del Gruppo d'Armate, Generale von Sodenstern, molto francamente perché il Führer era venuto di persona e cosa aveva in mente di dire.

Dopo il pasto, caratterizzato dalla stessa atmosfera affabile della conferenza stessa, volammo di nuovo al quartier generale del Führer. Il risultato effettivo fu negativo: già il giorno successivo, mentre Halder parlava alla conferenza di guerra, Hitler esplose di nuovo sulla leadership recalcitrante e incompetente del Gruppo d'Armate: ma il Führer stesso era stavolta da biasimare, perché io stesso avevo visto come avesse solo girato intorno alla questione invece di stabilire chiaramente ciò che voleva. Così noi, Halder, Jodl e io, dovemmo assistere di nuovo alla stessa scena.

Ho menzionato questo episodio solo perché ho spesso osservato questa debolezza di Hitler di "trattare" con i suoi generali lontani ma anziani. Ho avuto l'impressione che fosse imbarazzato a un certo punto e fosse costretto ad adottare un atteggiamento inappropriato di riserva modesta, con il risultato che i generali che lo incontravano di rado faccia a faccia non riuscivano affatto a cogliere la gravità della situazione e certamente non sospettavano di essere sotto accusa, e di essere costretti a ribellarsi e di non riconoscere Hitler, il Führer e Comandante Supremo delle Forze Armate, come un esperto in questioni militari. In questo particolare aspetto Hitler, a parte la sua naturale diffidenza, era estremamente suscettibile e facilmente portato a fare l'offeso. Così il germe del licenziamento di von Bock era lì sul tavolo, e poche settimane dopo il Feldmaresciallo Freiherr von Weichs lo aveva effettivamente sostituito.

Per le operazioni nel Caucaso era stato previsto un nuovo Gruppo d'Armate A, e il suo staff operativo era già stato addestrato. Si pose la questione di un Comandante in Capo adatto per il Gruppo; Halder e io, indipendentemente l'uno dall'altro, proponemmo il nome del Feldmaresciallo List. Hitler esitò e non riuscì a decidere, rifiutandosi nel contempo di rivelare cosa avesse contro di lui. Alla fine, quando era ormai tempo che una decisione fosse presa, Halder e io avemmo un colloquio congiunto con Hitler al riguardo, e dopo molte esitazioni diede il suo consenso. Ma le prime operazioni condotte dal Gruppo d'Armate mentre avanzava oltre Rostov e si preparava a disperdersi nell'entroterra caucasico portarono una serie di accuse ingiustificate contro List: all'improvviso si disse che aveva impedito alle unità corazzate delle SS di dirigersi verso Rostov, o che aveva iniziato troppo tardi e attaccato con troppa cautela, e così via, anche se ognuno di noi sapeva che aveva agito solo secondo gli ordini ricevuti.

Alcune settimane dopo List venne a riferire al quartier generale del Führer a Vinnitsa; io stesso ero a Berlino, ma al mio ritorno fui costretto ad ascoltare le lamentele di Hitler che ero stato io a proporre il nome di quest'uomo inadatto, poiché gli aveva lasciato la peggior impressione possibile, di completa mancanza di orientamento; si era presentato portando una mappa stampata in scala uno a un milione, senza alcuna disposizione delle sue truppe segnate sopra, e così via. Quando obiettai che lui, Hitler, aveva espressamente proibito di portare mappe così dettagliate quando si viaggiava in aereo, si scagliò violentemente contro di me, gridando che Göring era stato anche lui alla conferenza a cui aveva partecipato List e ne era rimasto molto scioccato.

Il disastroso volo che Jodl fece poi per raggiungere il Corpo di montagna, che era basato prevalentemente nel Caucaso e combatteva per i passi montani che portavano al Mar Nero, portò la crisi al culmine. Jodl condusse un colloquio dettagliato con il generale comandante del Corpo di montagna, Generale Konrad, e con il Feldmaresciallo List, sulla pessima situazione, e al suo ritorno riferì al Führer quella sera che era costretto a sottoscrivere la valutazione di List che il compito assegnatogli era impossibile da eseguire. Eviterò ogni dettaglio, Jodl può e li racconterà meglio di me. In ogni caso, il contributo di Jodl—che in realtà rappresentava nient'altro che le opinioni di Jodl stesso e di List, lasciò il Führer senza parole e alla fine causò un terribile scoppio di rabbia. Anche qui il danno era stato fatto dalla crisi di fiducia e dalla sua patologica illusione che i suoi generali stessero cospirando contro di lui e cercassero di sabotare sempre i suoi ordini con pretesti piuttosto meschini. Era diventato ossessionato dall'idea fissa di dover catturare la strada costiera che correva lungo il Mar Nero e oltre lo sperone occidentale delle montagne del Caucaso; e credeva che i suoi generali non apprezzassero il valore di questa strategia e gli si opponessero per questo motivo. Quello che sembrava non voler capire era che le enormi difficoltà di approvvigionamento e logistiche comportate dai sentieri di montagna rendevano l'operazione assolutamente impraticabile.

Di conseguenza, la sua rabbia sfrenata si rivolse contro Jodl e me stesso. Me per aver organizzato la visita di Jodl; mi fu quindi ordinato di volare da List a Stalino il giorno successivo e informarlo che era stato sollevato dal comando del Gruppo d'Armate e doveva tornare a casa per attendere i desideri del Führer.

Non ho mai scoperto chi avesse sobillato contro List, un comandante d'armata di altissimo livello che aveva particolarmente dimostrato il suo valore in Francia e nei Balcani. Credo che la caccia alle streghe sia iniziata dal lato politico, con Himmler o Bormann; altrimenti è inspiegabile.

Le conseguenze di questa serie di eventi sono già state raccontate altrove: Jodl avrebbe dovuto scomparire, anche se lo protessi dicendo che ero io responsabile; anche se avevo perso la mia reputazione, mi fu negato il licenziamento o il trasferimento altrove, nonostante Göring avesse promesso di ottenerlo dal Führer. Non mangiavamo più con lui a un tavolo comune, e stenografi furono permanentemente introdotti tra noi mentre conferivamo. La cosa durò fino al 30 gennaio 1943 prima che si degnasse di stringere di nuovo la mano a Jodl e a me. Nemmeno il Capo di Stato Maggiore Generale, Halder, uscì indenne durante tutto questo baccano su List. Le operazioni a nord del Caucaso non soddisfecero i piani ambiziosi di Hitler, e gli attacchi russi al Gruppo d'Armate Sud a ovest e a sud di Mosca avevano creato una situazione grave; erano stati progettati per alleviare la pressione sui russi nel settore meridionale del fronte.

Halder descrisse giustamente la situazione complessiva come tutt'altro che soddisfacente, nonostante gli enormi guadagni territoriali portati dalla nostra recente offensiva. Halder, come Jodl e io, stava aspettando di vedere dove sarebbero apparse le riserve strategiche dei russi, oltre a questi riconosciuti e riconoscibili punti focali di attacco; a suo avviso, queste riserve non erano ancora state gettate nella bilancia. Inoltre, il modo di combattere dei russi durante la nostra grande offensiva nel sud aveva manifestato un nuovo carattere: rispetto alle precedenti azioni di accerchiamento, il numero di prigionieri che cadevano nelle nostre mani rimaneva relativamente basso. Il nemico stava evitando in tempo le trappole che gli tendevamo, e come difesa strategica sfruttava la vastità del suo territorio, schivando le nostre forze ed evitando azioni disastrose. Solo a Stalingrado e nei passi montani il nemico offriva davvero la sua resistenza più ostinata, poiché non doveva più temere la prospettiva di un accerchiamento tattico.

Anche se la massa della Sesta Armata sotto Paulus riuscì, contando pesantemente sulla forza dei nostri alleati lungo il fiume Don, che erano rinforzati da singole divisioni tedesche, a spingersi nell'area di Stalingrado, le sue forze erano troppo estese per più che offensive localizzate nei campi petroliferi e vicino a Stalingrado; il fronte troppo esteso non era più in grado di sfondare i suoi attacchi. Halder percepì correttamente il pericolo a cui era esposto il fianco del Don, che era tenuto a sud di Voronež dagli ungheresi e dagli italiani, e a ovest di Stalingrado dai rumeni. Il Führer non aveva mai perso di vista il possibile pericolo per il fianco del Don e la sua fiducia nei suoi alleati era assai scarsa, ma valutava così tanto il valore del fiume Don come ostacolo, almeno finché non si fosse ghiacciato, che riteneva giustificabile correre questo rischio con loro.

Anche se Hitler aveva tollerato di collaborare con Halder più per buon senso che per fiducia o persino inclinazione personale, si poteva rilevare un marcato allontanamento tra loro, una tensione crescente manifestata in parte dal suo trattamento brusco di Halder, in parte da critiche sfavorevoli su di lui e occasionalmente anche da violenti litigi. Tutti vedemmo come Hitler sfogasse la sua delusione per il modo in cui l'offensiva si era bloccata e per le richieste di aiuto dai Gruppi d'Armate

Nord e Centro, disperatamente in lotta e disperatamente sulla difensiva, richieste che Halder sottolineava e enfatizzava per lui.

Hitler doveva sempre sfogare il suo cattivo umore su qualcuno. Nella sua disputa con Jodl e me aveva già mostrato la sua incapacità di controllare i suoi sentimenti. La sua insopportabile irritabilità era stata in gran parte causata dal caldo clima continentale a Vinnitsa, che non sopportava e che letteralmente gli dava alla testa, come il Professor Morell mi spiegò diverse volte. I medicinali erano inutili contro di esso; e persino l'impianto permanente di umidificazione nel suo bunker e nella sala conferenze alleviava solo temporaneamente il suo forte disagio.

Ma a parte tutto questo, ogni situazione non faceva che rafforzare in noi la tacita consapevolezza che le enormi quantità di uomini e materiali che stavamo riversando senza speranza di sostituzione non erano paragonabili al magro dispendio che avevano finora imposto ai russi. Quasi ogni giorno Halder aspettava dati con nuove statistiche sulle formazioni ancora disponibili al nemico come riserva strategica e sulla produzione di carri armati e pezzi di ricambio del nemico (dati forniti dal Generale Thomas) e sulla capacità dell'industria bellica del nemico negli Urali (Thomas di nuovo) e così via; ancora e ancora il Führer era perennemente provocato a confutare le statistiche.

Mi fu proibito di diffondere ulteriormente i rapporti "disfattisti" del Generale Thomas: erano pura fantasia, si rifiutava di sopportarli, e così via. Le sue critiche a Halder divennero sempre più frequenti: era un pessimista, un profeta di sventura, stava infettando i comandanti in capo con i suoi lamenti e così via. Fu allora che seppi che la ruota aveva nuovamente compiuto un giro completo: si cercava un capro espiatorio, qualcun altro da mandare nel deserto.

Quando Hitler mi informò alla presenza del Generale Schmundt che avrebbe congedato Halder, ruppi la risoluzione che mi ero dato dopo la calamità del Feldmaresciallo List, di non proporre mai più un nome per alcun incarico. Semplicemente non potevo restare fermo e chiudere un occhio mentre le cose seguivano il loro corso: sostenni energicamente il Generale von Manstein come successore di Halder; Hitler rifiutò di nuovo la mia proposta, questa volta con la scusa che non poteva privarsene dal suo attuale comando. Dopo molti tentativi, proposi con molta più fermezza il nome del Generale Paulus; ricevetti un categorico "No". Paulus, disse, avrebbe preso l'ufficio del Generale Jodl dopo la battaglia di Stalingrado; era già stato deciso, poiché non intendeva continuare a lavorare con Jodl molto più a lungo; aveva già preso queste decisioni e ne aveva parlato con Schmundt. Quest'ultimo avrebbe dovuto volare a Parigi il giorno successivo e prendere il Generale Zeitzler, il Capo di Stato Maggiore di von Rundstedt come Comandante in Capo, Ovest; avrebbe fatto di Zeitzler il suo nuovo Capo di Stato Maggiore Generale. Considerai Zeitzler del tutto indispensabile a ovest e lo avvertii urgentemente di non richiamarlo da lì nella situazione attuale; non era l'uomo che il Führer stava cercando, non ne aveva bisogno, dissi; aggiunsi che ero in una buona posizione per giudicare e conoscevo Zeitzler troppo bene, anche se lo consideravo un brillante Capo di Stato Maggiore d'Armata e di Gruppo d'Armate.

Nessuno dei miei consigli fu ascoltato; era ovvio che il Führer e Schmundt erano d'accordo su questo, e quest'ultimo eseguì la sua missione a Parigi.

Lo stesso giorno, Halder fu convocato da Hitler in mia presenza. Il Führer fece un lungo discorso, nel corso del quale spiegò che non poteva più lavorare con lui e aveva deciso di trovare un altro Capo di Stato Maggiore Generale. Halder ascoltò la tirata senza una parola; poi si alzò e uscì dalla stanza con le parole: "Me ne vado".

Due giorni dopo iniziò l'era Zeitzler, in stretta collaborazione con Schmundt, che doveva, quindi, essere dietro questa scelta. Zeitzler[3] aveva giustamente attirato l'attenzione del Führer su di sé: era stato Capo di Stato Maggiore di un Corpo d'Armata nella campagna polacca, e durante la campagna

---

3   **Kurt Zeitzler** (1895 –1963) generale tedesco, successore di Franz Halder alla carica di capo dell'OKH dal 1942 al 1944. Finì a sua volta, la sua carriera dopo la distruzione della 6ª armata, quando i rapporti con Hitler divennero sempre più tesi. Dopo una serie di violente liti il generale lasciò improvvisamente il Berghof il 1º luglio 1944 ed ebbe un crollo nervoso. Hitler non lo incontrò mai più e nel gennaio 1945 lo cacciò dall'esercito, rifiutandogli il diritto di vestire l'uniforme.

a ovest era stato Capo di Stato Maggiore del gruppo corazzato di Kleist al momento dello sfondamento a Sedan verso Abbeville; si era particolarmente distinto come organizzatore delle difese costiere atlantiche, giocando un ruolo considerevole nel successo delle difese di Dieppe al momento del raid britannico nell'estate del 1942. Quando tutto fu detto e fatto, avevo, dopo tutto, più di un interesse accademico in chi fosse selezionato come Capo di Stato Maggiore Generale dell'Esercito, perché volevo finalmente vedere qualcuno che godesse davvero della fiducia del Führer occupare l'ufficio di controllo nell'Esercito.

Non poteva essere altro che un grande sollievo per me se non avessi dovuto combattere una battaglia quotidiana contro la diffidenza del Führer.

Jodl e io speravamo anche di ottenere una collaborazione fruttuosa con lui, poiché Zeitzler era stato l'ufficiale operativo di Jodl per diversi anni ed era non solo familiare con i concetti base del comando unificato delle forze armate ma anzi uno dei suoi primi sostenitori. Fu la nostra prima e più grave delusione quando vedemmo accadere esattamente l'opposto di ciò che avevamo sperato: Zeitzler non solo si dissociò da noi, ma intendeva escluderci in misura crescente, e ancora più di prima, dal processo decisionale sul fronte orientale, informando frequentemente Hitler da solo e a due sulla situazione del fronte orientale; era ovvio che considerava Jodl interessato solo agli altri teatri di guerra; ed era ancora più ovvio che temeva la nostra influenza sul Führer, un punto di vista molto deplorevole e miope.

In Nord Africa, durante l'estate del 1942, la campagna trionfale di Rommel con la sua unica divisione di fanteria leggera e due divisioni corazzate, e con la partecipazione di unità italiane e il magnifico supporto del Gruppo Aereo di Kesselring, portò a vittorie inaspettate. Ora che aveva organizzato la difesa del settore che aveva raggiunto a ovest di Alessandria, Rommel stesso, che in un anno era stato promosso da tenente generale a feldmaresciallo, aveva urgentemente bisogno di tornare in Germania per riprendersi la salute, gravemente compromessa dal clima tropicale. Non si può fare a meno di chiedersi cosa avrebbe ottenuto questo audace e favoloso comandante di carri armati se avesse combattuto con le sue unità nell'unico teatro di guerra in cui il destino della Germania poteva ottenere successi.

Il nuovo Capo di Stato Maggiore Generale dell'Esercito stava ereditando un pesante lascito: c'erano combattimenti feroci e improduttivi tra gli speroni settentrionali delle montagne del Caucaso, c'era incertezza lungo il fronte indebolito tra le montagne e Stalingrado, c'erano combattimenti molto pesanti dentro e intorno a Stalingrado stessa e il pericolo più grave possibile per i nostri alleati che tenevano il fronte lungo il fiume Don. La domanda inquietante che sovrastava tutto era: dove lanceranno i russi la loro controffensiva? Dove erano le loro riserve strategiche?

La battaglia di Stalingrado inghiottì divisione dopo divisione, attirandole come falene alla fiamma di una candela: sebbene il Volga fosse stato raggiunto a nord e a sud di, e addirittura dentro Stalingrado, infuriavano combattimenti casa per casa in tutta la città e i suoi vasti quartieri industriali. Avanzate dolorosamente conquistate, brillanti vittorie difensive a nord della città tra le anse del Volga e del Don aumentarono la nostra determinazione a conquistare ogni angolo della città, e con essa di raggiungere il nostro obiettivo nascosto e allettante: la vittoria su Stalingrado, che a volte sembrava così vicina. Certamente era l'ambizione di ogni ufficiale e ogni soldato dell'esercito di Paulus, di coronare la loro campagna con una vittoria assoluta: non offrirò un'opinione sul se e fino a che punto il nostro Comando Supremo (cioè Hitler) stesse già promuovendo la catastrofe che sarebbe seguita. Quando la controffensiva russa iniziò a novembre, perfettamente posizionata dal punto di vista strategico, abbattendo per prima la terza Armata rumena e aprendo così profondamente il fianco della Sesta Armata, e quando fu poi sul punto di circondare l'esercito di Paulus a Stalingrado, solo una decisione avrebbe potuto scongiurare il disastro: abbandonare Stalingrado e utilizzare l'intero esercito di Stalingrado per combattere la sua via d'uscita verso ovest.

Non ho alcun dubbio che ciò avrebbe funzionato, che la Sesta Armata si sarebbe salvata e i russi probabilmente sconfitti, ammesso ovvio al costo di abbandonare Stalingrado e la nostra posizione sulla riva del Volga. Tutti i terribili eventi che seguirono in conseguenza del completo accerchiamento dell'esercito di Paulus a Stalingrado entro gennaio 1943, la fuga vietata da Hitler per la quale era ormai troppo tardi, il vano tentativo di rifornire l'esercito per via aerea, il tardivo contrattacco lanciato con troppa poca forza per liberare la Sesta Armata, sono tutti profondamente incisi nella mia memoria. Non posso dipingere il dramma nella sua piena intensità: per questo mi manca il materiale. Abbandonare Stalingrado fu inevitabilmente un duro colpo al nostro prestigio; l'annientamento di un intero esercito e la situazione creata dalla sua perdita significarono un arretramento che era in linea con la nostra sconfitta nella campagna 1942-1943, nonostante il genio con cui era stata concepita e nata. Piccola meraviglia che i nostri critici diventassero più vocali, e i russi ricevettero un enorme impulso per la prosecuzione della loro guerra; avevamo giocato la nostra ultima carta, e l'avevamo persa. Qualunque fosse stato l'esito di un tentativo di salvare l'esercito di Paulus da Stalingrado, a mio avviso ci sarebbe stato solo un modo per scongiurare la sconfitta totale che ci attendeva nella nostra campagna orientale: autorizzare un ritiro strategico di tutte le nostre truppe sul fronte più breve concepibile: una linea dal Mar Nero o dai Carpazi al Lago Peipus. Costruire e fortificare una tale linea di difesa e tenerla con le forze ancora disponibili e rafforzarla adeguatamente con le riserve che ci arrivavano sarebbe stato, a mio avviso assolutamente praticabile.

29 settembre 1946
A questo punto le prime memorie del Feldmaresciallo Keitel si sono interrotte. Due giorni dopo fu infatti pronunciata la condanna a morte contro il Feldmaresciallo Keitel ed egli dedicò i suoi successivi dieci giorni a descrivere febbrilmente gli eventi dentro e intorno al quartier generale del Führer nell'aprile 1945 mentre iniziava il crollo finale della Germania. Gli ultimi diciotto giorni del Terzo Reich. Keitel stesso fu impiccato il 16 ottobre 1946, prima di avere il tempo di rivedere alcuna parte del suo manoscritto originale.

▲ Keitel (al centro) in conversazione con il ministro degli Esteri giapponese Yuosuke Matsuoka (a sinistra) e Heinrich Georg Stahmer, a Berlino il 28 Marzo 1941. Bundesarchiv Wiki cc-1

CAPITOLO 5

ESTRATTI DALLE LETTERE DI GUERRA DI KEITEL ALLA MOGLIE

Secondo le testimonianze rese dal Tenente Colonnello K.H. Keitel, Lisa Keitel (nata Fontaine), vedova del feldmaresciallo, bruciò tutte le lettere ricevute dal marito. Tuttavia, tra i documenti del Dottor Nette, avvocato difensore di Keitel, si trovano sette lettere scritte da Keitel alla moglie durante il 1943 e il 1944, alcune a matita e altre a inchiostro, che per motivi mai chiariti furono archiviate insieme alla sua corrispondenza del periodo del processo di Norimberga. Si può notare come l'educazione tipicamente rigorosa del feldmaresciallo gli impedisse di approfondire questioni militari in queste lettere private:

Quartier Generale del Führer, 3 agosto 1943.
Il telefono non è abbastanza sicuro per discutere della guerra e dei pericoli dell'offensiva aerea contro le nostre città. Amburgo è stata una catastrofe per noi, e ieri notte c'è stato un altro pesantissimo raid aereo. Lo stesso può essere previsto per Berlino non appena le notti saranno abbastanza lunghe. Per questo voglio che tu lasci Berlino il prima possibile, vista l'enorme pericolosità degli incendi, molto più pericolosi degli esplosivi. (Keitel aggiunse una serie di istruzioni personali per la moglie, che lei disattese ogni volta; rimase infatti a Berlino, nonostante problemi cardiaci, anche dopo che la loro casa al numero 6 di Kielganstrasse fu bombardata nel novembre 1943). Temo vasti incendi che divoreranno interi quartieri, fiumi di olio in fiamme che si riverseranno nei sotterranei e nei rifugi, fosforo e simili. Sarà difficile fuggire dai rifugi allora, e c'è il pericolo di un calore tremendo. Non sarà vigliaccheria, ma la pura consapevolezza di essere completamente impotenti di fronte a fenomeni simili; nel cuore della città sarai del tutto impotente...

A parte questo, non c'è molto da riferire: la situazione è fluida e possiamo solo aspettare di vedere cosa accadrà con i nuovi sviluppi in Italia. Badoglio ci ha assicurato che continueranno a combattere, e che ha accettato l'incarico solo a questa condizione. Nessuno sa dove sia Mussolini...

Quartier Generale del Führer, 29 agosto 1943.
Nessuno può dire quando ci sarà di nuovo un po' di pace nelle nostre vite; per ora abbiamo la guerra – siamo già in guerra da quattro anni! Nessuno sa quando i bolscevichi crolleranno, ma fino ad allora non ci potrà essere nessuna pace! In ogni caso, tu hai ancora abbastanza tempo per riflettere, mentre io sono sopraffatto dal peso del lavoro e dai problemi e dalle preoccupazioni sempre crescenti. Inoltre, stiamo entrando di nuovo nell'inverno, cosa molto evidente oggi, freddo e piovoso com'è. Al momento, sul fronte orientale, si è scatenato l'inferno, ma conto su una tregua quando il fango inizierà a formarsi, probabilmente tra quattro-sei settimane, a metà ottobre. Quando succederà, credo che ci sposteremo di nuovo a sud (cioè al Berghof di Berchtesgaden). A metà settimana ci sono dei funerali di stato a Sofia; devo rappresentare le Forze Armate tedesche, probabilmente volerò laggiù...[1]

Quartier Generale del Führer, 25 settembre 1943.
Nonostante tutto, non sono mancate lettere e congratulazioni per il mio compleanno il 22, e le sfumature in esse non sono prive di interesse: si è costretti a notare come molte, anzi posso dire come la maggior parte delle volte, siano state particolarmente cordiali e piacevoli, al contrario di quelle che si limitano alle formalità...

Ho fatto una colazione anticipata con gli aiutanti e il comandante del treno, con uova, anatra arrosto

---

[1] Sul fronte orientale era il periodo delle disperate ritirate lungo tutti i settori meridionali, con le truppe tedesche del Gruppo d'Armate Sud, comprese quelle sotto il comando dei Feldmarescialli von Manstein e von Kleist, che ripiegavano sulla linea del fiume Dnepr. Il 28 agosto, il re Boris III di Bulgaria o alleato con le potenze dell'Asse nei Balcani, era andato incontro a una fine misteriosa a Sofia; ufficialmente si annunciò che era morto per apoplessia cerebrale, ma probabilmente fu avvelenato: certamente morì in modo conveniente per i sovietici! Un reggente assunse il governo poiché il re Simeone II, suo successore, era ancora minorenne. Il 22 settembre 1943, il Feldmaresciallo Keitel celebrò il suo 61° compleanno.

e un'insalata di carne fredda, tutto molto sontuoso. Alle undici ho fatto visita privatamente al Führer per ricevere i suoi auguri; mi ha invitato a cena con lui per la sera, quando sarei tornato dalla mia spedizione di caccia. Alle undici e trenta sono partito in auto attraverso Wehlau verso Pfeil, una stazione forestale a est di Königsberg, nel distretto di Labiau. Sono stato molto ben accudito: il Maestro di Caccia Scherping (della Commissione Forestale del Reich e del Dipartimento Forestale Provinciale Prussiano) era lì puntuale ad accogliermi, anzi era stato lui a procurarmi l'invito di Göring per la caccia all'alce. Dopo circa mezz'ora di chiacchiere, siamo partiti per la battuta di caccia, a circa un'ora e mezza di macchina verso Tilsit.

La nostra caccia è stata piuttosto drammatica. C'erano due alci nel territorio di caccia di Tavellenbrück a Ibenhorst. Non riuscivo ad avvicinarmi all'alce, che ho avvistato poco dopo aver iniziato l'inseguimento. Non si vedeva nulla tra le gigantesche conifere e la fitta vegetazione di ontani e pascoli, e il terreno era molto pesante. Alla fine ho sparato da mille piedi di distanza e, naturalmente, così distante, ho mancato il bersaglio. Abbiamo continuato pazientemente l'inseguimento e due ore dopo l'alce è apparsa a soli cinquecento piedi di distanza e ha ricevuto il mio primo proiettile; ho sparato immediatamente di nuovo, e l'alce è caduta a terra. È una bestia enorme, alta oltre due metri e del peso di circa quattro quintali; in ogni caso, la mia impresa è stata ricompensata. Un padrone di casa molto gentile e donne affascinanti. Sono tornato qui solo a tarda sera e ho potuto cambiarmi rapidamente in uniforme per la prevista cena con il Führer.

26 settembre 1943.

Non credo di aver mai avuto così tanto lavoro da fare come nelle ultime settimane e negli ultimi giorni, persino i miei aiutanti lo trovavano indescrivibile e possono solo guardare stupiti come riesco a sbrigarlo. Ogni sera mi ci vuole fino a tardi, o addirittura fino al mattino presto, per sistemare tutto. Ma finché il mio sonno non ne risente, per quanto breve sia ora, non fa differenza. Felix Bürkner (ex Ispettore di Equitazione e Guida, che aveva perso il lavoro a causa di problemi legati alle sue origini non ariane) mi ha scritto a lungo! C'è un'opposizione completamente incomprensibile verso di lui da parte di Schmundt, che si rifiuta di dargli un lavoro in qualsiasi circostanza. È impossibile per me protestare con il Führer al riguardo.[2]

Quartier Generale del Führer, 24 ottobre 1944.

Quanto riuscirò a scrivere in questa lettera non posso prevederlo, ma almeno dovrei iniziare. Tutto ciò che posso riferire è che la mia salute è buona, e il Capo Medico, Dottor Lieberle, ieri era soddisfatto della mia pressione sanguigna mentre non può fare nulla per il mio cuore agitato e nervoso perché organicamente non c'è nulla di sbagliato...

Nel frattempo, sono accadute molte cose: Rommel è morto a causa dei molteplici traumi cranici riportati durante un viaggio in auto, a causa di un coagulo di sangue; è un duro colpo per noi, la perdita di un comandante favorito dagli dei. E ieri anche Kesselring è rimasto ferito in un incidente stradale. Non so ancora nulla nei dettagli, ma in ogni caso sarà fuori combattimento per alcuni mesi anche se dovesse riprendersi. Hanno urtato il retro di un cannone al buio; ha ferite alla testa ed è stato incosciente per un po'. Spero che si riprenda bene.

---

2   Non c'è dubbio che Keitel fosse oppresso dal lavoro nelle settimane successive all'8 settembre 1943, quando cioè l'Italia si era ritirata dal Patto dell'Asse, comportando notevoli riorganizzazioni in Italia e nei Balcani. Durante il 1942 e il 1943, Keitel iniziò a soffrire di problemi di circolazione sanguigna, e sembra che fossero il risultato dello stress da superlavoro tanto quanto di un precedente disturbo polmonare.

Il 17 luglio 1944, il Feldmaresciallo Erwin Rommel, Comandante in Capo del Gruppo d'Armate B sul fronte d'invasione in Normandia, fu gravemente ferito durante un mitragliamento alla sua auto mentre tornava da un giro di ispezione al fronte. Subito dopo fu coinvolto nella cospirazione del 20 luglio, e il 14 ottobre 1944 venne convocato dal Capo del Personale dell'Esercito, Generale Burgdorf, accompagnato dal suo esperto ufficiale per le questioni degli ufficiali, Tenente Generale Maisel, e costretto a suicidarsi ingerendo veleno. Hitler gli aveva dato la scelta tra il suicidio o l'affrontare il Tribunale del Popolo. Quando fu scritta la seguente lettera, con il suo riferimento indiretto a Rommel, la situazione sul fronte orientale era relativamente stabile, con una campagna difensiva autunnale nelle aree di Gumbinnen e Goldap in Prussia Orientale, e la Quarta Armata (Generale Hossbach) che affrontava un rinnovato attacco del Secondo Fronte Bielorusso.

Ora ci sono combattimenti sul suolo della Prussia Orientale, dove i russi hanno sfondato su entrambi i lati della brughiera di Rominten. Penso che riusciremo a sistemare le cose, ma prima dobbiamo far arrivare più truppe, e questo è in corso. La nostra presenza qui (cioè al quartier generale del Führer in Prussia Orientale) ha un effetto molto rassicurante sulla popolazione, ne sono certo. I russi certamente non sognano che siamo ancora qui, il che è un'ulteriore garanzia per noi. Ci sono sufficienti truppe intorno a noi per proteggerci![3]

Quartier Generale del Führer, 1 novembre 1944.
Stanotte guiderò fino a Torgau per il Tribunale Militare del Reich, dove dovrò nominare il nuovo Presidente (Generale Hans Karl von Scheele) e parlare con i gentiluomini come loro capo. Toccherò solo i margini di Berlino al mio ritorno, invitando le persone a incontrarmi lì per conferire con me e lasciandole poi a Fürstenwalde...

Dopo tutte le vicissitudini degli ultimi anni, dobbiamo sempre sperare che ci siano giorni più felici davanti a noi. In realtà, abbiamo una guerra di trent'anni alle spalle, iniziata nel 1914 e con pochissimi intervalli spensierati. La nostra generazione e quella dei nostri figli avrebbero meritato di poter vivere le loro vite in una giusta pace così duramente conquistata...

---

3   All'inizio di novembre, secondo la testimonianza della sua famiglia, Keitel aveva perso ogni speranza in un esito favorevole della guerra; in effetti, già nell'agosto 1941, dopo la morte del figlio minore a Smolensk, aveva confidato a Karl-Heinz, il figlio maggiore (secondo il ricordo di quest'ultimo), che la guerra non poteva più essere vinta "con mezzi normali". Secondo il memorandum di Keitel sulla "Colpa del Crollo Tedesco", datato 8 giugno 1945 (documenti del Dottor Nelte), il feldmaresciallo considerava l'attacco alla Russia nel 1941 un rischio difficile da giustificare e da capire. Interrogato se l'attacco fosse stato necessario, avrebbe risposto solo: "Spetta a un politico rispondere". La guerra avrebbe potuto finire nel 1941, aggiunse, solo se fosse stata ottenuta una rapida vittoria a est; dopo Stalingrado rimaneva solo la speranza possibilità di prevenire l'invasione a ovest e così evitare una guerra su due fronti "che prima o poi sarebbe stata la nostra fine". Keitel aggiunse: "Se nonostante tutto ciò il Führer continuò a combattere, l'unica ragione può essere stata che pensava che non ci fosse altro in attesa per il popolo tedesco che l'annientamento con cui era stato minacciato." La seguente lettera fu scritta alla moglie in occasione del suo compleanno, il 4 novembre 1944.

▲ Keitel con la moglie Lisa e una delle sue figlie nel giardino di casa nel 1940, nei tempi in cui sembrava andare tutto bene.

▲ Keitel durante il processo di Norimberga, con la sua unifome cui sono stati tolti tutti i gradi e le onoreficenze. È accompagnato nella sua cella da parte di una GI statunitense. US Archiv- Signal PD

CAPITOLO 6

L'ATTENTATO DEL 20 LUGLIO 1944

Nota: Il 20 luglio 1944, una bomba esplose nel quartier generale del Führer nella Prussia Orientale. Hitler stesso sopravvisse, ma diversi ufficiali furono uccisi. La bomba era stata piazzata dal Colonnello Conte von Stauffenberg, Capo di Stato Maggiore del Comandante in Capo dell'Esercito di Riserva. Il piano era di stabilire il Colonnello Generale Ludwig Beck nel ruolo di "Amministratore del Reich" dopo la morte di Hitler, con il Feldmaresciallo von Witzleben, che era in congedo per malattia dal 1942, come Comandante Supremo delle Forze Armate; altri coinvolti a Berlino erano il Capo dell'Ufficio Generale dell'Esercito, Generale Olbricht, il Comandante della Città, Generale von Hase, e numerosi ufficiali dello Stato Maggiore. Inoltre, i Feldmarescialli Rommel e von Kluge (Comandante in Capo Ovest) erano a conoscenza della cospirazione.

Dopo l'esplosione, un messaggio Top Secret fu inviato alle 16:45 contenente le parole in codice "Disordini Interni", secondo le quali il Feldmaresciallo von Witzleben trasferiva l'autorità esecutiva in tutte le aree occupate ai comandanti in capo del fronte (cioè Ovest, Sud-ovest e Sud-est) e sul fronte orientale ai vari comandanti dei Gruppi d'Armate. Alle 18:00 un ulteriore segnale fu inviato ai distretti militari tedeschi numerati da I a XIII e XVII, XVIII, XX, XXI e al distretto militare Boemia-Moravia, secondo cui l'autorità esecutiva veniva trasferita ai generali comandanti. L'ordine fu completamente eseguito solo dal vicecomandante generale del distretto di difesa XVII (Vienna), oltre che dal governatore militare della Francia a Parigi, mentre nei distretti militari XI (Kassel) e XIV (Norimberga) furono avviati i passi per conformarsi all'ordine. Ma durante la sera Keitel telefonò a tutti i distretti militari dal quartier generale del Führer annunciando che gli ordini da Berlino erano falsi, e la rivolta schiacciata. Von Stauffenberg, Olbricht e Beck furono fucilati quella stessa notte, mentre von Witzleben fu giustiziato l'8 agosto, e von Kluge si suicidò al suo richiamo come Comandante in Capo Ovest il 19 agosto, temendo di essere chiamato a rispondere della sua complicità. Il governatore militare della Francia, Generale von Stülpnagel, fu impiccato (dopo un tentativo di suicidio fallito) il 30 agosto, e Rommel stesso fu costretto a suicidarsi nell'ottobre 1944.

Il Dottor Otto Nelte, avvocato difensore del Feldmaresciallo Keitel a Norimberga, preparò un questionario per lui da compilare come preliminare all'udienza, e la parte del questionario relativa all'attentato del 20 luglio 1944 è riprodotta qui per far luce sull'atteggiamento del feldmaresciallo verso la cospirazione, che egli stesso non ebbe il tempo di affrontare esplicitamente nelle sue memorie.

Quali erano, a suo avviso, i motivi più profondi dietro il Putsch?
Insoddisfazione verso Hitler, sia per il suo sistema politico che per la sua conduzione della guerra. Poiché sembrava del tutto fuori questione che Hitler se ne andasse di sua spontanea volontà, i cospiratori decisero di eliminarlo. Con questo speravano di liberare soldati e funzionari dal loro giuramento di fedeltà a Hitler. Che tipo di sistema politico – se mai ce n'era uno – intendessero instaurare, non lo so. Non ho mai sentito parlare di un cosiddetto programma di governo; per quanto riguarda l'aspetto militare, non credo che intendessero porre fine alla guerra con una resa. C'era un ordine firmato da Witzleben come "Comandante Supremo delle Forze Armate", ma fu respinto da tutti i destinatari. Infine, ci furono ordini simili inviati ai distretti militari, che non furono osservati.

C'erano indicazioni, o erano state ricevute informazioni, che indicavano l'esistenza di un movimento rivoluzionario?
Non che l'OKW o io sapessimo. Hitler non aveva ricevuto rapporti o avvertimenti e non ne parlò con me né prima né dopo il tentato omicidio. Durante le indagini si stabilì che alcuni ufficiali dell'Ufficio di Guerra e dell'Intelligence militare erano a conoscenza del piano di omicidio, ma non lo avevano denunciato.

Vorrei astenermi dal chiederle dettagli sul Putsch, poiché non sono rilevanti per la sua difesa. Mi dica solo una cosa: qualche comandante del fronte prese parte al Putsch?
No. Quali comandanti del fronte – se mai ce ne furono – fossero a conoscenza del Putsch pianificato non fu stabilito. Per quanto ne so, nessuno di loro. Il tentativo del Generale Beck di stabilire un contatto (con il Gruppo d'Armate Nord) fallì e fu respinto.

Quale parte ha avuto lei nella faccenda?
Ero presente quando esplose la bomba, e per ordine del Führer – che non fu privato della sua autorità governativa o esecutiva neanche per un istante – ho emesso tutte le istruzioni necessarie a tutti i servizi combattenti e ai comandanti dei distretti militari subordinati.

Ho sollevato questo argomento del complotto del 20 luglio 1944 in questo esame solo perché durante un'udienza precedente qualcuno l'ha accusata di essere colpevole, o complice, della morte del Feldmaresciallo Rommel.
Rommel fu gravemente incriminato dalla testimonianza di uno dei principali cospiratori, un tenente colonnello dello staff del governatore militare della Francia, von Stülpnagel. Il Führer mi mostrò il protocollo della testimonianza e ordinò al Capo del Personale dell'Esercito di convocare Rommel alla sua presenza; Rommel rifiutò di venire, poiché era troppo malato per viaggiare. A quel punto, il Führer ordinò al suo aiutante capo e al Capo del Personale dell'Esercito, Burgdorf, di andare a trovarlo, portando con sé il protocollo incriminante e una lettera che scrissi sotto dettatura di Hitler. In questa lettera si sottoponeva a Rommel che avrebbe dovuto presentarsi al Führer se si considerava innocente; se non poteva, allora il suo arresto era inevitabile, e sarebbe stato obbligato a rispondere delle sue azioni davanti a un tribunale. Avrebbe potuto considerare quali fossero le conseguenze di ciò; d'altra parte, c'era un'altra via d'uscita per lui.

Dopo aver esaminato il protocollo e la lettera, Rommel chiese se il Führer fosse a conoscenza dell'esistenza del protocollo; poi chiese al Generale Burgdorf del tempo per riflettere. Burgdorf aveva ordini personali da Hitler di impedire a Rommel di suicidarsi sparandosi; gli avrebbe offerto del veleno, in modo che la causa della morte potesse essere attribuita al danno cerebrale subito nell'incidente stradale; quella sarebbe stata una morte onorevole e avrebbe preservato la sua reputazione nazionale.

Mentre si allontanavano insieme per andare dal medico a Ulm, Rommel ingerì il veleno e morì. La vera causa della morte fu nascosta, per espresso desiderio di Hitler, e Rommel ricevette un funerale di stato con tutti gli onori militari.

È interessante considerare l'interrogatorio preliminare del Feldmaresciallo Keitel da parte del Colonnello americano Amen, pubblicato in "Nazi Conspiracy and Aggression", Supplemento B, p. 1256 e seguenti. In questo drammatico interrogatorio, una cosa che l'ufficiale americano ovviamente non riuscì affatto a cogliere, essendo completamente estraneo al Codice d'Onore Prussiano, diventa molto chiara: le azioni del feldmaresciallo erano basate unicamente sulle normali conseguenze che qualsiasi ufficiale tedesco (e specialmente uno di alto rango) deve trarre dal fallimento di un tentativo di azione basato, secondo Keitel, su motivi disonorevoli; ogni opportunità deve essere data all'ufficiale tedesco di scegliere questa via d'uscita. Durante il suo interrogatorio, espresse la sua illimitata ammirazione per le imprese militari e il coraggio di Rommel, e ovviamente considerò il veleno in questo caso un mezzo di suicidio migliore del tradizionale proiettile in testa, perché si temeva uno scandalo gigantesco – non tanto per il Terzo Reich quanto per Rommel e il corpo degli ufficiali – se il suicidio del Feldmaresciallo Rommel o, in alternativa, la sua condanna a morte da parte del Tribunale del Popolo fossero diventati di dominio pubblico. Da qui l'atteggiamento, per gli americani incomprensibile, mostrato da Keitel.

CAPITOLO 7

GLI ULTIMI GIORNI CON ADOLF HITLER – 1945[1]

Come una delle poche persone sopravvissute agli eventi dell'aprile 1945, sia dentro che fuori la Cancelleria del Reich, vorrei raccontare alcuni dei miei ricordi, a cominciare da quelli del 20 aprile, l'ultimo compleanno di Hitler.

Berlino e i sobborghi orientali della città erano già sotto il fuoco sporadico dell'artiglieria russa a lungo raggio di grosso calibro; alcuni bombardieri e aerei da ricognizione nemici avevano sorvolato l'estremità orientale della città, specialmente all'imbrunire e poco dopo, ma mantenevano una distanza rispettosa dalle nostre batterie antiaeree poste sulle torri Flak, che, oltre a fungere da difese contraeree, ingaggiavano con precisione le batterie a lungo raggio russe, mettendole ripetutamente a tacere. I combattimenti avevano già raggiunto i sobborghi più esterni di Berlino est, poiché la Nona Armata del generale Busse era stata sbaragliata vicino a Francoforte sull'Oder e Küstrin, e la nostra difesa dell'Oder era crollata.

Il Capo dell'Alto Comando (cioè Keitel in persona) e il suo Capo di Stato Maggiore operativo Jodl, insieme ai loro immediati subordinati, lavoravano ancora nel posto di comando costruito a Dahlem, nella Fehrbelliner Straße, dal Ministro della Guerra von Blomberg nel 1936, mentre lo Stato Maggiore operativo dell'OKW, che aveva lasciato i suoi quartieri vicini all'edificio del Comando della Zona Aerea in Kronprinzallee, si era trasferito con lo Stato Maggiore generale dell'Esercito, nel bunker dell'Ufficio della Guerra a Wünsdorf. Anche Jodl e io avevamo i nostri alloggi di emergenza lì; io stesso ero sistemato al numero 16 di Fehrbelliner Straße, l'ex casa del campione di boxe Schmeling.

Verso mezzogiorno del 20 aprile, le forze aeree britanniche e americane effettuarono il loro ultimo massiccio bombardamento sul centro di Berlino, la zona del quartiere governativo. Insieme a mia moglie, il Grandammiraglio Dönitz e sua moglie, e i nostri aiutanti, osservammo questo violento e orribile spettacolo da una piccola collinetta nel giardino degli alloggi di servizio del Grandammiraglio: egli era tornato a Berlino la notte precedente da Koralle, il suo quartier generale operativo vicino a Eberswalde, poiché il sito era ormai minacciato dall'avanzata russa.

Durante questo ultimo pesante bombardamento, in una giornata di sole, l'edificio della Cancelleria del Reich, già gravemente danneggiato, evitò ulteriori distruzioni; i nostri squadroni di caccia non fecero nulla per respingere l'attacco su Berlino, e le difese antiaeree erano impotenti contro un nemico che attaccava da tale altezza. Il raid durò quasi due ore, con i bombardieri che sfilavano in formazione serrata come in una parata aerea in tempo di pace, sganciando le bombe all'unisono.

Una conferenza di guerra era stata fissata per le quattro del pomeriggio nel bunker del Führer alla Cancelleria del Reich. Mentre Jodl ed io entravamo nel bunker, vedemmo il Führer, accompagnato da Goebbels e Himmler, salire verso le sale di rappresentanza della Cancelleria; rifiutai il suggerimento di un aiutante di unirmi a loro, poiché non avevo ancora avuto l'opportunità di salutare il Führer. Seppi che un gruppo di ragazzi della Gioventù Hitleriana era stato radunato al piano superiore della Cancelleria per ricevere decorazioni al valore, tra cui diverse Croci di Ferro, per il loro eccellente lavoro nei servizi antiaerei e di protezione durante i raid aerei nemici.

Dopo che il Führer rientrò nel bunker, Göring, Dönitz, Keitel e Jodl furono chiamati uno per uno nel suo piccolo salotto accanto alla sala delle conferenze per congratularsi con lui in occasione del suo compleanno. Tutti gli altri partecipanti alla conferenza furono salutati dal Führer con una semplice stretta di mano quando entrò nella sala, senza ulteriori attenzioni per il suo compleanno.

Quando mi trovai faccia a faccia con il Führer, mi resi conto di non riuscire a congratularmi con lui: dissi qualcosa sul fatto che la sua miracolosa sopravvivenza all'attentato del 20 luglio e la sua

---

[1] Questo ultimo capitolo fu scritto quando già Keitel aveva già ascoltato la condanna di morte da parte del tribunale di Norimberga.

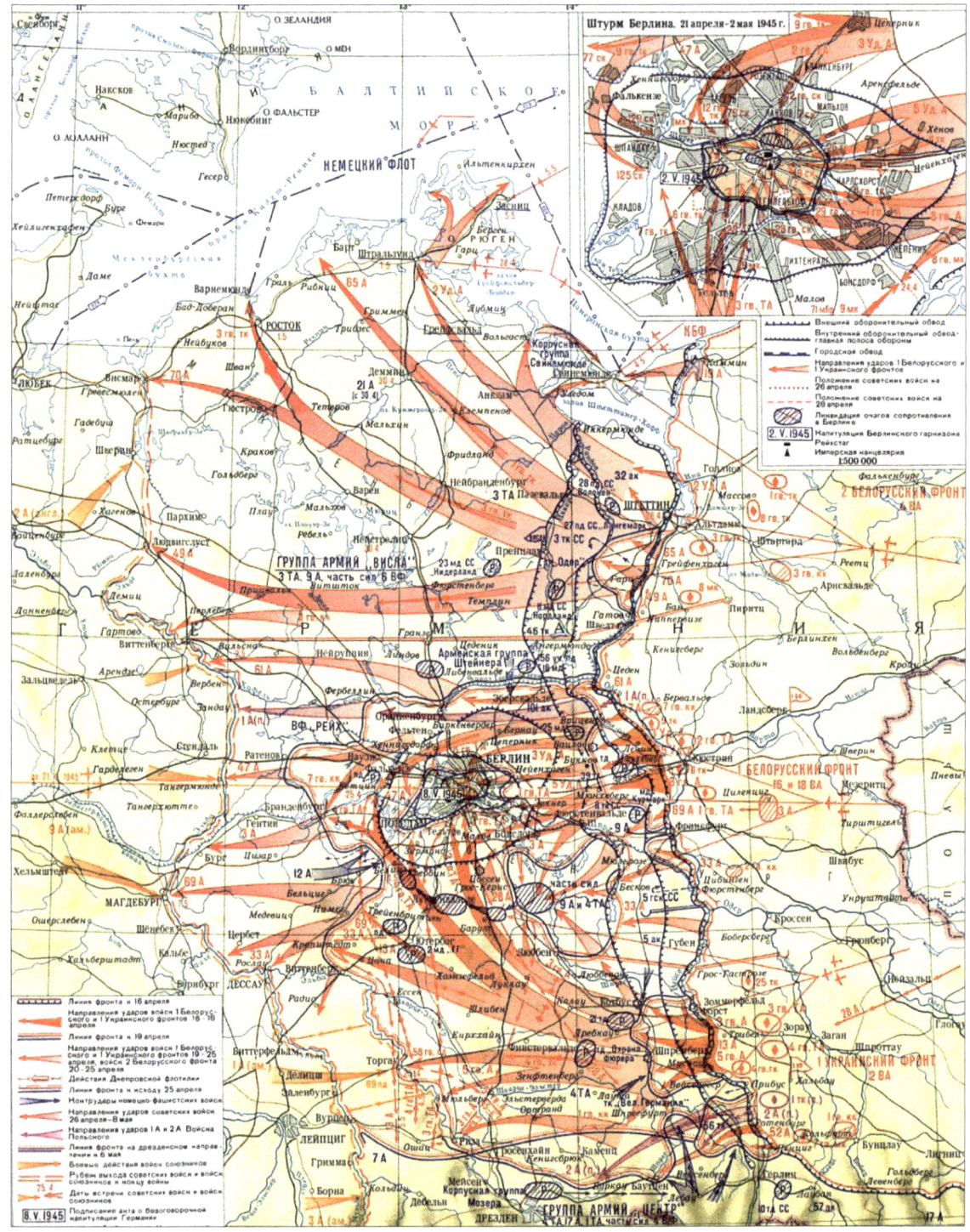

▲ L'assalto finale a Berlino da parte dell'armata rossa nell'aprile del 1945. Wikipedia PD.
Nella pagina a destra: mappa particolareggiata della battaglia di berlino nei quartieri governativi. Artwork di Enrico Ricciardi e Luca cristini dal libro "Berlino 1945" edito da Soldiershop.

presenza fino a quel giorno, il suo compleanno, il mantenere ancora saldamente nelle sue mani il comando supremo in un momento così grave in cui l'esistenza stessa del Reich che lui stesso aveva creato ed era minacciata come mai prima, ispirasse in tutti noi la fiducia che avrebbe tratto la logica inevitabile conclusione: dissi che credevo dovesse avviare trattative di resa prima che la capitale del Reich stessa diventasse un campo di battaglia.

Stavo per continuare in questo tono quando mi interruppe con le parole: «*Keitel, so cosa voglio; cadrò combattendo, dentro o fuori Berlino.*» A me sembrava uno slogan vuoto, e lui si accorse che cercavo di dissuaderlo dall'idea; mi tese la mano e disse: «*Grazie. Chiami Jodl, per favore. Ne parleremo più tardi.*» Fui congedato dalla sua stanza. Cosa avesse discusso con Jodl, non lo seppi mai.

La conferenza di guerra si svolse come al solito negli angusti spazi del bunker. Il generale Krebs, dell'Alto Comando dell'Esercito, descrisse la situazione sul fronte orientale, mentre Jodl riferì sugli altri teatri di guerra. Nel frattempo, Göring e io ci ritirammo nelle stanze private e discutemmo della sua intenzione di evacuare il suo quartier generale operativo a Berchtesgaden, dato che Karinhall era già in grave pericolo e la sede dello Stato Maggiore operativo della Luftwaffe, era ormai tagliata fuori, seppure saltuariamente, dalle reti di comunicazione. Göring pensava di andarci in auto, nel qual caso era giunto il momento di partire, poiché tra Halle e Lipsia rimaneva solo una strada principale verso sud ancora libera dalle avanguardie nemiche. Consigliai a Göring di andarsene, e lui mi chiese se avrei suggerito a Hitler di trasferire il quartier generale operativo della Luftwaffe a Berchtesgaden. Nonostante la situazione critica, soprattutto nel teatro italiano, la conferenza di guerra si svolse con calma, senza le solite esplosioni di rabbia incontrollata. Il Führer prese diverse decisioni chiare e

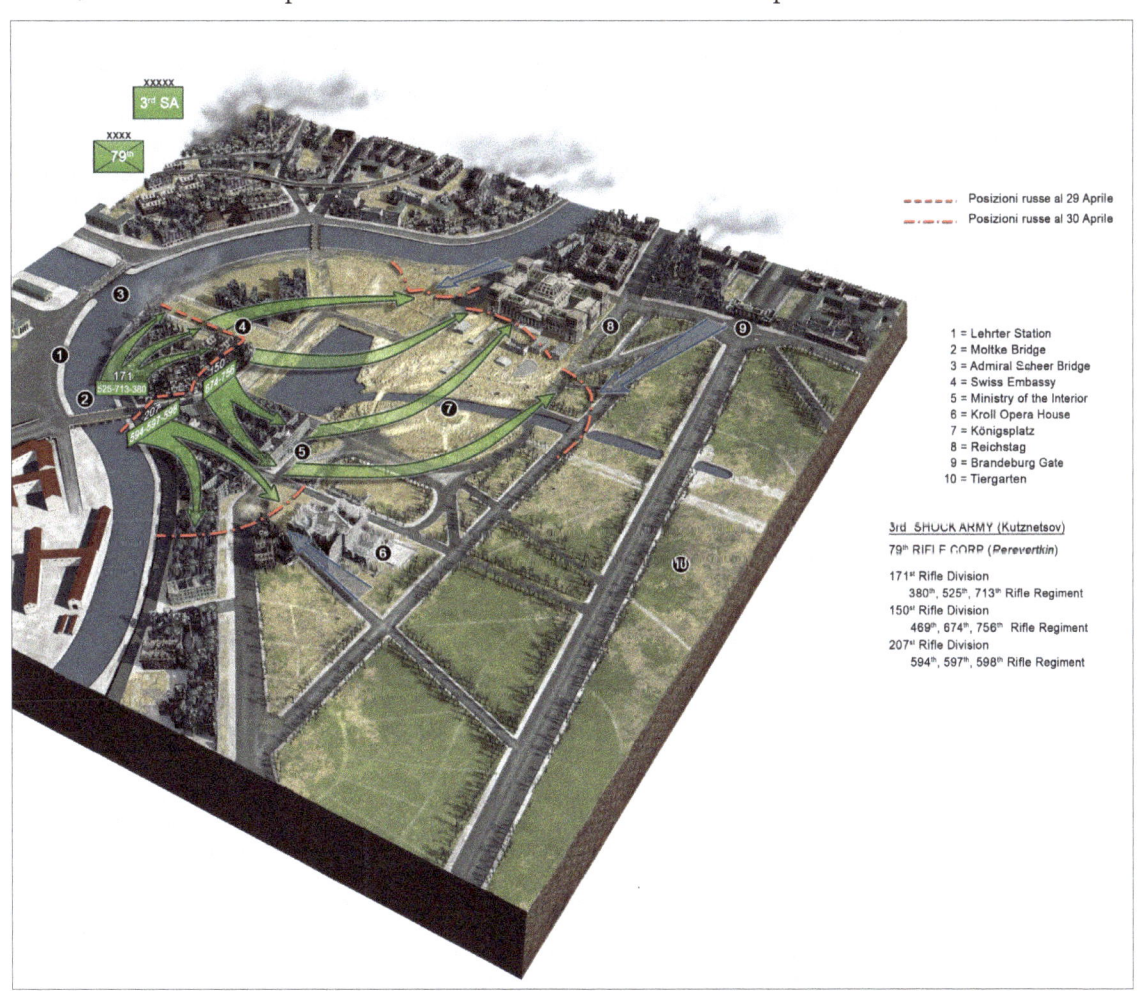

obiettive; la sua emotività era ben controllata. Quando avanzai la proposta che Göring partisse per il sud prima che le comunicazioni venissero completamente interrotte, Hitler acconsentì e arrivò persino a suggerirlo lui stesso a Göring.

Il mio movente, in realtà, era la mia ferma convinzione che il Führer e lo Stato Maggiore operativo dell'OKW, come previsto dagli ordini, avrebbero trasferito il comando supremo a Berchtesgaden, anche solo una volta consolidata la situazione dei combattimenti attorno a Berlino; se necessario, avrebbero dovuto fuggire in aereo, di notte. Gli aerei per questa evenienza erano già pronti, e tutto il personale non strettamente necessario al quartier generale del Führer a Berlino era già stato inviato a Berchtesgaden con treni speciali e convogli di camion. Lo stesso valeva per l'OKW e l'Alto Comando dell'Esercito, che erano stati divisi in due: un Comando Nord (per Dönitz) e uno Sud, a Berchtesgaden. Dönitz avrebbe assunto il comando di tutte le forze armate nella Germania settentrionale non appena il centro e il sud fossero stati tagliati fuori dal nord dall'incontro tra truppe americane e russe a sud di Berlino. Hitler stesso aveva firmato gli ordini in tal senso, poiché intendeva assumere il comando nel sud, mantenendo il contatto radio con Dönitz.

Al nostro ritorno a Dahlem, il 20 aprile, informai Jodl della mia decisione di far volare a Berchtesgaden tutto il personale di cui potevamo fare a meno; il mio treno speciale era già partito due giorni prima. Con il mio aiutante Szymonski al comando, il mio aereo privato decollò in pieno giorno, pilotato dall'ingegnere aeronautico Funk e con un equipaggio al completo, trasportando il generale Winter, il dottor Lehmann, la signora Jodl e mia moglie a Praga, dove un'auto di servizio li attendeva per poi portarli a Berchtesgaden. L'aereo tornò a Berlino-Tempelhof quella stessa sera, rimettendosi a mia disposizione. Tutto questo fu fatto per alleviare la pressione e preparare il trasferimento imminente del quartier generale del Führer a Berchtesgaden, una mossa che, a quel punto, era fuori discussione.

21 Aprile 1945

Il 21 aprile 1945 il generale Schörner, comandante del più grande e potente Gruppo d'Armate del Fronte Orientale (il Gruppo d'Armate Centro), che operava dai Carpazi fino quasi a sud di Francoforte sull'Oder, arrivò per fare un rapporto personale al Führer sullo stato della situazione. Si incontrarono in udienza privata, e quando Jodl ed io entrammo nel bunker del Führer quel pomeriggio, Schörner stava appena congedandosi. Era evidente che il Führer ne fosse stato grandemente rincuorato, poiché pronunciò alcune ottimistiche osservazioni cui Schörner fece eco, e poi ci invitò a congratularci con l'ultimo "feldmaresciallo" della Germania.

Mentre la conferenza di guerra procedeva, divenne chiarissimo che Schörner aveva infuso nel Führer un'esagerata fiducia nel proprio fronte e nella propria leadership, e che Hitler vi si aggrappava come un naufrago a una paglia, nonostante nel quadro complessivo solo un settore limitato del fronte stesse ancora opponendo resistenza. La situazione era ormai disperata a ovest e in Italia; i russi erano alle porte di Berlino.

L'umore del Führer si risollevò ulteriormente quando, a sorpresa per noi, il generale Wenck, comandante della neoformata Dodicesima Armata, fece la sua comparsa durante la conferenza per aggiornare Hitler sulla posizione delle sue divisioni, sulle sue intenzioni operative e sul calendario del suo attacco a sorpresa contro le formazioni americane operanti nella regione dello Harz e avanzanti verso l'Elba. Poiché il generale Wenck è sopravvissuto ed è in prigionia americana, lascerò a lui il compito di descrivere in futuro quali fossero i suoi obiettivi, intenzioni e prospettive; io stesso non ho mappe ne documenti a cui riferirmi.

Il Führer teneva in particolare considerazione Wenck come energico ma cauto ufficiale di stato maggiore, per come lo aveva conosciuto; era stato il più stretto collaboratore del capo di stato maggiore generale Guderian, il suo braccio destro e rappresentante permanente, ed era stato personalmente scelto dal Führer per il comando della nuova Dodicesima Armata. Si sperava che quest'ultima potesse cambiare la situazione tra i monti della Germania centrale e l'Elba, eliminando le forze nemiche - ritenute deboli - nell'area di Magdeburgo-Lüneburg-Brunswick ricongiungendosi quindi con il grup-

▲ Le ultime truppe a difesa della capitale del Reich erano costituite da anziani della Volksturm e ragazzini della Hitler Jugend... Artwork di Enrico Ricciardi

▲ Soldati russi impegnati nell'assalto finale alla capitale del Reich. Artwork di Enrico Ricciardi

po corazzato che aveva attraversato l'Elba a sud di Lauenburg e che combatteva nei pressi di Uelzen. Considerando il carattere improvvisato della sua formazione, la complessità della situazione, che teneva impegnate le nostre forze su tutti i fronti, e l'inferiorità numerica dell'armata in questione, non riuscivo a comprendere né l'ottimismo del Führer né quello del generale Wenck. Sono convinto che Wenck non sperasse onestamente di ottenere più di un successo locale, e certamente non una vittoria strategica. Ma anche in questo caso l'evidente autoinganno del Führer veniva solo accresciuto dai generali di cui si fidava, e questo a sua volta alimentava in lui speranze che si sarebbero rivelate fatali per noi.

Solo chi, come me, ha visto e sentito centinaia di casi in cui persino alti comandanti non osavano opporsi al Führer in momenti come questi per dirgli ciò che pensavano e ritenevano fattibile, ha il diritto di respingere l'accusa di "debolezza" tra i più stretti consiglieri del Führer.

Mentre Jodl ed io tornavamo insieme nella mia auto quella sera dopo la conferenza di guerra, come era nostra abitudine, entrambi esprimemmo il nostro stupore per come il Führer fosse apparso così ottimista, o almeno avesse potuto parlare con tanta sicurezza. Schörner e Wenck dovevano avergli infuso questo nuovo spirito. Ci chiedevamo se davvero non vedesse quanto fosse disperata la nostra posizione? No, doveva averlo visto, ma si rifiutava di ammettere che potesse essere vero.

All'ora consueta, nel pomeriggio del 22 aprile, ci recammo alla conferenza di guerra. Vidi subito che nubi pesanti gravavano sull'atmosfera; il volto del Führer era giallo-grigiastro e aveva un'espressione di pietra. Era estremamente nervoso, la mente gli vagava e per due volte lasciò la sala della conferenza per la sua stanza privata posta accanto.

In nostra assenza, la situazione sul fronte orientale e il grave peggioramento della posizione attorno a Berlino erano stati illustrati a mezzogiorno dal generale Krebs, che aveva preso il posto del generale Wenck come rappresentante di Guderian, capo di stato maggiore generale, mandato in congedo permanente alcune settimane prima.

Ora non solo c'erano combattimenti stradali nei sobborghi orientali di Berlino, ma a seguito della rotta della Nona Armata a sud, i russi avevano già raggiunto la zona di Jüterbog, e il più grande e importante deposito centrale di munizioni dell'esercito era quindi in grave e immediato pericolo; dovevamo prepararci a darlo per perso. C'era anche una crescente pressione nemica sulla periferia nord di Berlino, sebbene su entrambi i fianchi di Eberswalde il fronte dell'Oder del colonnello-generale Heinrici resistesse ancora saldamente.

Jodl ed io venimmo a conoscenza di questo peggioramento nella battaglia di Berlino solo una volta giunti alla Cancelleria del Reich. Il comandante di Berlino aveva ricevuto ordini personali dal Führer quel mezzogiorno per la protezione della Città Interna e del quartiere governativo.

Jodl cercò di rendere la conferenza il più breve possibile. Il Gruppo d'Armate Ovest (cioè le formazioni sotto il Comandante in Capo Ovest, il Feldmaresciallo Kesselring) era già stato respinto nel sud della Germania, nel Harz, dalla Turingia; c'erano combattimenti a Weimar, Gotha, Schweinfurt e così via; nel nord della Germania erano stati spinti fino all'Elba e nella regione a sud di Amburgo.

Alla fine della conferenza, chiesi un colloquio con il Führer, accompagnato solo da Jodl. Una decisione non poteva più essere rinviata: prima che Berlino diventasse un campo di battaglia con combattimenti casa per casa, dovevamo o offrire la resa o fuggire volando a Berchtesgaden di notte per avviare le trattative di resa da lì. Feci svuotare la sala della conferenza e mi trovai solo con Hitler, poiché Jodl era stato appena convocato al telefono. Come spesso accadeva nella mia vita, Hitler mi interruppe dopo poche parole e disse: «So già cosa stai per dirmi: "La decisione deve essere presa ora!" Ho già preso una decisione: non lascerò mai più Berlino; difenderò la città con il mio ultimo respiro. O dirigo la battaglia per la capitale del Reich, se Wenck riesce a tenere gli americani lontano da me e a respingerli oltre l'Elba, o andrò giù con le mie truppe a Berlino, combattendo per il simbolo del Reich!»

Gli dissi senza mezzi termini che quella era follia e che, nella situazione attuale, ero costretto a chiedergli di volare quella stessa notte a Berchtesgaden per garantire la continuità del comando sul

Reich e sulle Forze Armate, cosa che non poteva essere garantita a Berlino, dove le comunicazioni potevano essere interrotte da un momento all'altro.

Il Führer spiegò: «Non c'è nulla che ti impedisca di volare a Berchtesgaden immediatamente. Anzi, ti ordino di farlo. Ma io stesso rimarrò a Berlino. L'ho già annunciato al popolo tedesco e alla capitale del Reich alla radio un'ora fa. Non posso ritirarmi.»

In quel momento entrò Jodl. In sua presenza, spiegai che non avevo assolutamente intenzione di volare a Berchtesgaden senza di lui, Hitler; era fuori discussione. Non si trattava solo della difesa o della perdita di Berlino, ma del comando di tutte le forze armate su ogni fronte, che non poteva essere garantito dalla Cancelleria del Reich se la situazione nella capitale fosse peggiorata ulteriormente. Jodl concordò in pieno e spiegò che, se le comunicazioni con il sud fossero state interrotte del tutto, e il grande cavo era già stato tagliato nella Foresta della Turingia, non ci sarebbe stata più possibilità di dirigere le operazioni dei Gruppi d'Armata di Schörner (Centro), Rendulic (Sud), dei Balcani (Croazia nord-occidentale), Italia (sud-ovest), posto sotto il Colonnello Generale von Vietinghoff-Scheel o Ovest (Feldmaresciallo Kesselring); la sola comunicazione radio non sarebbe stata più sufficiente. L'organizzazione del comando separato avrebbe dovuto essere attuata immediatamente e il Führer avrebbe, come previsto, dovuto volare a Berchtesgaden per rimanere al comando.

Il Führer chiamò Bormann, e ripeté a noi tre l'ordine di volare a Berchtesgaden quella notte, dove io avrei assunto il comando, con Göring come suo rappresentante personale. Tutti e tre annunciammo che ci rifiutavamo di farlo. Dissi: "In sette anni non ho mai rifiutato di eseguire un ordine da parte tua, ma questo è un ordine che non eseguirò mai. Non puoi e non devi abbandonare le Forze Armate in questo modo, tanto meno in un momento come questo." Lui rispose: "Rimango qui, e basta. L'ho annunciato deliberatamente senza il vostro sapere, così mi impegno. Se bisogna negoziare con il nemico, come ora, allora Göring è più bravo e adatto di me a farlo. O combatto e vinco la battaglia di Berlino, o vengo ucciso a Berlino. Questa è la mia decisione finale e irrevocabile.»

Vidi che era inutile continuare questa discussione con Hitler avvolto come era nel suo stato d'animo, e annunciai che sarei partito immediatamente dalla Cancelleria del Reich per andare al fronte a vedere il generale Wenck, annullare tutti gli ordini riguardanti le sue operazioni e invitarlo a marciare su Berlino e unirsi alle unità della Nona Armata che combattevano a sud della città. Avrei riferito al Führer il nuovo stato della situazione e i movimenti di Wenck il giorno dopo a mezzogiorno, e da lì avremmo potuto guardare avanti. Il Führer accettò immediatamente la mia proposta; ovviamente, ciò gli diede un certo sollievo dalla posizione francamente orribile in cui si era messo.

Su suo ordine mi furono forniti abbondanti viveri; mentre gustavo una ciotola di zuppa di piselli prima della mia partenza, esaminai con Jodl le altre misure da adottare. Mi suggerì che il comando superiore dovesse essere tutelato nel caso in cui la famiglia del Führer dovesse abbandonare il suo piano come delineato nell'emotiva scena poco prima. Entrambi concordammo subito che, in tal caso, sarebbe stato impossibile comandare dal bunker della Cancelleria del Reich, ma d'altro canto non saremmo andati a Berchtesgaden per non rinunciare né al Führer né al contatto con lui; ma non saremmo rimasti neppure nella Cancelleria del Reich né a Berlino, poiché in quel caso avremmo perso ogni contatto con i vari fronti.

Su questa base, autorizzai Jodl a prendere le disposizioni necessarie affinché lo staff combinato del OKW e dell'Ufficio di Guerra previsto per Berchtesgaden trasferisse tutte le rimanenti unità ancora a Wunsdorf sotto il comando del Tenente Generale Winter (vicecapo dello staff operativo OKW) immediatamente a Berchtesgaden, per salvaguardare il comando operativo a sud, mentre lo staff di comando del Nord avrebbe dovuto essere riunito quella stessa sera presso la caserma di Krampnitz, vicino a Potsdam, località a cui ci saremmo trasferiti anche noi due con i nostri ufficiali immediati. Il comando generale sarebbe dovuto rimanere per il momento al Führer, mantenendo il contatto con la Cancelleria del Reich in ogni momento, con le conferenze quotidiane di guerra che continuavano come prima. Questo lasciava ancora aperta la strada per la soluzione che avevamo originariamente previsto, poiché eravamo entrambi fermamente decisi a dissuadere il Führer, a qualunque costo,

▲ Dopo aver combattuto nella prima guerra mondiale, questi anziani leggono ora che devono fare anche la seconda.

dalla sua mania di soccombere a Berlino. Jodl si impegnò a informare il generale Wenck, possibilmente via radio, del mio arrivo e dell'ordine che intendevo dargli; poi ci separammo. Partii direttamente dalla Cancelleria del Reich, accompagnato dal mio ufficiale di stato maggiore, il maggiore Schlottmann, e con il mio autista sempre allegro, Monch, al volante. Vagammo per tutta Nauen e Brandeburgo con grandi difficoltà, poiché erano stati recentemente devastati da un raid aereo e non rimaneva altro che un deserto di rovine; la strada diretta che portava a sud fino al quartier generale di Wenck era stata bloccata irrimediabilmente. Alla fine, trovai Wenck poco prima di mezzanotte in una solitaria casa del guardaboschi. Il nostro ritrovamento del posto fu pura fortuna e casualità, poiché incontrai un motociclista che mi guidò prima al quartier generale del generale Koehler, e il generale Koehler mi fornì un autista che conosceva i sentieri forestali che portavano al quartier generale della Dodicesima Armata.

In un incontro a tu per tu con il generale Wenck, delineai la situazione che si era sviluppata nel pomeriggio precedente nella Cancelleria del Reich, e gli feci capire che la mia ultima speranza di portare il Führer fuori da Berlino dipendeva esclusivamente dal successo della sua breccia verso la capitale e dall'unirsi con la Nona Armata. Pensavo addirittura di rapire il Führer, se necessario con la forza dalla Cancelleria del Reich, se non fossimo riusciti a fargli capire ragione, cosa che ormai osavo a malapena sperare dopo la sua disastrosa performance nel pomeriggio precedente. Tutto dipendeva, gli dissi, dal successo della nostra operazione, a qualunque costo.

Wenck chiamò il suo capo di stato maggiore; con una mappa, tracciammo la situazione attorno a Berlino come la conoscevo dal giorno precedente; poi lasciai gli uomini da soli e mi dedicai alla mia cena nella sala della casa del guardaboschi, mentre Wenck dettava il nuovo ordine alla sua armata che gli avevo chiesto di preparare, per riportarlo al Führer. Circa un'ora dopo, ripartii con l'ordine dell'armata in tasca, avendo offerto di consegnare l'ordine di Wenck al generale Koehler sulla via del ritorno, e di informarlo personalmente e visitare anche i suoi comandanti di divisione durante la notte. Volevo esercitare la mia influenza personale su tutti questi comandanti di truppe e far loro capire sia il significato cruciale del compito che li attendeva sia l'assicurazione che, se le cose fossero andate male, sarebbe stato un brutto risveglio per la Germania. Wenck fu e rimase l'unico a conoscere i miei pensieri più intimi e la mia intenzione di rapire il Führer da Berlino prima che il destino della capitale fosse segnato.

All'alba, dopo una faticosa ricerca, raggiunsi il posto di comando della divisione più vicina al fronte; aveva già emesso ordini per attaccare in linea con la situazione cambiata e le nostre nuove intenzioni. Trovai il comandante della divisione in un villaggio, mentre si udivano suoni di battaglia a una certa distanza. Chiesi che mi accompagnasse immediatamente al suo reggimento più avanzato, affinché potesse esercitare un'influenza personale sulle sue truppe e perché volevo parlare personalmente con il comandante del reggimento. Era una divisione recentemente formata nella capitale da unità e ufficiali della milizia. Naturalmente, non era truppa temprata alla battaglia, ma i suoi ufficiali e uomini erano animati da uno spirito magnifico; i loro ufficiali superiori, ovviamente energici e temprati dalla guerra, costituivano un buon valore aggiunto, poiché solo il loro esempio personale poteva compensare la mancanza di addestramento e autostima dei loro ufficiali subalterni. Dopo aver fatto capire loro l'importanza del compito da svolgere, sia con la mia presenza che con un discorso, feci una breve sosta al quartier generale del generale Holste sulla via del ritorno a Krampnitz; era responsabile di proteggere la linea del fiume Elba contro un eventuale attraversamento da parte degli americani da ovest. Discutemmo la posizione in dettaglio con Holste, un mio vecchio camerata di reggimento del 6° Reggimento di Artiglieria, di cui posso garantire l'entusiasmo e la vitalità e gli sottolineai l'importanza del suo ruolo, che era il prerequisito per il successo delle operazioni della Dodicesima Armata (alla quale lo subordinai immediatamente): Holste era assolutamente convinto, dalle informazioni ricevute dalle truppe e dall'intelligence nemica, che gli americani non stessero preparando attacchi verso est oltre l'Elba.

Verso le undici di quella mattina del 23 aprile 1945 rientrai a Krampnitz—naturalmente stanco

▲ La Pariser Platze e la Porta di Brandeburgo con macerie e feriti con cure improvvisate. Bundesarchiv Wiki cc-1

▲ Armati di panzerfaust, questi tre poveri vecchietti avrebbero dovuto fermare le armate corazzate sovietiche. Bundesarchiv Wiki cc-1

morto—e, dopo aver consultato Jodl, mi recai alla Cancelleria del Reich per riferire al Führer. Poiché ci fu ordinato di presentarci da lui alle due, riuscii prima a dormire un'ora buona.

A differenza del pomeriggio precedente, trovai il Führer molto calmo, e questo riaccese in me nuove speranze di riportarlo alla ragione e di persuaderlo ad abbandonare il suo sfortunato piano. Dopo che il generale Krebs ebbe descritto la situazione sul fronte orientale, dove non si erano verificati peggioramenti sensibili, e Jodl sui restanti fronti, riferii in via confidenziale al Führer, alla sola presenza di Jodl e Krebs, la mia visita al fronte.

Per prima cosa gli consegnai l'ordine della Dodicesima Armata emesso da Wenck; il Führer lo esaminò attentamente e lo trattenne. Sebbene non fece alcun commento, ebbi l'impressione che ne fosse pienamente soddisfatto. Esposi in dettaglio l'esito dei miei colloqui con i comandanti di truppa e gli riferii le impressioni che avevo tratto personalmente sul posto. Nel frattempo, erano giunte notizie dell'avanzata dell'attacco condotto dal Corpo d'Armata del generale Koehler verso Potsdam, a nord-est. Il Führer chiese se fosse già stato stabilito un contatto tra loro e la Nona Armata, domanda alla quale non potei rispondere. Neppure il generale Krebs aveva ricevuto rapporti in tal senso dalla Nona Armata, la cui comunicazione radio era monitorata dall'ufficio segnali della Cancelleria del Reich. Krebs fu nuovamente incaricato di ordinare alla Nona Armata di stabilire contatto con la Dodicesima Armata e di ripulire le forze nemiche presenti tra di esse.

Infine, richiesi nuovamente un colloquio privato. Il Führer disse che voleva che Jodl e Krebs fossero presenti anche questa volta; mi fu subito chiaro che intendeva mantenere la stessa posizione del giorno precedente, ma questa volta davanti a testimoni. Il mio rinnovato tentativo di convincerlo a lasciare Berlino fu categoricamente respinto. Solo che questa volta mi fornì la sua spiegazione in perfetta calma: spiegò che il solo fatto di sapere che lui si trovava a Berlino avrebbe ispirato nei suoi soldati la determinazione a resistere, e avrebbe evitato che la popolazione cedesse al panico. Questa era purtroppo ora la condizione preliminare per il successo delle operazioni avviate per il soccorso di Berlino e per la battaglia che ne sarebbe seguita per la città stessa. Un solo fattore poteva ancora offrire speranza di realizzare tale successo, che riteneva ancora possibile: la fede del popolo in lui. Per questo motivo avrebbe diretto personalmente la battaglia di Berlino, fino alla fine. La Prussia Orientale, ricordava, era stata difesa così a lungo solo perché lui aveva mantenuto lì il suo quartier generale a Rastenburg; ma il fronte era crollato non appena aveva cessato di sostenerlo con la sua presenza. Lo stesso destino sarebbe toccato a Berlino; perciò, non avrebbe modificato la sua decisione né tradito l'impegno preso con l'esercito e con la popolazione della città.

Espose questo concetto senza il minimo segno di agitazione, con voce ferma. Quando ebbe finito, gli dissi che mi sarei recato subito al fronte per visitare Wenck, Holste e gli altri, per incitare personalmente i loro comandanti e riferire loro che il Führer si attendeva da loro non solo la difesa di Berlino, ma anche la sua liberazione. Senza dire una parola, mi porse la mano e lo lasciammo.

Poco dopo, con un pretesto qualsiasi, riuscii a parlare con Hitler ancora una volta, ma da solo, nella sua stanza privata accanto alla sala conferenze. Gli dissi che il nostro contatto personale con lui avrebbe potuto essere interrotto in qualsiasi momento, se i russi fossero scesi da nord tagliando le comunicazioni tra Krampnitz e Berlino. Potevo sapere se erano già stati avviati negoziati con le potenze nemiche, e da chi sarebbero stati condotti? In un primo momento disse che era ancora troppo presto per parlare di resa, ma poi cominciò a insistere sul fatto che si può sempre negoziare meglio dopo aver ottenuto una vittoria locale; in questo caso, la "vittoria locale" sarebbe stata la battaglia di Berlino. Quando gli dissi che non ero soddisfatto, mi disse che in realtà stava conducendo da tempo colloqui di pace con l'Inghilterra tramite l'Italia, e che proprio quel giorno aveva convocato Ribbentrop per discutere con lui delle prossime mosse; preferiva non entrare nei dettagli con me in quel momento, ma di certo non sarebbe stato lui a perdere il sangue freddo. Questo, disse il Führer, era tutto ciò che c'era da dire sull'argomento, per il momento.

Gli dissi che sarei tornato il giorno seguente dalla visita al fronte per riferirgli gli sviluppi della situazione. Poi mi ritirai, senza sospettare che non ci saremmo mai più rivisti.

Tornai a Krampnitz con Jodl. Durante il tragitto convenimmo apertamente che non potevamo lasciare le cose come stavano, discutemmo la possibilità di rapire il Führer dal suo bunker, magari anche con la forza. Jodl mi disse che ci stava pensando anch'egli dal giorno prima, benché non avesse osato parlarne. Mentre si trovava nel bunker della Cancelleria del Reich quel giorno, aveva valutato le possibilità di mettere in pratica un tale piano e aveva fatto un sopralluogo: il piano era del tutto impraticabile, viste le forti presenze di guardie SS e il servizio di sicurezza personale che aveva giurato fedeltà al Führer; senza la loro collaborazione, qualsiasi tentativo sarebbe stato destinato al fallimento. Uomini come il generale Burgdorf, gli aiutanti militari, Bormann e gli aiutanti delle SS si sarebbero sicuramente opposti. Pertanto rinunciammo all'idea.

Jodl riteneva inoltre che avremmo dovuto attendere l'esito delle iniziative che aveva intrapreso con Göring; la sera del 22 aveva descritto nei minimi dettagli a Koller, Capo di Stato Maggiore dell'Aeronautica, gli eventi del pomeriggio alla Cancelleria del Reich, sottolineando che il Führer aveva deciso di restare a Berlino, vincitore o vittima; Jodl aveva inviato Koller da Göring a Berchtesgaden per metterlo rapidamente al corrente della crisi che si era così venuta a creare. Solo Göring poteva intervenire, in quanto ne aveva la competenza.

Approvai immediatamente l'iniziativa di Jodl e gli fui grato per aver preso l'iniziativa in una direzione alla quale non avevo nemmeno pensato io stesso.

Quando facemmo ritorno a Krampnitz, tutta la nostra organizzazione, ossia lo stato maggiore operativo dell'OKW più l'Ufficio Guerra (Nord), che Jodl aveva unificato in uno Stato Maggiore del Comando Nord sotto il suo stesso comando era sul punto di trasferirsi. Avendo ricevuto una notizia non confermata della presenza di cavalleria russa in ricognizione verso Krampnitz da nord, il comandante del presidio aveva già fatto saltare in aria il grande deposito di munizioni, senza attendere alcun ordine in merito, e aveva ordinato l'evacuazione della caserma. Purtroppo, non ebbi tempo di chiedere conto a quel ufficiale isterico che aveva appena annientato la scorta di munizioni per Berlino.

Il generale Wenck aveva spostato il suo quartier generale ancora più a nord, e al mio arrivo, poco dopo il tramonto, si trovava in un'altra casa forestale. Aveva cercato di stabilire un contatto con una delle sue divisioni corazzate sull'altra sponda dell'Elba, ma senza successo. Lo sollecitai con urgenza a concentrare le sue operazioni, ora più che mai, unicamente su Berlino, e a far valere la propria influenza personale, poiché il destino del Führer dipendeva dall'esito di quest'ultima battaglia, non da incursioni di carri armati oltre l'Elba.

Mi attendeva lì una telefonata da parte di Jodl; mi comunicò che, nel corso della notte, era purtroppo stato costretto a evacuare Krampnitz a causa della vicinanza del nemico, contro il quale, in quel momento, avrebbe potuto opporre solo due compagnie corazzate. Stava pertanto trasferendo il quartier generale dell'OKW, cioè il nostro centro operativo verso un accampamento nella foresta a Neu-Roofen, tra Rheinsberg e Fürstenberg; il campo era stato originariamente attrezzato con apparecchiature radio e di comunicazione per Himmler, ma al momento era vuoto e completamente a nostra disposizione. Acconsentii subito, ovviamente, con la condizione aggiuntiva che fosse mantenuto il contatto radio con la Cancelleria del Reich e che il Führer fosse informato del nostro spostamento.

Mi resi subito conto che non vi era più alcuna garanzia che le conferenze militari quotidiane nel bunker del Führer potessero proseguire, poiché con ogni probabilità il nemico ci avrebbe tagliato, già l'indomani, la via di Krampnitz verso Berlino. Ma ormai non vi era altra opzione praticabile.

Dopo aver cercato di far comprendere al generale Wenck la gravità della situazione e l'importanza del compito assegnatogli di riaprire l'accesso a Berlino, e dopo avergli ordinato di recarsi personalmente alla Cancelleria del Reich per informare il Führer, partii nella notte per recarmi al quartier generale di Holste, che raggiunsi poco prima di mezzanotte. Con Holste esaminai nel dettaglio il compito che ora lo attendeva: alleggerendo il fronte occidentale, che fronteggiava forze americane "apparentemente" non intenzionate ad attraversare l'Elba, Holste avrebbe dovuto concentrare tutte le sue forze e proteggere il fianco settentrionale della 12ª Armata di Wenck contro eventuali minacce o attacchi da parte dei russi.

A quell'epoca, vi era ancora qualche possibilità di ristabilire l'accesso a Berlino attraverso Potsdam e Krampnitz, se:
1. l'avanzata della 12ª Armata avesse portato alla completa liberazione di Potsdam e delle sue comunicazioni con Berlino;
2. la 12ª e la 9ª Armata fossero riuscite a congiungersi a sud di Berlino;
3. l'attacco in corso, ordinato personalmente dal Führer e portato avanti dal Corpo Corazzato del generale delle SS Steiner da nord, fosse riuscito a sfondare fino alla strada Berlino–Krampnitz, pur trattandosi di un territorio poco adatto alle operazioni di carri armati, angusto e facilmente bloccabile dal nemico.

Il solo ostacolo del generale Holste era stabilire un contatto con il Gruppo d'Armata di Heinrici e con il Corpo Corazzato di Steiner, a nord-ovest di Berlino: se fosse riuscito in ciò, avrebbe potuto sfruttare le impraticabili paludi dell'Havelland per chiudere il varco con forze relativamente contenute. Rassicurai Holste che ordini in tal senso sarebbero stati inviati al Gruppo d'Armata di Heinrici, e ripartii nella notte; all'alba passai per Rheinsberg, una cittadina tranquilla e pacifica, e dopo lunghe ricerche raggiunsi il nostro accampamento a Neu-Roofen, dove anche Jodl e il suo staff diretto erano appena arrivati, verso le otto del mattino. Il campo era così ben nascosto nella foresta, lontano dal villaggio e dalla strada, che solo le guide locali riuscirono a condurci fin lì.

La dolorosa consapevolezza del nostro distacco fisico dalla Cancelleria del Reich e della nostra dipendenza da comunicazioni radio e telegrafiche rafforzarono in me la decisione di assumere personalmente la responsabilità delle decisioni, contrariamente a quanto fatto in passato, non appena non fossi più in grado di ricevere comunicazioni telefoniche da lì; quella mattina telefonai alla Cancelleria del Reich e parlai prima con uno degli aiutanti militari, poi con il generale Krebs, chiedendo una linea diretta con il Führer non appena fosse stato disponibile.

Verso mezzogiorno del 24 aprile feci un rapporto personale a Hitler sulle mie ultime visite al fronte; menzionai i progressi favorevoli compiuti dalla 12ª Armata nella sua avanzata verso Potsdam e aggiunsi che intendevo presentarmi alla Cancelleria del Reich in serata. Mi vietò di recarmi a Berlino in automobile, poiché le vie d'accesso non erano più sufficientemente sicure, ma non sollevò obiezioni riguardo a un mio volo verso Gatow, il campo d'atterraggio della Scuola di Guerra Aerea, da cui sarei stato prelevato. Passò la cornetta al colonnello von Below e con lui organizzai subito il volo: sarei dovuto arrivare poco prima del crepuscolo.

Chiamai subito il mio fidato Junker 52 da Rechlin al campo d'aviazione di Rheinsberg, da dove intendevo decollare per Berlino. Subito dopo questa conversazione telefonica si tenne la prima conferenza di guerra sotto la mia direzione: il generale Dethleffsen (Stato Maggiore) illustrò la situazione sul fronte orientale e Jodl quella degli altri teatri di guerra. Eravamo ancora in contatto con tutte le nostre formazioni, quindi, senza eccezioni, avevamo a disposizione tutti i rapporti dal fronte come di consueto. Subito dopo, Jodl informò telefonicamente il Führer delle mie proposte e ottenne la sua approvazione. Alla Cancelleria del Reich rispose il generale Krebs, vicecapo dello Stato Maggiore dell'Esercito, al quale Jodl espresse i suoi pensieri più profondi.

Quella sera mi recai in auto, attraversando Fürstenberg, al posto di comando del Corpo Corazzato del generale delle SS Steiner, poco più a sud, con la speranza di chiarire la situazione e le prospettive del suo attacco. A quel punto, solo una delle due divisioni corazzate che si stavano raggruppando a Neubrandenburg era arrivata; la seconda era ancora in fase di trasferimento. Sebbene Steiner fosse riuscito a uscire dai ristretti territori lacustri e a guadagnare spazio per dispiegare le sue formazioni corazzate, aveva attirato l'attenzione del nemico con la sua spinta offensiva, e di conseguenza l'effetto sorpresa, che altrimenti sarebbe senza dubbio riuscito ed era invece andato perduto.

Al mio ritorno al campo, era il momento di partire per il volo verso Gatow. Il mio aiutante aveva già predisposto tutto, quando arrivò una telefonata del colonnello von Below che vietava il decollo prima del tramonto, poiché caccia nemici stavano disturbando il traffico aereo su Gatow. Rinviai il volo alle dieci di quella sera, ma anche questo piano fu cancellato: dopo una splendida giornata di primavera, calò la nebbia e il volo fu annullato. Lo rimandai quindi alla sera del 25 aprile.

Molto presto, il 25, mi recai nuovamente al fronte, visitando per primo il quartier generale del generale Holste. Dopo essere stato informato sulla situazione del suo corpo d'armata, e aver telefonato a Wenck, che nel frattempo aveva nuovamente trasferito il suo quartier generale, per farmi aggiornare, dettai a Jodl la mia valutazione personale della situazione, da inoltrare al Führer: il generale Wenck era effettivamente giunto a Potsdam con il suo gruppo da battaglia; ma solo su un fronte ristretto, come un cuneo incuneato tra i laghi a sud della città, e mancava di riserve e, soprattutto, di capacità offensiva aggiuntiva, poiché consistenti sezioni delle sue forze erano immobilizzate nei sempre più numerosi combattimenti intorno ai ponti dell'Elba (senza una mappa non posso ora indicare le località precise), a nord di Wittenberg, e non potevano quindi essere impiegate in un attacco diretto su Berlino o in un'azione congiunta con la 9ª Armata, che ormai sembrava ridotta solo a pochi resti. Per eseguire entrambe le operazioni in modo efficace, la 12ª Armata semplicemente non era abbastanza forte.

In questa situazione, autorizzai il generale Wenck, nonostante il pericolo sul fronte dell'Elba, a sganciare almeno una divisione per l'operazione principale su Berlino, e lo incaricai di informare via radio il Führer di questa decisione per mio conto.

Quando stavo per attraversare la cittadina di Rathenow sulla via del ritorno al campo, circa a metà strada tra Brandenburg e Nauen, truppe tedesche ci sbarrarono la strada e ci informarono che Rathenow era sotto attacco russo e sotto il tiro dell'artiglieria nemica. Poiché personalmente non percepivo alcun rumore di combattimenti, percorsi la strada completamente deserta che conduceva a Rathenow. Una compagnia del Volkssturm (Milizia Popolare) aveva scavato una trincea profonda circa un metro nella piazza del mercato, da cui poteva avere un campo di tiro di nemmeno cento metri verso le case dall'altra parte. Nessuno sapeva nulla del nemico, tranne che era previsto un attacco alla città. Spiegai al comandante della compagnia l'assurdità delle sue azioni; feci radunare la compagnia, pronunciai un breve discorso e ordinai al comandante di condurmi dal comandante della piazza.

Lungo il tragitto, vidi in vari punti ogni tipo di artiglieria, obici da campagna, cannoni d'accompagnamento, cannoni contraerei da 3,7 cm, e così via posizionata nei cortili, agganciata ai mezzi e ovviamente mimetizzata per sfuggire all'osservazione aerea; i trattori e gli equipaggi stavano fermi accanto a essi. Sembrava che ci fosse un fuoco di artiglieria sporadico da parte di una batteria nemica diretto verso la periferia della città.

Trovai il comandante in una casa piuttosto isolata, intento a impartire ordini a una dozzina di ufficiali radunati attorno a lui. Era un ufficiale attivo del genio, e la mia apparizione non solo lo sorprese, ma lo gettò nella più totale confusione. Mi disse che aveva ordinato l'evacuazione della città e la posa di mine sul ponte all'estremità orientale (sic) poiché il nemico stava per attaccare. Gli urlai che doveva essere impazzito per ritirarsi solo a causa di qualche colpo d'artiglieria a lunga gittata da chissà dove: quali segni concreti del nemico aveva visto? dov'era la sua pattuglia da ricognizione? cosa gli avevano riferito? e soprattutto, che senso aveva tenere tutta quell'artiglieria nascosta nei cortili della città? Ordinai a tutti di uscire dalla casa e mi incamminai con loro verso la periferia della città, dove l'attacco nemico era presunto; a parte qualche sbuffo di esplosioni, non si vedeva nulla. Sotto la mia supervisione furono emessi ordini per la difesa della città, l'artiglieria fu portata fuori e posizionata, e quel maggiore fu trasferito in un posto di comando da cui potesse vedere con i propri occhi le vaste pianure in cui non c'era alcun segno del nemico.

Gli feci chiaramente capire che, se avesse ceduto la città a poche pattuglie di cavalleria nemica, gli sarebbe costato la testa, e che sarei tornato il giorno successivo aspettandomi di trovare le difese adeguatamente organizzate. Doveva mandare immediatamente un corriere al generale Holste per riferirgli del mio intervento e degli ordini che gli avevo impartito. Tornai indietro lungo la linea di ritirata che questo coraggioso comandante aveva predisposto per sé, e trovai chilometri e chilometri di colonne di truppe di ogni tipo già in ritirata, convogli di camion carichi di cannoni, mitragliatrici, munizioni e altro ancora. Fermai tutti e li rimandai indietro in città sotto il comando di alcuni anziani ufficiali della polizia militare che avevo selezionato dal gruppo. Considerando le paludi dell'Havelland a est della città e il terreno brullo, che non offriva alcuna possibilità di copertura, Rathenow non avrebbe mai potuto essere seriamente attaccata da est. Ma una linea di comunicazione vitale verso la parte settentrionale del Corpo di Holste e verso il gruppo d'armate di Heinrici passava proprio attraverso questa città in direzione del territorio a est dell'Elba. Fino al 29 aprile, Holste mi riferì ogni giorno che ogni tentativo nemico di prendere Rathenow era stato respinto. Dopo quella data non so più cosa sia accaduto.

Nel tardo pomeriggio tornai all'accampamento di Neu-Roofen, e ancora una volta predisposi un volo per Berlino per la notte successiva. Poiché Jodl aveva già informato il Führer per telefono della situazione in evoluzione, decisi di non telefonargli personalmente, dato il mio volo previsto per Berlino. Purtroppo, la Cancelleria del Reich mi vietò nuovamente di atterrare a Gatow, poiché era già sotto il fuoco nemico intermittente; per questo motivo l'autostrada della Heerstraße, tra la Porta di Charlottenburg (dove si trovava l'Istituto Tecnico) e la Porta di Brandeburgo, era stata attrezzata come pista d'atterraggio per aerei, e dal tramonto in poi era stato organizzato un ponte aereo di trasporti Junkers per far affluire ogni tipo di munizione ordinata dalla Cancelleria del Reich e dal comandante di Berlino, nonché due compagnie di truppe SS che si erano offerte volontarie per combattere in città. Il mio arrivo era quindi previsto dopo la mezzanotte, in modo da poter decollare di nuovo prima dell'alba.

A mezzanotte aspettammo al campo d'aviazione di Rheinsberg l'autorizzazione al decollo; ma ci fu categoricamente vietato di partire, poiché a Berlino erano scoppiati incendi che avevano causato una tale coltre di fumo nella zona del Tiergarten da rendere impossibile l'atterraggio. Neppure una mia telefonata personale riuscì a smuovere la situazione; mi fu riferito che, a causa della foschia, diversi velivoli erano già precipitati e che la "pista" era ostruita. Quando tornai all'accampamento e ripresi il discorso con la Cancelleria del Reich, suggerendo di volare all'alba, mi fu detto che lo stesso Führer me lo aveva vietato, perché la sera precedente il Colonnello Generale von Greim[2] era rimasto gravemente ferito durante l'atterraggio proprio poco prima del tramonto.

In seguito, ebbi una lunga e dettagliata conversazione telefonica con il generale Krebs: mi comunicò che Göring era stato destituito da Hitler da tutti i suoi incarichi e dai suoi diritti come successore, poiché aveva chiesto l'autorità del Führer per iniziare trattative di resa con il nemico. Krebs disse che era stato ricevuto un segnale radio da Göring a Berchtesgaden il 24 aprile e che il Führer, fuori di sé dalla rabbia, aveva ordinato alle sue guardie SS al Berghof di arrestarlo con l'ordine che venisse fucilato.

Rimasi inorridito da questa notizia e dissi a Krebs che doveva esserci un malinteso, perché la sera del 22 Hitler aveva commentato in mia presenza che era un bene che Göring si trovasse a Berchtesgaden, perché era più abile di lui nelle trattative. A quanto pare, Bormann stava ascoltando la conversazione telefonica tra me e Krebs, poiché improvvisamente la sua voce si inserì sulla linea, urlando che Göring era stato destituito "persino dal ruolo di Gran Cacciatore del Reich". Non risposi; Dio solo sa quanto fosse grave la situazione per poter tollerare battute sarcastiche del genere. Andai da Jodl per discutere con lui questo nuovo sviluppo; egli riuscì a spiegare il contenuto ambiguo del segnale di Göring facendo riferimento alla missione affidata al generale Koller. Koller avrebbe anche informato Göring del precedente commento del Führer. Solo ora capivamo perché il Colonnello Generale von Greim era stato convocato alla Cancelleria del Reich: per prendere il comando dell'Aeronautica tedesca, come successore di Göring.

Quella notte non dormii affatto, perché questa nuova mossa del Führer illuminava all'improvviso il terribile clima che ormai regnava nella Cancelleria del Reich, e soprattutto l'influenza dominante

---

2 **Robert Ritter von Greim** (1892 –1945) un generale e aviatore tedesco. Raggiunse con un pericoloso volo il bunker cancelleria del Reich su un aereo pilotato dall'aviatrice Hanna Reitsch riportando anche una ferita ad un piede. L'aereo atterrò nella piazza antistante la porta di Brandeburgo. Von Greim fu l'ultimo a ricevere la promozione a feldmaresciallo prima della fine della guerra e fu anche l'ultimo comandante della Luftwaffe.

di Bormann. Solo lui poteva averci messo il suo infame zampino; aveva sfruttato lo stato d'animo del Führer per portare a compimento la sua lunga faida con Göring in modo trionfante. Che cosa sarebbe successo se, come ormai sembrava, il Führer avesse scelto volontariamente di porre fine alla propria vita a Berlino? Aveva forse deliberatamente deciso di far uccidere anche Göring all'ultimo momento, assieme a sé? Proprio per questo la mia determinazione a volare a Berlino la sera del 26, a qualsiasi costo, si fece ancora più salda: se ce l'aveva fatta Greim, allora potevo farcela anch'io.

Il 27 aprile, verso mezzogiorno, il Grand'Ammiraglio Dönitz fece la sua comparsa al nostro campo di Neu-Roofen; aveva anche inviato un messaggio radio a Himmler perché si unisse a noi. Noi quattro, incluso Jodl, discutemmo privatamente della situazione, dopo che entrambi gli ospiti avevano partecipato alla conferenza di guerra. Ci era evidente che il Führer era deciso a resistere e combattere a Berlino, e che il nostro dovere fosse quello di non abbandonarlo finché ci fosse anche solo una possibilità di tirarlo fuori di lì. Il fatto che almeno gli americani non stessero ancora tentando di attraversare l'Elba a valle di Magdeburgo, e la circostanza aggiuntiva che il fronte del Gruppo d'Armate di Schörner fosse stato sufficientemente consolidato da permettergli di staccare forze dal fianco nord per impedire un accerchiamento russo di Berlino da sud, come ordinato dal Führer, contribuivano a dare alla situazione, almeno attorno a Berlino, un aspetto più promettente, per quanto grave fosse nel complesso la situazione bellica. Ci congedammo.

Presi la decisione di offrire al Führer un'ultima possibilità durante la notte seguente: lasciare Berlino; oppure trasferire il Comando Supremo a Dönitz, nel nord, e a Kesselring, nel sud. Lo stato maggiore dell'OKW sotto il tenente generale Winter, vicecapo dell'ufficio operazioni dell'OKW, si era già messo a disposizione di Kesselring. Ma entrambi i comandanti dovevano ricevere piena libertà d'azione: non si poteva andare avanti così.

Sebbene anche quella notte tutto fosse pronto per il mio volo verso Berlino, ancora una volta dovetti rinunciare all'ultimo momento. Si diceva che non ci fosse assolutamente possibilità di volare su Berlino e atterrare lungo l'asse est-ovest quella notte. Non solo gli aerei da trasporto, ma anche i caccia e gli aerei da ricognizione facevano tutti ritorno: la città era avvolta dal fumo, dalla nebbia e da nubi basse, e nemmeno i voli a bassa quota erano riusciti a individuare la Porta di Brandeburgo. Anche il decollo del Feldmaresciallo Greim era stato annullato.

Questa era la situazione quando telefonai al Führer e proposi che almeno fosse approvata la ristrutturazione del comando che ritenevo necessaria. Egli respinse la proposta ritenendola superflua: non intendeva rinunciare al comando finché le comunicazioni radio non fossero interrotte. Rifiutò anche la subordinazione del teatro italiano e del fronte orientale: i gruppi d'armate comandati da Schörner, Rendulic e Löhr, a Kesselring: Kesselring, disse aveva già abbastanza problemi con il fronte occidentale. Avrebbe tenuto Berlino finché fosse rimasto lui stesso al comando lì; a me chiedeva solo di occuparmi delle forniture di munizioni. Tacei la mia richiesta che lasciasse Berlino; in ogni caso l'aveva intuito dalla nostra conversazione, ed esitavo a menzionarla esplicitamente al telefono.

Dopo la partenza di Dönitz e Himmler avvenuta il 28 aprile, andai in auto dal colonnello generale Heinrici, comandante del Gruppo d'Armate della Vistola, per rendermi conto personalmente della difesa dell'Oder, che dirigeva da Schorfheide fino a Stettino. Fino ad allora, questo fronte era stato coordinato dal generale Krebs dalla Cancelleria del Reich, per via della sua coerenza con la difesa di Berlino; la responsabilità della difesa della capitale era stata però staccata dal Gruppo d'Armate e affidata al comandante di Berlino, il quale riceveva tutti i suoi ordini direttamente dal Führer. Da alcuni giorni, il generale Heinrici insisteva nel richiedere che il gruppo corazzato di Steiner e in particolare il Corpo di Holste fossero subordinati a lui: intendeva usarli almeno come schermo per il suo fianco meridionale. Il colonnello generale Jodl aveva ripetutamente respinto questa richiesta, per l'evidente motivo che l'armata di Wenck sarebbe rimasta completamente scoperta sul fianco settentrionale e alle spalle.

Verso l'una raggiunsi Heinrici al suo posto di comando in un accampamento forestale a nord-est di Boitzenburg, nella tenuta del conte Arnim. Heinrici e il suo capo di stato maggiore, il generale von Trotha, mi fornirono un quadro dettagliato della situazione, che era peggiorata notevolmente a causa dello sfondamento russo a sud di Stettino, dato che non c'erano riserve sufficienti immediatamente disponibili per colmare la breccia. Promisi che avremmo verificato se fosse possibile offrire aiuto, ma respinsi ancora una volta e in modo definitivo la richiesta di controllo sul Corpo di Holste, fornendo tutte le mie motivazioni. In realtà, esigei che il suo Gruppo d'Armate della Vistola fosse finalmente subordinato all'OKW, e gli ordinai di inviare immediatamente i rapporti di guerra al nostro quartier generale operativo. Ci congedammo come vecchi amici, in perfetto accordo.

Quella sera stessa, Heinrici mi telefonò per riferire che la breccia nel suo fronte si era allargata; mi chiese di mettergli a disposizione almeno una divisione corazzata del gruppo di Steiner. Gli promisi una decisione non appena avessi parlato con Jodl e con Steiner stesso.

Accertai che il generale delle SS Steiner aveva predisposto che la 7ª divisione corazzata, ancora in fase di trasferimento, avrebbe sferrato l'attacco come ordinato solo nella notte seguente. Ordinai alla divisione di tenersi pronta a mia disposizione, in modo da poterla eventualmente dirottare altrove. Rinunciare all'attacco di Steiner, su cui il Führer riponeva grandi speranze, mi costò non poco. Ma considerando la situazione sul fronte di Heinrici, dove il nemico avrebbe potuto in due o tre giorni aggirare le retrovie di Steiner e il fianco meridionale del Gruppo d'Armate della Vistola, Jodl ed io eravamo convinti che l'unica mossa sensata fosse lanciare la 7ª divisione corazzata contro la breccia da sud, sul fianco dei russi.

Assegnai quindi la 7ª divisione corazzata a Heinrici, ma con stringenti condizioni sull'asse d'attacco e sugli obiettivi, in modo da poterla riprendere come riserva, a prescindere dall'esito. Heinrici confermò gli ordini; Jodl informò il Führer delle misure adottate. Dev'essere stata per lui una cocente delusione. Alle quattro del mattino del 28 aprile, mi recai dal generale delle SS Steiner. Speravo di trovare il quartier generale della 7ª divisione corazzata o almeno di sapere dove fosse; volevo anche discutere con Steiner come e se avrebbe potuto sferrare l'attacco senza la 7ª divisione. Ma scoprii che la divisione era stata intercettata dal Gruppo d'Armate della Vistola e non aveva mai raggiunto l'area di radunata da me designata; nessuno si era presentato a Steiner per ricevere ordini.

Dopo che Steiner mi ebbe spiegato come intendeva riprendere l'attacco dopo un riordinamento, anche senza la 7ª divisione, percorsi la strada di avvicinamento che avevo indicato, senza incontrare anima viva. Cominciai a sospettare che la divisione fosse stata ritardata o dirottata altrove. Proseguendo lungo un'altra strada, mi imbattei in squadre di fanteria e artiglieria trainata da cavalli. Quando chiesi della 7ª divisione corazzata e di cosa stesse accadendo, appresi che due notti prima il fianco meridionale del Gruppo d'Armate di Heinrici – senza neppure aver avvistato il nemico – si era dato a una fuga disordinata verso ovest attraverso la Schorfheide, e avrebbe superato Fürstenberg nel corso del 28 aprile; lì l'artiglieria avrebbe dovuto essere nuovamente schierata.

Stavo per avere un colpo! Durante la nostra conversazione del pomeriggio precedente, Heinrici non aveva fatto il minimo cenno a questa ritirata già in pieno svolgimento. Ecco perché la 7ª divisione corazzata era stata impiegata diversamente – ed ecco anche il motivo per cui aveva insistito per avere anche il corpo d'armata di Holste sotto il suo comando.

Verso le otto tornai al nostro quartier generale operativo per conferire con Jodl su questa situazione radicalmente mutata, che ci avrebbe consegnati, nel giro di un giorno al massimo, ignari e indifesi nelle mani dei russi. Ordinai a Heinrici e al generale von Manteuffel di incontrarmi a un rendez-vous a nord di Neubrandenburg e partii, mentre Jodl ebbe un primo, aspro alterco con il capo di stato maggiore del Gruppo d'Armate della Vistola.

Durante il tragitto verso nord, trovai finalmente la 7ª divisione corazzata e, dopo una lunga ricerca, il suo quartier generale. In quel momento, l'ufficiale di collegamento del Gruppo d'Armate, un ingegnere dello stato maggiore, stava illustrando al comandante della divisione, su una mappa, le prossime tappe della ritirata e le distanze previste per ogni giorno. Era tutto ciò che mi serviva: scoprire per caso il piano generale di ritirata del Gruppo d'Armate, di cui né l'OKW, né il Führer, né il generale Krebs sospettavano l'esistenza.

Gli ordini effettivi erano stati emanati quella sera, dopo la mia partenza dal quartier generale del Gruppo d'Armate, il che significava che tutto era già deciso. La loro diffusione senza l'autorizzazione dell'OKW o del Führer stesso era la conseguenza del mio franco colloquio con Heinrici, che aveva tratto la conclusione che il Führer non fosse più in grado di intervenire e che potesse quindi agire a suo piacimento, con l'obiettivo primario di portare il suo Gruppo d'Armate sull'Elba e consegnarlo agli americani.

Tutto questo lo seppi solo più tardi, dal successore di Heinrici; oggi so che il suo capo di stato maggiore, il generale von Trotha, che licenziai quella stessa sera, fu l'ideatore di questo piano "magistrale".

La 7ª divisione corazzata, conformemente agli ordini ricevuti, si era trincerata in posizione puramente difensiva per alleviare la pressione nemica sulle unità in ritirata dal fronte. Con grande stupore del comandante di divisione, andai su tutte le furie per questo impiego improprio di una divisione corazzata: non era certo per questo debole e ignobile ruolo che avevo preso la dolorosa decisione di sottrarla al comando del generale Steiner proprio nel momento del suo attacco decisivo verso sud, su cui non solo il Führer ma anche noi riponevamo tante speranze, visti i risultati ottenuti dal generale Wenck con la Dodicesima Armata.

Dopo che il comandante mi ebbe aggiornato sulla situazione creatasi con il crollo del fronte (paragonabile in gravità allo sfondamento russo sull'Oder), gli feci presente che, in quanto ufficiale corazzato, la difesa non era affar suo e che la sua vera forza stava nel contrattacco. Pur concordando, obiettò che riorganizzare la divisione per un attacco avrebbe richiesto troppo tempo, rischiando di comprometterne l'efficacia. Ciononostante, gli ordinai di impiegare le sue unità secondo la loro reale funzione: ogni altra soluzione era inutile.

Nel primo pomeriggio, nell'incontro con il colonnello-generale Heinrici, presente anche il generale von Manteuffel, il tono fu teso. Lo rimproverai aspramente per aver tenuto nascosto all'Alto Comando e a me il suo piano di ritirata. Lui negò che si trattasse di una vera ritirata, sostenendo che si era limitato a ritirare il fianco meridionale attraverso la Schorfheide per accorciare il fronte, operazione che affermava di avere sotto controllo. Quanto al piano che avevo visto al quartier generale della 7ª divisione corazzata, sostenne che era solo una direttiva preparata dal genio per eventuali demolizioni in caso di collasso.

Dopo aver illustrato la situazione generale, la posizione della Dodicesima Armata di Wenck, il comando del generale Steiner e il corpo d'armata di Holste, e sottolineato come il ritiro arbitrario del loro fianco meridionale avesse gravemente minacciato le retrovie del corpo corazzato di Steiner, Heinrici giurò che da quel momento avrebbe rispettato i miei ordini e si sarebbe attenuto al comando generale. Ci separammo formalmente in modo corretto, con un mio appello alla nostra lunga amicizia e alla sua parola.

Quella sera tornai al campo dopo il tramonto. Secondo Jodl, la situazione a nord di Berlino, sul fianco meridionale, era più critica che mai. Ebbi una lunga conversazione telefonica con il generale Krebs alla Cancelleria del Reich, dopo che il Führer aveva deviato la mia chiamata a lui, impedendomi di parlare direttamente con Hitler. La linea era pessima e si interruppe più volte. Il capo delle comunicazioni militari, presente nel nostro campo, mi spiegò che il nostro unico contatto radio era garantito da un'antenna sospesa a un pallone frenato vicino al campo e dalla Torre Radio di Berlino; tutte le linee telefoniche erano interrotte. Finché la Torre Radio fosse rimasta in mani tedesche e il pallone intatto, le comunicazioni con la Cancelleria sarebbero state assicurate (a questo ci eravamo ridotti). Inoltre, avevamo ancora contatto radio con il bunker del Führer.

Jodl propose di evacuare il nostro quartier generale operativo il giorno seguente (29 aprile). Inizialmente rifiutai, non volendo rischiare un ulteriore isolamento dal Führer con la perdita delle comunicazioni radio, a meno che non fosse strettamente necessario. Tuttavia, era chiaro che la nostra permanenza stava per finire: dopo il tramonto, una batteria pesante aveva iniziato a sparare colpi vicino a noi, continuando a intervalli per tutta la notte.

Quella sera, Jodl riuscì fortunosamente a contattare Hitler via radio, riferendogli delle nostre recenti scoperte sul fronte di Heinrici e ottenendo la sua piena approvazione per tutte le mie disposizioni contro ulteriori ritirate del Gruppo d'Armate di Heinrici e per il contrattacco della 7ª divisione corazzata. Verso mezzanotte, il colonnello-generale Heinrici mi telefonò, protestando vivacemente per i rimproveri di Jodl al suo capo di stato maggiore (von Trotha) e annunciando che, dato l'ulteriore peggioramento della situazione, aveva ordinato al suo Gruppo d'Armate di riprendere la ritirata. Gli risposi che il suo atteggiamento, privo di qualsiasi giustificazione, era palese disobbedienza. Replicò che, in tal caso, non avrebbe più accettato la responsabilità del comando, sostenendo di rispondere solo per i suoi uomini. Ribattei che, a mio avviso, non era più adatto a comandare un Gruppo d'Armate e che doveva considerarsi dimissionario, passando il comando al comandante d'armata più anziano, il generale von Tippelskirch. Gli dissi che avrei informato il Führer del suo licenziamento e chiusi la comunicazione.

Poco dopo, Jodl entrò, inveendo contro l'incompetenza del capo di stato maggiore del Gruppo d'Armate: bisognava intervenire con Heinrici, perché simili metodi erano inaccettabili. Gli comunicai di averlo appena rimosso, e lui approvò pienamente. Tramite messaggio radio, informai il Führer del licenziamento di Heinrici e delle motivazioni; quella stessa notte, il generale Krebs confermò la ricevuta a nome del Führer.

La mattina del 29 aprile, il rumore dei combattimenti a est del nostro quartier generale operativo si fece più intenso. Durante la notte, Jodl aveva già preso le necessarie disposizioni per l'evacuazione, insieme al capo dei servizi di comunicazione militare; si trattava solo di un trasferimento alla ex sede operativa di Himmler, nel Meclemburgo, che era già dotata di un impianto di comunicazioni adeguato. Himmler si era dichiarato ben volentieri, disponibile a cedere il quartier generale per il nostro uso e ad accogliere il nostro reparto avanzato; eravamo liberi di eseguirlo quando lo ritenessimo opportuno. A causa della pioggia pesante caduta nella notte tra il 28 e il 29 aprile, eravamo stati costretti a tirare giù il pallone frenato, e per un po' il nostro collegamento radio con Berlino fu interrotto. Non riuscimmo a farlo risalire prima di mezzogiorno, poiché il suo involucro era impregnato d'acqua e pesante. Il 29, tuttavia, splendeva un sole cocente in un cielo sereno, e l'aviazione nemica era presente in forze insolite sopra il nostro campo e sul fronte, che ormai distava solo circa undici chilometri. Non appena il pallone fu di nuovo in quota, chiesi una linea telefonica con la Cancelleria del Reich. Inizialmente, vi fu una conversazione tra me e il comandante della *Grande Berlino*, che si trovava evidentemente lì nella Cancelleria. Il generale Weidling, generale d'artiglieria che aveva precedentemente comandato il fronte dell'Oder vicino a Küstrin al momento del suo crollo, si mise in linea; era lo stesso generale di cui erano giunte al Führer, tramite ambienti delle SS, informazioni distorte secondo cui lui e il suo stato maggiore erano in piena fuga verso il campo di Döberitz, mentre in realtà, le loro truppe combattevano feroci battaglie tra l'Oder e Berlino. Hitler aveva così poca fiducia nei suoi generali che aveva furiosamente ordinato al generale Krebs di far arrestare e fucilare immediatamente Weidling per codardia di fronte al nemico. Non appena venne a sapere dell'ordine, il generale Weidling si presentò nondimeno alla Cancelleria del Reich e chiese di parlare con il Führer. Come mi raccontò poi il generale Krebs, l'incontro ebbe luogo immediatamente nella Cancelleria, e il risultato, sorprendente, fu che il Führer destituì l'ufficiale che fino ad allora aveva ricoperto la carica di comandante della città e nominò Weidling comandante della *Grande Berlino*, conferendogli pieni poteri; gli assicurò la sua massima fiducia.

Ho raccontato questo episodio solo per mostrare quanto facilmente la fiducia del Führer nei confronti dei generali dell'esercito potesse essere scossa, e come reagisse quasi sempre senza riserve alle insinuazioni negative che riceveva dalle sue oscure fonti d'intelligence nelle SS. In questo caso particolare, solo la ferma determinazione del generale coinvolto evitò un grave e imminente errore giudiziario.

Poco dopo la mia conversazione con Weidling, ebbe luogo una comunicazione via radio-telefono tra Jodl e il Führer in persona, e io ascoltai con una cuffia. Il Führer era molto calmo e obiettivo, riconobbe ancora una volta le misure che avevo preso, e disse che desiderava parlare con me non appena Jodl avesse terminato di fargli il suo rapporto militare. Proprio mentre Jodl era ancora in conferenza con lui, si udì un forte boato all'esterno e la conversazione si interruppe completamente. Pochi istanti dopo, il capo delle comunicazioni militari entrò nella nostra stanza e annunciò che il pallone era stato appena abbattuto da aerei russi: non ce n'erano di riserva, quindi non fu possibile ripristinare le comunicazioni con il bunker della cancelleria neppure in chiaro.

Per quanto devastante fosse per me questa rivelazione, mi aiutò a decidere di ordinare l'evacuazione del nostro quartier generale subito dopo pranzo: non c'era più alcuna possibilità di ripristinare il collegamento radio in chiaro, mentre i segnali telegrafici potevano essere trasmessi via radio da qualsiasi luogo. Ero sconvolto per non aver potuto parlare personalmente con il Führer, sebbene Jodl fosse riuscito a discutere con lui i punti più vitali. Inviammo un ultimo messaggio segnalando che ci stavamo trasferendo, e chiedemmo che tutti i segnali successivi fossero inoltrati al nostro nuovo quartier generale operativo, che avremmo raggiunto quella sera.

Verso mezzogiorno, i rumori della battaglia si fecero più forti, e l'attività aerea nemica aumentò, con bombardamenti in particolare sul collo di bottiglia di Rheinsberg e mitragliamenti dei convogli in ritirata che intasavano le strade. Dividemmo l'OKW in diversi gruppi su strada, assegnando a ciascuno un percorso diverso da seguire. Jodl e io rimanemmo con i nostri stati maggiori più ristretti all'accampamento fino all'ultimo momento; quella mattina il mio aiutante aveva già esplorato una pista forestale appositamente per noi, che ci avrebbe fatto fare un ampio giro evitando i villaggi attorno a Rheinsberg e le strade congestionate. Alle sette ci mettemmo in marcia, lasciando solo le ultime truppe delle comunicazioni e la stazione radio a seguire. Come apprendiamo da loro il giorno successivo, pattuglie russe che perlustravano la foresta ci avrebbero sicuramente sorpresi nel campo meno di un'ora dopo, se fossimo rimasti; così com'è andata, alla fine solo un camion delle comunicazioni e alcuni apparecchi telefonici caddero nelle loro mani, prima che potessero essere smontati. Con un clima primaverile magnifico, percorremmo strette e nascoste stradine attraverso la fitta foresta, aggirando villaggi e casolari, in direzione di Waren, per incontrare il generale von Tippelskirch e discutere con lui delle ulteriori operazioni del suo Gruppo d'armate.

Fui costretto a ordinargli di assumere il comando, benché mi supplicasse ripetutamente di non conferirglielo; gli rivelai che avevo già convocato il colonnello generale Student dall'Olanda come nuovo comandante, ma che lui avrebbe dovuto restare in carica fino all'arrivo del successore. Appresi da lui che il generale delle SS Steiner aveva assunto il comando del suo esercito (per il momento!), avendo a sua volta trasferito il comando del suo corpo corazzato al colonnello Fett dell'OKW, che in origine gli era stato assegnato come ufficiale d'intelligence.

Dopo aver dato a Tippelskirch indicazioni dettagliate su come desideravo che conducesse le operazioni del Gruppo d'armate, mi chiese di essere sollevato dal suo capo di stato maggiore; Jodl acconsentì volentieri dopo una discussione avuta con von Trotha, così ordinai anche il congedo di quest'ultimo.

Proseguimmo verso il nostro nuovo quartier generale operativo a Dobbin, la tenuta del celebre magnate del petrolio olandese Deterding (morto nel 1939).

Quando arrivammo, incontrammo Himmler; lui prevedeva di andarsene con il suo stato maggiore la mattina successiva, per cui, nel mentre, gli alloggi a disposizione per noi erano angusti e affollati. Ma almeno eravamo di nuovo in comunicazione radio, e prendemmo subito possesso dell'ufficio radio, che quasi immediatamente cominciò a trasmetterci segnali. Era arrivato per me un messaggio dal Führer, firmato di suo pugno; conteneva cinque domande:
1. Dove si trovano le punte avanzate di Wenck?
2. Quando riprenderanno l'attacco?
3. Dove si trova la Nona Armata?
4. Dove sfonderà la Nona Armata?
5. Dove sono le punte avanzate di Holste?

Durante la cena, mi consultai con Jodl sulla risposta, e scrissi io stesso una prima bozza. Solo dopo una lunga discussione consegnammo la nostra risposta all'ufficio radio per l'invio durante la notte.

Fui brutalmente sincero, senza tentare di mascherare la gravità della situazione e l'impossibilità ormai evidente di liberare Berlino. Il fianco meridionale del Gruppo d'armate della Vistola si era ritirato così tanto verso ovest che il corpo corazzato di Steiner era stato costretto ad annullare l'attacco e a occuparsi della copertura del fianco sud del Gruppo a nord-ovest di Berlino, insieme al corpo di Holste; altrimenti si sarebbero ritrovati attaccati alle spalle o persino tagliati fuori. Tutto ciò che sapevamo della Nona Armata era che circa diecimila uomini si erano fatti strada tra le foreste, senza alcuna artiglieria pesante, e si erano uniti al fianco orientale della Dodicesima Armata. Non rappresentavano un vero rinforzo per il generale Wenck, poiché il suo attacco era irrimediabilmente arenato tra i laghi a sud di Potsdam. Scrissi alla fine del messaggio: "Liberazione di Berlino e riapertura degli accessi da ovest impossibili. Suggerisco sortita attraverso Potsdam verso Wenck, o in alternativa che il Führer sia evacuato in volo verso sud. In attesa di decisione".

Verso mezzanotte arrivò al Dobbin il Feldmaresciallo von Greim, il nuovo comandante in capo della Luftwaffe, con la caviglia destra pesantemente fasciata; era partito da Berlino il 28 aprile con il suo pilota capo, Hanna Reitsch, ed era atterrato senza problemi a Rechlin. Da lì si era diretto direttamente da me per riferire sugli eventi alla cancelleria del Reich. Era rimasto diversi giorni con il Führer; mi raccontò del licenziamento di Göring e del motivo dietro questa decisione, come avevo già descritto, e aggiunse che la situazione a Berlino era molto grave, sebbene il Führer fosse sicuro di sé e calmo. Mi disse che aveva avuto lunghe conversazioni con lui, ma nonostante la loro vecchia amicizia, non era riuscito a convincerlo a lasciare Berlino. Greim aggiunse che era stato incaricato di mettersi in contatto con me per discutere della situazione. Avrebbe volato a Berchtesgaden il 30 aprile, dove avrebbe assunto il comando della Luftwaffe.

Il 30 aprile rimanemmo a Dobbin. La mia speranza di ricevere una risposta da Hitler non si realizzò; la corretta ricezione del mio messaggio fu confermata parola per parola al nostro ufficio radio; quindi, era stato correttamente ricevuto al bunker e trasmesso al Führer. Potevo solo interpretare la mancanza di una risposta alla mia ultima frase come un rifiuto. Alle quattro del mattino del 1° maggio, partimmo da Dobbin. Avevo fatto un bagno caldo e avevo potuto dormire un po' in un letto con lenzuola bianche e pulite. Il giorno precedente, la direzione della tenuta aveva evacuato la proprietà, lasciandola in gestione a uno dei maggiordomi; la villa moderna dove vivevamo, accanto al vecchio castello, che era stato trasformato in una caserma per lavoratori stranieri, era ancora gestita dalla moglie di un locandiere anche dopo la nostra partenza; ogni sera distribuiva qualche bottiglia di vino, ma probabilmente i russi avrebbero bevuto tutta la cantina a breve..

Avevo convocato una conferenza militare per le dieci del mattino nella caserma di Wismar, dove il gruppo operativo del OKW e dell'Ufficio della Guerra era stato sistemato già dal 29 aprile. Successivamente ricevetti il colonnello generale Student nella mensa; era arrivato in aereo a mezzogiorno. Lo informai sulla situazione e gli spiegai i compiti che gli sarebbero spettati, sottolineando l'importanza di mantenere aperti i porti baltici per i carichi di rifugiati e truppe che arrivavano dalla Prussia Orientale. Infine, Jodl discusse con lui quali ordini emettere per primi e come il suo stato maggiore vedeva i nuovi e vari compiti.

Student assunse il comando con una sincera determinazione di chiarire la situazione e di contenere l'umore di panico che prevaleva. Durante il nostro viaggio verso Wismar, purtroppo, fummo testimoni di scene terribili causate dall'orda disordinata di rifugiati, convogli di veicoli e colonne di rifornimento, che fummo costretti a attraversare senza pietà. Due volte dovemmo saltare fuori dalla macchina perché gli aerei britannici mitragliavano le colonne con mitragliatrici e cannoni. Per ore rimanemmo bloccati in queste code di veicoli, affiancati due o tre alla volta, impedendoci a vicenda di proseguire. Avevo un fantastico poliziotto militare su una macchina scoperta, che riusciva più volte a ristabilire un certo ordine in questo caos e a guidarci attraverso.

A mezzogiorno di quel giorno, 1° maggio, ci dirigemmo in diversi gruppi separati verso l'edificio del quartier generale che era stato allestito a Neustadt, nel nord, per il gruppo nord del OKW in una caserma navale dove c'era spazio per tutti e dove era stato installato un completo sistema di comunicazioni. Mi aspettavo di trovare l'ammiraglio di squadra Dönitz lì, ma rimasi deluso: aveva stabilito il quartier generale con il suo stato maggiore in un ostello navale vicino a Plön. Partii da Neustadt da solo per vederlo: era a circa un'ora di auto di distanza.

A Plön, l'ammiraglio di squadra era nel mezzo di una conferenza con il feldmaresciallo Busch, comandante del fronte costiero da Kiel fino all'Olanda, se non ricordo male. Oltre a Busch, incontrai anche Himmler; sembrava volesse allearsi con Dönitz nell'occasione. Non ho idea di quali fossero le sue reali intenzioni, ma sembrava che volesse mettersi a nostra disposizione per ulteriori compiti e aggiornarsi sulla situazione.

Verso sera, il Feldmaresciallo von Greim chiamò Dönitz a Plön, accompagnato dal suo pilota capo, Hanna Reitsch. Aveva posticipato il suo volo verso la Germania meridionale di un giorno per discutere con Dönitz delle richieste che la marina avrebbe potuto fare alla Luftwaffe. Da Hanna Reitsch venni a sapere che il tenente generale delle SS Fegelein era stato fucilato su ordine del Führer, dopo essere stato arrestato da una pattuglia di polizia, ubriaco e in abiti civili, in un night club di Berlino. Ebbi una lunga conversazione con Dönitz sulla situazione disperata. Mi mostrò un messaggio di Bormann, in cui si diceva che, secondo il suo testamento, il Führer aveva designato Dönitz come suo successore, e che un ufficiale con il testamento stesso stava arrivando da noi in aereo. Realizzai subito che il mio messaggio da Dobbin nella notte tra il 29 e il 30 aprile aveva rimosso qualsiasi dubbio che il Führer potesse ancora nutrire riguardo alla disperazione della sua posizione, e che il testamento e la comunicazione anticipata di Bormann a Dönitz erano la conseguenza di ciò.

Entrambi eravamo convinti che a Berlino la scena finale potesse arrivare da un momento all'altro, sebbene il Feldmaresciallo Greim giudicasse l'andamento della battaglia per Berlino decisamente più favorevole, in base a ciò che aveva visto e sentito personalmente a Berlino fino alla sera del 28 aprile. Profondamente turbato, tornai a Neustadt, purtroppo ritardato nel percorso da alcuni pesanti attacchi aerei britannici sui villaggi attorno al quartier generale navale poco prima del tramonto. Ero terribilmente preoccupato che il mio messaggio potesse aver dipinto un quadro troppo nero, con il rischio che venissero tratte le conclusioni sbagliate. Ma alla fine accettai che sarebbe stato irresponsabile mascherare la scomoda verità; il mio messaggio sincero era stata l'unica linea d'azione corretta. Jodl espresse lo stesso parere quando ne parlai con lui al mio ritorno e gli raccontai tutto ciò che avevo appreso al quartier generale di Dönitz.

Durante quella stessa notte, tra il 1° e il 2° maggio, fui chiamato da Dönitz per un colloquio con lui alle otto del mattino; quindi lasciai Neustadt in anticipo. Dönitz mi ricevette subito e mi mostrò in privato due nuovi messaggi: il primo da Goebbels, con un elenco dei membri del nuovo governo del Reich, presumibilmente stilato dal Führer, in cui Goebbels doveva essere il "Cancelliere del Reich". Cominciava con le parole, "Führer deceduto ieri, alle 15.30". Il secondo da Bormann, che il caso in questione era avvenuto, e quindi Dönitz aveva assunto la successione.

Ecco la verità! La formulazione di Goebbels faceva chiaramente capire che Hitler si era tolto la vita, altrimenti avrebbe certamente scritto "ucciso in azione" e non "deceduto". Il testamento, che doveva essere portato in volo da un ufficiale fino a noi, non era arrivato.

Dönitz fece subito capire che, come successore del Führer, il nuovo Capo di Stato, non aveva intenzione di far sì che un governo o un elenco di ministri gli venisse imposto da nessuno; approvai completamente questa posizione. Esprimendo la mia opinione, dissi che si trattava di un evidente tentativo da parte di Goebbels e Bormann di presentargli un fatto compiuto. Il pomeriggio venne dedicato alla stesura di proclami al popolo tedesco e alle forze armate. In una situazione come questa, era chiaramente impraticabile fare prestare giuramenti a tutto il personale delle forze armate; proposi come formula che i giuramenti di fedeltà prestati al Führer venissero automaticamente trasferiti a Dönitz come nuovo Capo di Stato, scelto dal Führer.

Nel corso della mattinata, apparve anche Himmler, che ebbe diversi colloqui privati con Dönitz. Mi colpì già il fatto che non fosse presente nell'elenco dei ministri di Goebbels. Ebbi l'impressione che si considerasse un membro naturale del nuovo governo di Dönitz, poiché mi chiese quale fosse il sentimento delle forze armate nei suoi confronti. Intuivo che stesse puntando al Ministero della Guerra. Evitai di rispondere, ma gli consigliai di discutere la questione con Dönitz; non potevo certo passare sopra la testa del Comandante Supremo delle Forze Armate. Aggiunsi che avrei chiesto a Dönitz di sollevarmi dai miei incarichi, non appena avesse preso una decisione sul comando delle forze armate, in quanto ora sarebbe stato necessario scegliere nuovi comandanti in capo per l'Esercito e la Marina. Non appena Dönitz apprese che Himmler era presente, mi fece chiamare di nuovo per un colloquio privato, per dirmi che Himmler si era messo completamente a sua disposizione, avendo apparentemente nutrito alcune speranze, nei giorni precedenti, di prendere lui stesso il posto di Hitler come successore. Mi chiese cosa pensassi della presenza di Himmler in un nuovo governo; potetti solo rispondere che consideravo Himmler insopportabile. Entrambi promettemmo di tenere assolutamente per noi questa conversazione. Dönitz pianificò di avere il Conte Schwerin von Krosigk, l'allora segretario al Tesoro, come suo consigliere personale e ministro degli Esteri; intendeva discutere con lui la composizione del nuovo governo.

Non appena i proclami furono pronti per essere trasmessi, lasciai il quartier generale di Dönitz e tornai a Neustadt con l'intenzione di riferire a Dönitz nuovamente il giorno successivo, 3 maggio. Al mio arrivo, analizzai la nuova situazione con Jodl; entrambi avevamo ora un solo pensiero: porre fine rapidamente alla guerra non appena l'evacuazione della Prussia Orientale e le operazioni finalizzate a salvare le nostre forze sul fronte orientale lo avessero permesso. Decidemmo di affrontare questi punti con Dönitz il giorno successivo.

La nostra determinazione fu rafforzata da un lungo telegramma che il Feldmaresciallo Kesselring ci inviò per gli occhi di Dönitz la sera del 2 maggio: Kesselring segnalò la resa del Gruppo d'armate in Italia, già ratificata, e aggiunse che, sebbene fosse stato sorpreso dalle trattative di resa non autorizzate del Colonnello Generale von Vietinghoff, si assumeva piena responsabilità per esse e sosteneva l'azione di quest'ultimo. Ora che il fronte italiano era collassato, la posizione del Gruppo d'armate dei Balcani, comandato dal Colonnello Generale Lohr, era pericolosamente esposta, e non c'era speranza di salvarla.

Armato di queste informazioni, ripartii presto al mattino del 3 maggio per raggiungere Dönitz a Plön; il suo ufficio radio aveva già ricevuto il messaggio di Kesselring. Dönitz era altrettanto determinato a porre fine alla guerra il più rapidamente possibile, e quindi mi chiamò appena arrivai. Proposi che il gruppo OKW settentrionale fosse trasferito immediatamente al suo quartier generale. Poiché non c'era abbastanza spazio per questo a Plön, e il controllo complessivo del Comando Supremo doveva essere stabilito senza indugi, Dönitz ordinò che il Comando Supremo fosse trasferito a Flensburg, con effetto immediato. Convocai Jodl a Plön con i nostri staff immediati, mentre l'organizzazione combinata OKW/Ufficio della Guerra si dirigeva verso Flensburg. Dopo l'arrivo di Jodl, entrambi avemmo una lunga conferenza con Dönitz, che sottoscrisse completamente le nostre opinioni sulla situazione.

Quella sera, Dönitz si recò a Rendsburg, dove aveva inviato l'ammiraglio von Friedeburg per informarlo personalmente che sarebbe stato nominato nuovo comandante in capo della Marina tedesca. Rimanemmo nella notte al vecchio quartier generale di Dönitz e lo seguimmo a Flensburg il 3 maggio, partendo alle quattro e mezza di quella mattina. A Flensburg-Mürwick, furono messi a nostra disposizione uffici e alloggi in una caserma navale; Jodl, io e i nostri staff immediati ci sistemammo nello stesso edificio del Grande Ammiraglio, con uffici accanto ai suoi.

Il capo di stato maggiore di Jodl per i teatri OKW era ora il colonnello Meyer-Detring, mentre come capo della divisione operativa, il generale Dethleffsen si occupava degli affari dell'Ufficio della Guerra. Preferirei non entrare nella situazione militare: questi due ufficiali erano in una posizione migliore di me per giudicare la situazione dell'epoca e, senza dubbio, entrambi scriveranno le loro memorie a tempo debito.

Sarà sufficiente dire che furono immediatamente adottate misure per concludere la guerra in conformità con le chiare istruzioni emesse dal Grande Ammiraglio, mentre allo stesso tempo si garantiva che il maggior numero possibile di rifugiati e truppe dal fronte orientale venissero salvati indirizzandoli verso la Germania centrale. Era ovvio per noi che, quando sarebbe arrivato il momento, ci sarebbe stato chiesto di arrenderci senza indugi e senza ulteriori formalità; quindi, era una questione di accelerare il trasferimento di oltre tre milioni di soldati dal fronte orientale alla zona di occupazione americana, per evitare che finissero nelle mani russe. Questo era anche l'obiettivo delle trattative iniziate già il 3 o 4 maggio per iniziativa del Grande Ammiraglio, tra l'ammiraglio von Friedeburg e il comandante in capo britannico, feldmaresciallo Montgomery.

Quando quest'ultimo rifiutò di fare accordi speciali con noi, le trattative portarono allo strumento di resa proposto da von Friedeburg e firmato dal colonnello generale Jodl al quartier generale del generale Eisenhower la mattina presto del 7 maggio; l'unica concessione fu l'estensione del termine fino alla mezzanotte dell'8 maggio.

Dal quartier generale di Eisenhower, Jodl mi inviò un messaggio che, pur usando un linguaggio cauto, non mi lasciava alcun dubbio sulle possibilità concesse da questa dilazione di due giorni. Potevo così inviare un messaggio alle unità sul fronte orientale, e in particolare al Gruppo d'armate del generale Schörner, che stava ancora combattendo nell'odierna Repubblica Ceca, autorizzandole a ritirarsi verso ovest entro il tempo disperatamente limitato di non più di 48 ore. Questa direttiva fu inviata prima della mezzanotte del 7 maggio. Il colonnello Meyer-Detring aveva già preso una valutazione della situazione e una copia delle direttive che stavamo redigendo, volando coraggiosamente direttamente verso il fronte per portarle al Comando dell'Esercito in Cecoslovacchia.

Il Gruppo d'armate del generale Hilpert nelle province baltiche (Courland) era stato informato dal maggiore de Maizière; gli era stato autorizzato di inviare tutti i suoi soldati malati e feriti a casa con l'ultimo trasporto navale in partenza da Libau. De Maizière mi portò gli ultimi saluti da parte di mio figlio, Ernst-Wilhelm, con il quale aveva parlato poco prima di rientrare a Flensburg. Il feldmaresciallo Busch (fronte nord-occidentale) e il generale Bohme (Norvegia) si erano già recati personalmente dal Grande Ammiraglio per ricevere istruzioni. Eravamo ancora in contatto radio ininterrotto con il feldmaresciallo Kesselring, che comandava nel sud insieme al gruppo OKW meridionale, comandato dal tenente generale Winter, dello staff operazioni dell'OKW.

Alcuni membri del governo erano già arrivati a Flensburg-Mürwick, tra cui il nuovo ministro degli Esteri, il conte Schwerin von Krosigk; anche il Reichsminister Speer era arrivato, e il generale von Trotha, il capo di stato maggiore che avevo licenziato dal Gruppo d'armate di Student (ex-Heinrici), si era piuttosto sorprendentemente attaccato a lui.

Himmler cercava anche di mantenere la sua posizione nei confronti del Grande Ammiraglio Dönitz. Dopo una conferenza con Dönitz, mi incaricai di chiedere a Himmler di dimettersi e di astenersi dal fare ulteriori visite al quartier generale del Grande Ammiraglio. Inizialmente gli erano stati affidati alcuni compiti di polizia, ma anche questi gli furono presto tolti. Per un governo Dönitz, Himmler era totalmente impresentabile, e a nome di Dönitz glielo feci capire chiaramente.

Il seguente episodio dimostra quanto Himmler fosse lontano dalla realtà politica e quanto fosse un peso per noi: da un quartier generale non specificato, inviò un ufficiale dell'esercito che aveva precedentemente fatto parte del suo staff, e che contemporaneamente licenziò, con una lettera da inoltrare al generale Eisenhower. L'ufficiale era stato autorizzato a informarmi del contenuto della lettera: conteneva in poche parole un'offerta di resa volontaria al generale Eisenhower, a condizione che gli fosse garantito che in nessun caso sarebbe stato consegnato ai russi. Himmler aveva già espresso questa intenzione una volta a me, in presenza di Jodl, durante il nostro ultimo incontro con lui. Poiché l'ufficiale che portava la lettera non tornò mai da Himmler, quest'ultimo non seppe mai che la sua offerta non fu mai inoltrata a Eisenhower, poiché distruggemmo la lettera sul posto. Inoltre, Himmler aveva incaricato il suo corriere di informarmi (per Dönitz) che stava progettando di nascondersi nel nord della Germania; che sarebbe rimasto "sommerso" per i prossimi sei mesi circa. Il resto della storia, con il suo arresto poche settimane dopo e il suo suicidio per avvelenamento mentre era in custodia, è ben noto.

L'8 maggio, dopo il ritorno di Jodl dal quartier generale di Eisenhower a Reims, mi fu ordinato dal Grande Ammiraglio, in qualità di Capo di Stato e Comandante Supremo delle Forze Armate, di volare con un aereo da trasporto britannico verso Berlino, con l'atto preliminare firmato da Jodl e dal Capo di Stato Maggiore di Eisenhower. L'ammiraglio von Friedeburg mi accompagnò come rappresentante della Marina, e il colonnello generale Stumpff, l'ultimo comandante in capo della Difesa Nazionale, a nome della Luftwaffe. In aggiunta a questi, portai con me il viceammiraglio Blirkner, capo del dipartimento di Intelligence Militare dell'OKW, e il tenente colonnello Böhm-Tettelbach, poiché non solo parlava fluentemente inglese, ma aveva anche superato gli esami di interprete russo. Volammo con un aereo britannico da trasporto prima a Stendal. Lì una squadriglia di aerei civili era stata radunata dal Capo della Aeronautica Britannica, che era il rappresentante di Eisenhower. Dopo una sorta di volo della vittoria sopra Berlino, atterrammo tutti, con il nostro aereo in ultima posizione, all'aeroporto di Tempelhof. Una guardia d'onore russa era stata schierata per ricevere le delegazioni britanniche e americane, con una banda militare; dalla nostra zona di atterraggio riuscivamo a osservare la cerimonia da lontano. Un ufficiale russo era stato designato per accompagnarmi, mi dissero che era il capo del quartier generale di Zhukov e mi accompagnò in macchina mentre il resto della mia delegazione seguiva in altre auto.

Percorremmo Belle-Alliance-Platz attraverso i sobborghi della città fino a Karlshorst, dove ci lasciarono in una piccola villa vuota non lontano dalle caserme della Scuola di Pionieri e Ingegneri. Era circa l'una del pomeriggio. Ci lasciarono assolutamente da soli. Poco dopo arrivò un giornalista che scattò alcune fotografie, e dopo un po' arrivò un interprete russo; non riusciva a dirmi a che ora si sarebbe svolta la firma dell'Atto di Resa; in ogni caso, mi era stata data una copia tedesca all'aeroporto.

Pertanto, fui in grado di confrontare la versione firmata da Jodl con la nuova versione; ma notai solo lievi divergenze rispetto all'originale. L'unica modifica sostanziale fu l'inserimento di una clausola che minacciava di punire le truppe che non avessero cessato il fuoco e si fossero arrese al momento stabilito. Dissi all'ufficiale interprete che volevo parlare con un rappresentante di Zhukov, poiché non avrei firmato tale clausola senza condizioni. Diverse ore dopo, arrivò un generale russo con l'interprete per ascoltare la mia obiezione; credo fosse il Capo di Stato Maggiore di Zhukov.

Spiegai che mi opponevo perché non potevo garantire che i nostri ordini di cessate il fuoco sarebbero arrivati in tempo, con il risultato che i comandanti delle truppe avrebbero potuto ritenere giustificato non rispettare eventuali richieste in tal senso. Chiesi che venisse scritta una clausola che stabilisse che la resa sarebbe entrata in vigore solo ventiquattro ore dopo che gli ordini fossero stati ricevuti dalle nostre truppe; solo allora sarebbe entrata in vigore la clausola di penalità. Circa un'ora dopo, il generale tornò con la notizia che Zhukov aveva acconsentito a concedere dodici ore di grazia, anziché ventiquattro. Finì dicendo che desiderava vedere le mie credenziali, poiché i rappresentanti delle potenze vittoriose desideravano ispezionarle; me le avrebbero restituiti a breve. La firma si sarebbe svolta "verso sera", aggiunse.

Verso le tre del pomeriggio, ci servirono un magnifico pasto delle ragazze russe. La nostra pazienza veniva messa a dura prova. Alle cinque ci portarono in un altro edificio e ci servirono il tè pomeridiano, ma nulla accadde. Restituirono i miei documenti e mi dissero che era tutto a posto, ma apparentemente non sapevano ancora a che ora sarebbe avvenuta la firma della resa. Alle dieci di sera, la mia pazienza era esaurita, e chiesi ufficialmente di sapere quando sarebbe avvenuta la firma; mi dissero che sarebbe avvenuto entro un'ora. Durante la serata, feci portare il nostro modesto bagaglio dall'aereo, poiché il volo di ritorno che avevamo dato per scontato era ormai impossibile.

Poco prima di mezzanotte, cioè, l'orario in cui la resa avrebbe dovuto entrare in vigore, fui condotto con i miei luogotenenti nella mensa della caserma. Quando l'orologio segnò l'ora, entrammo nella grande sala attraverso una porta laterale e ci condussero al lungo tavolo direttamente di fronte a noi, dove erano stati tenuti liberi tre posti per i miei due compagni e per me; il resto della nostra delegazione fu costretto a stare in piedi dietro di noi. Ogni angolo della sala era affollato e brillava di faretti. Tre file di sedie lungo la lunghezza della sala e una trasversale erano piene di ufficiali; il

generale Zhukov si sedette con i plenipotenziari britannico e americano ai suoi lati.
Non appena il Capo di Stato Maggiore di Zhukov posò l'Atto di Resa davanti a me, in tre lingue, gli chiesi di spiegarmi perché la modifica che avevo richiesto riguardo alle clausole di penalità non fosse stata inserita nel testo. Andò da Zhukov, e dopo una breve conferenza con lui, sotto il mio attento scrutinio, tornò e mi disse che Zhukov aveva espressamente accettato la mia richiesta di non far entrare in vigore le misure penali per altre dodici ore.
La cerimonia iniziò con alcune parole introduttive; poi Zhukov mi chiese se avessi letto l'Atto di Resa. Risposi: "Sì". La sua seconda domanda fu se fossi pronto a riconoscerlo con la mia firma. Risposi di nuovo con un forte "Sì!" La cerimonia di firma iniziò immediatamente e, dopo che fui il primo a firmarlo, seguì l'attestazione. Infine, io e la mia delegazione lasciammo la sala dalla porta dietro di me.
Ora fummo riportati alla nostra piccola villa; nel pomeriggio era stato apparecchiato un tavolo, traboccante di un buffet freddo, con vari vini, mentre nelle altre stanze erano stati preparati letti puliti per ciascuno di noi, uno per letto. L'interprete ufficiale disse che un generale russo stava arrivando e che la cena sarebbe stata servita al suo arrivo. Quindici minuti dopo, apparve il capo del quartiere generale di Zhukov e ci chiese di iniziare; ci chiese di scusarci poiché non poteva restare. Il pasto probabilmente era più modesto di quanto fossimo abituati, si scusò, ma avremmo dovuto accontentarci. Non riuscivo a trattenermi dal rispondere che in realtà non eravamo affatto abituati a tale lusso e a feste così sontuose. Ovviamente pensò che stessi solo cercando di fargli un complimento. Pensavamo che il tipo di *Sakuska*[3] con cui eravamo stati serviti fosse tutto quello che c'era per quella colazione fatta dal boia; eravamo già tutti abbastanza sazi quando venimmo a sapere che in realtà c'era anche un piatto caldo di carne arrosto in arrivo, e infine ci servirono piatti di fragole fresche congelate, qualcosa che non avevo mai mangiato prima nella mia vita. Era evidente che qualche ristorante gourmet di Berlino avesse fornito questa cena, dato che anche i vini erano marchi tedeschi. Dopo il pasto, l'ufficiale interprete ci lasciò; apparentemente aveva fatto da padrone di casa al posto nostro. Mi sdraiai sul nostro aereo per le sei del mattino per riportarci, e tutti andammo a letto.
La mattina seguente, alle cinque, ci fu servita una colazione più semplice. Quando stavo per partire verso le cinque e mezza, mi fu chiesto di aspettare il Capo di Stato Maggiore di Zhukov, che voleva parlarmi del nostro volo di ritorno. Stavamo tutti in piedi intorno alle nostre auto, aspettando di partire. Il generale mi chiese di rimanere a Berlino; avrebbero cercato di darmi l'opportunità di emettere da Berlino i nostri ordini di cessate il fuoco per le truppe sul fronte orientale, proprio come avevo richiesto quando avevamo discusso delle condizioni delle clausole di penalità il giorno prima. Risposi che se mi avessero garantito la comunicazione radio, avrei emesso immediatamente i segnali segreti necessari; avrebbero però dovuto consegnarmi i cifrari tedeschi. Il generale sparì di nuovo per chiedere a Zhukov sul da farsi. Ritornò con la notizia che non sarebbe stato possibile per me inviare questi segnali; tuttavia, il generale Zhukov mi invitò comunque a rimanere a Berlino. Ora capii cosa stessero cercando di fare. Insistetti per volare a Flensburg immediatamente, poiché avrei dovuto trasmettere le condizioni di resa modificate alle truppe il più velocemente possibile da lì; altrimenti non avrei accettato le conseguenze di ciò che sarebbe successo. Doveva informare il suo generale che avevo firmato in buona fede e che mi ero fidato della parola di Zhukov come ufficiale. Dieci minuti dopo il Capo di Stato Maggiore tornò con la notizia che il mio aereo sarebbe stato pronto per decollare entro un'ora. Salimmo velocemente in macchina con Blirkner, Bohm-Tettelbach e l'interprete; questi signori avevano tutti capito che stavano cercando di trattenermi molto più chiaramente di quanto avessi fatto io almeno inizialmente.
Mi dissero che i russi avevano evidentemente bevuto troppo e che la festa della vittoria era ancora in corso nella mensa mentre noi partivamo in sicurezza. L'interprete chiese quale percorso volessi prendere per l'aeroporto. Percorremmo la Piazza del Municipio, il castello e poi Unter den Linden, e Friedrichstrasse. C'erano tracce orribili della battaglia visibili tra Unter den Linden e Belle-Allian-

---

3 Il termine russo **zakuska** (sakusaka) designa un assortimento di piatti e antipasti caldi o freddi serviti prima dei pasti accompagnati da vodka, brandy o cognac. Una sorta di antipasto.

ce-Platz. Un gran numero di carri armati tedeschi e russi bloccava Friedrichstrasse in vari punti, e la strada era disseminata di macerie di edifici crollati. Volammo direttamente verso Flensburg, sollevati di essere su un aereo britannico e in volo. Atterrammo a Flensburg verso le dieci.
Avevamo organizzato di scambiare delegazioni ufficiali con Montgomery ed Eisenhower, per facilitare gli affari tra di noi. Sabato 12 maggio, la delegazione americana arrivò a Flensburg e fu sistemata a bordo della *Patria*, un transatlantico di lusso; la prima conferenza fu fissata per le undici di domenica mattina. Dönitz doveva salire per primo sulla *Patria* per essere ricevuto dagli americani, mentre io avrei fatto la mia apparizione mezz'ora dopo.
Dopo che Dönitz aveva lasciato la nave, fui ricevuto da loro; il generale americano mi rivelò che dovevo arrendermi come prigioniero di guerra, e sarei stato trasferito via aerea alle due di quel pomeriggio, tra due ore. Dovevo cedere il posto al colonnello generale Jodl; mi sarebbe stato permesso di portare con me un compagno e un cameriere personale, nonché 300 sterline di bagagli.
Mi alzai, salutai brevemente con il mio bastone da feldmaresciallo e tornai al quartier generale con Blirkner e Bohm-Tettelbach, che mi avevano accompagnato durante tutta questa "udienza". Salutai Dönitz che era già stato informato di ciò che sarebbe accaduto e selezionai Monch e il tenente colonnello von Freyend come miei compagni, garantendo loro, in questo modo, una prigionia decisamente meno ardua. Affidai i miei documenti personali e le chiavi a Jodl e incaricai Szimonski di portare uno o due oggetti personali a mia moglie, con una lettera per lei, che sarebbe stata inviata a Berchtesgaden con l'aereo del corriere. Purtroppo, i britannici sequestrarono tutto dal coraggioso "Schimo", comprese le mie chiavi e il libretto bancario, e la lettera per mia moglie.
Decollammo per una destinazione che non ci fu rivelata e, dopo aver sorvolato tutta la Germania, atterrammo quella sera presto all'aeroporto di Lussemburgo; lì fui trattato come prigioniero di guerra per la prima volta e trasferito al Park Hotel di Mondorf, che era stato convertito in un campo di internamento. Seyss-Inquart era arrivato prima di me.
A Flensburg ero stato padrone di me stesso; mentre guidavo nella mia macchina verso l'aeroporto insieme al generale Dethleffsen, in quelle due ore non protette avrei potuto mettere fine alla mia vita e nessuno sarebbe riuscito a fermarmi. Il pensiero non mi venne mai in mente, poiché non avrei mai immaginato che una via dolorosa mi attendeva, con questa fine tragica a Norimberga.
Iniziai il mio periodo come prigioniero di guerra il 13 maggio 1945, a Mondorf; fui trasferito in una cella di prigione a Norimberga il 13 agosto, e sto aspettando la mia esecuzione da oggi 13 ottobre 1946.

Finis, 10 ottobre 1946.

▲ Il feldmaresciallo Wilhelm Keitel, C-in-C delle forze armate tedesche, firma la resa incondizionata a Karlshorst, Berlino (8 maggio 1945). Il Feldmaresciallo Wilhelm Keitel firma la resa incondizionata della Wehrmacht al quartier generale sovietico a Karlshorst, Berlino. PD wiki

▲ Di fronte alla morte: Wilhelm Keitel senza gradi nella prigione di Norimberga nel 1946. United States Army Signal Corps photographer - PD Questo lavoro è di pubblico dominio negli USA perché è un lavoro preparato da un ufficiale o da un dipendente del governo degli US come parte delle funzioni ufficiali di quella persona come tutte le foto del processo.

CAPITOLO 8

RIFLESSIONI FINALI

Le Riflessioni di Keitel sul suicidio

Quante volte mi sono trovato seriamente a confrontarmi con questa possibilità come via d'uscita, solo per respingerla perché – come hanno sempre dimostrato i suicidi – nulla cambia e nulla migliora con un tale gesto. Al contrario, le forze armate, di cui sono stato spesso consigliere e mediatore, mi avrebbero etichettato come disertore e marchiato come codardo.

Hitler stesso scelse la morte piuttosto che accettare la responsabilità per le azioni dell'OKW, del Colonnello Generale Jodl e mie. Non dubito che ci avrebbe fatto giustizia e si sarebbe pienamente identificato con le mie dichiarazioni; ma per lui – come ho appreso solo più tardi – aver commesso suicidio sapendo di essere sconfitto, evitando così la sua ultima responsabilità personale su cui aveva sempre posto grande enfasi e che aveva assunto da solo senza riserve, invece di consegnarsi al nemico; e per lui aver lasciato a un subordinato il compito di rendere conto delle sue azioni autocratiche e arbitrarie, queste sue due gravi mancanze rimarranno sempre incomprensibili per me. Sono la mia ultima disillusione[1].

ESTRATTI DALLE ULTIME LETTERE

Al suo figlio maggiore, il Tenente Colonnello Karl-Heinz Keitel, 12 gennaio 1946.

Già saprai cosa mi è accaduto. Il processo durerà ancora settimane; ed è una prova dura per i miei nervi, ma rappresenta anche il mio ultimo dovere verso la Nazione e la Storia...

Al suo avvocato, il Dottor Nette, 21 maggio 1946.

La mia difesa è entrata in una nuova fase e in circostanze completamente mutate a causa del devastante attacco del Grand'Ammiraglio Raeder al mio carattere e al ruolo che rivestivo. Ci si può difendere da accuse di natura oggettiva o da estranei, e capisco ci si può guadagnare il rispetto del Tribunale nel tentativo di difendersi; ma Raeder non mi ha mai segnalato alcuna mia mancanza (durante la guerra) nonostante il suo chiaro dovere di farlo se avesse davvero avuto motivi seri per credere che il mio comportamento compromettesse gli interessi delle forze armate. A Berlino ho spesso partecipato a discussioni ministeriali con lui su questioni diverse, e ho assistito alla maggior parte delle sue Conferenze Navali con il Führer, quindi egli ha avuto numerose occasioni per dirmi chiaramente o suggerirmi quali pericoli vedeva nel mio comportamento ufficiale, soprattutto perché mi sono avvicinato a lui più volte per chiedere consiglio, nel tentativo di conquistare la sua fiducia. Dopo tutto ciò che è stato detto su di me al Tribunale, non avevo ancora visto il mio essere così gravemente infangato da un rappresentante di alto rango delle forze armate – che comunque può essere preso sul serio – che non posso più aspettarmi comprensione da questo Tribunale riguardo all'antitesi insormontabile tra ciò che onestamente desideravo e la mia totale, devastante incapacità di agire o astenermi dall'agire di mia iniziativa (come Capo dell'OKW).

Per quanto capisco, la mia difesa sarà ora assai più ardua che mai da condurre. Apprezzo quindi pienamente i nobili motivi che ti hanno spinto a difendermi qui, ma se posso in qualche modo alleggerire il tuo carico nel prendere una decisione, voglio che tu sappia che capirei completamente se ora avessi seri ripensamenti sul fatto di dover abbandonare la difesa di una figura così "discutibile"

---

1   Da una nota scritta da Keitel per la sua difesa a Norimberga il 24 ottobre 1945, in merito alla sua responsabilità in qualità ci comandate del OKW

▲ La triade difensiva di Keitel al processo di Norimberga dicembre 1946: Otto Nelte (a sinistra) Hans Pribilla (centro) e Edmund Tipp (destra).
▼ I generali Jodl e Keitel nella loro cella durante la pausa pranzo.

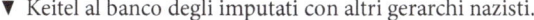
▲ Il feldmaresciallo Wilhelm Keitel, C-in-C delle forze armate tedesche, durante l'interrogatorio da parte dei giudici internazionali nel dibattito processuale.
▼ Keitel al banco degli imputati con altri gerarchi nazisti.

come la mia[2].

Mi vergogno troppo per dirtelo di persona.

Alla moglie del Colonnello Generale Jodl, Luise Jodl, 9 giugno 1946.

Sento di doverti scrivere per dirti quanto sono stato felice dell'andamento della difesa durante quest'ultima settimana. Tuo marito ha dimostrato come sempre, costanza e dignità, e il modo in cui ha preservato il suo onore di soldato è stato impressionante tanto quanto le sue risposte chiare e irrefutabili sono state convincenti. Anche il grande sforzo che hai fatto collaborando ha dato frutti cento volte superiori. Le cose che non sono riuscito a dire o che ho dimenticato di menzionare sono ora registrate, e quelle che erano più incriminanti per me sono state felicemente confutate. Ricorderò questo giorno storicamente indimenticabile con la più profonda soddisfazione e gratitudine.

Al suo avvocato difensore 1 Ottobre 1946

La condanna a morte non mi ha sorpreso, ma sono profondamente turbato dal modo in cui verrà eseguita. Ti prego, in queste circostanze, di offrirmi ancora una volta il tuo altruistico aiuto per sostenere la mia richiesta di commutazione dell'esecuzione in una morte da soldato, tramite fucilazione. Ritengo inutile chiedere di più. La mia fiducia nella tua difesa e nei molteplici suggerimenti che mi hai dato rimane intatta. Nessun altro avvocato si è dedicato al suo cliente in modo così generoso, instancabile e personale.

Dalla signora Lisa Keitel al Dottor Otto Nette, avvocato difensore del Feldmaresciallo, 1 Ottobre 1946

Ho appena finito di scrivere un'ultima lettera a mio marito; spero che tu possa ancora fargliela avere. Abbiamo sentito la sentenza, ma era ciò che ci aspettavamo. Spero che la richiesta di mio marito di un'esecuzione militare venga concessa a lui e a Jodl. Altrimenti, per favore, non avanzare nessuna richiesta di clemenza[3].

Keitel a suo figlio maggiore, Karl-Heinz, 3 Ottobre 1946

Questa sarà probabilmente la mia ultima lettera per te. Secondo i miei calcoli, la condanna a morte verrà eseguita tra quattordici giorni, una volta confermata. Mi è stato di grande aiuto affrontare il Tribunale come ho fatto, sapendo da tempo quale sarebbe stato il mio destino. Non rimpiango nulla di ciò che ho detto al mio processo, e non ritirerei mai una parola di quanto ho detto; ho detto la pura verità, sempre, a ogni domanda e in ogni occasione. Questo è qualcosa di cui posso ancora essere orgoglioso, e per sempre nella storia.

Viceammiraglio Leopold Burkner a Keitel, 4 Ottobre 1946

Feldmaresciallo! È scritto che "dalle loro opere verranno riconosciuti"; tutto il bene che hai fatto nella tua vita passata e persino in questa sfortunata guerra non svanirà nel nulla, anche se al momento può sembrare così. In ogni caso, voglio ringraziarti per tutto il bene che hai fatto per me e senza dubbio per molti tuoi subordinati; questi ultimi ora penseranno a te, come sto facendo io. È difficile credere che l'ultima parola sia stata detta sul tuo gravoso incarico.

---

2 Tutto ciò si riferisce a un documento scritto dal Grand'Ammiraglio Raeder mentre era internato a Mosca, per uso strettamente personale; il colonnello Pokrovsky, per l'accusa sovietica, tentò di introdurlo nel processo contro Keitel come documento U.S.S.R.- 460; naturalmente, il testo fu messo a disposizione anche della difesa. Il documento esponeva le opinioni del Grand'Ammiraglio su Keitel (va detto che entrambi gli ufficiali avevano un carattere molto simile). Raeder aveva criticato aspramente Keitel per il suo personale "fallimento"; scritto per uso privato, il documento non era destinato alla pubblicazione, ma le autorità sovietiche glielo confiscarono. Tuttavia, la sua lettura pubblica fu rifiutata. Non era mai passato per la mente del Grand'Ammiraglio Raeder – che era fondamentalmente un ufficiale onorevole e retto – che potessero calpestare i suoi diritti in quel modo; durante l'udienza del 25 maggio 1946 cercò di attenuare l'effetto delle sue dichiarazioni su Keitel, affermando che ovviamente nessuno avrebbe potuto resistere a lungo accanto al Führer se avesse dovuto avere a che fare con lui ogni due giorni.

3 Per quanto se ne sa, l'ultima lettera di Lisa Keitel a suo marito non venne mai consegnata. Il 13 ottobre 1946, tre giorni prima della sua esecuzione, il Feldmaresciallo inviò un'ultima lettera di auguri a suo figlio; commentò che solo le donne della famiglia gli avevano scritto e aggiunse: "Basta così. Che vigliacchi che siamo noi uomini".

Keitel al consiglio di controllo alleato per la Germania, 5 Ottobre 1946

Darò volentieri la mia vita nell'espiazione richiesta dalla mia condanna, se il mio sacrificio accelererà la prosperità del popolo tedesco e servirà a scagionare le forze armate tedesche da ogni colpa. Ho solo una richiesta: che mi venga concessa la morte per fucilazione.

Spero che quei membri del Consiglio di Controllo Alleato che sono stati soldati possano comprendere la mia colpa, nata da una virtù riconosciuta in ogni esercito del mondo come base onorevole e necessaria per essere un buon soldato. Anche se ho fallito nel riconoscere i limiti appropriati che avrebbero dovuto essere posti a questa virtù militare, almeno non sento di aver perso il diritto di espiare questo errore con il modo di esecuzione che è il diritto del soldato in ogni altro esercito del mondo su cui viene pronunciata una condanna a morte come soldato[4].

---

4   La richiesta del Feldmaresciallo Keitel di essere fucilato fu respinta dal Consiglio di Controllo Alleato per la Germania e, insieme ad Alfred Jodl, fu impiccato a Norimberga il 16 ottobre 1946.

▲ Tutti gli imputati nazisti al processo di Norimberga, dalla prima fila e da sinistra a destra: Hermann Göring, Rudolf Hess, Joachim von Ribbentrop, Wilhelm Keitel, Ernst Kaltenbrunner, Alfred Rosenberg, Hans Frank, Wilhelm Frick, Julius Streicher, Walther Funk, Hjalmar Schacht. Fila dietro: Karl Dönitz, Erich Raeder, Baldur von Schirach, Fritz Sauckel, Alfred Jodl, Franz von Papen, Arthur Seyss-Inquart, Albert Speer, Konstantin von Neurath, Hans Fritzsche.
In questa foto specifica non appare Kaltenbrunner. Alcuni imputati (come Robert Ley) si suicidarono prima del processo, Bormann risultò irreperibile, probabilmente morto fuggendo dal bunker della cancelleria, mentre Gustav Krupp von Bohlen und Halbach fu ritenuto fisicamente incapace di essere processato.

▲ La sentenza venne eseguita dai soldati americani: il boia John Woods e il volontario Joseph Malta. US Gov. PD

▼ Le macchie di sangue facciale sul cadavere di Keitel furono dovute alla botola troppo piccola, che causò a lui e a molti altri condannati lesioni alla testa, che colpì la botola durante la caduta. Vari osservatori notarono che molti dei nazisti giustiziati caddero dalla forca con forza insufficiente per spezzargli il collo, provocando una macabra agonia che nel caso di Keitel durò ben 24 interminabili minuti. US Gov. PD

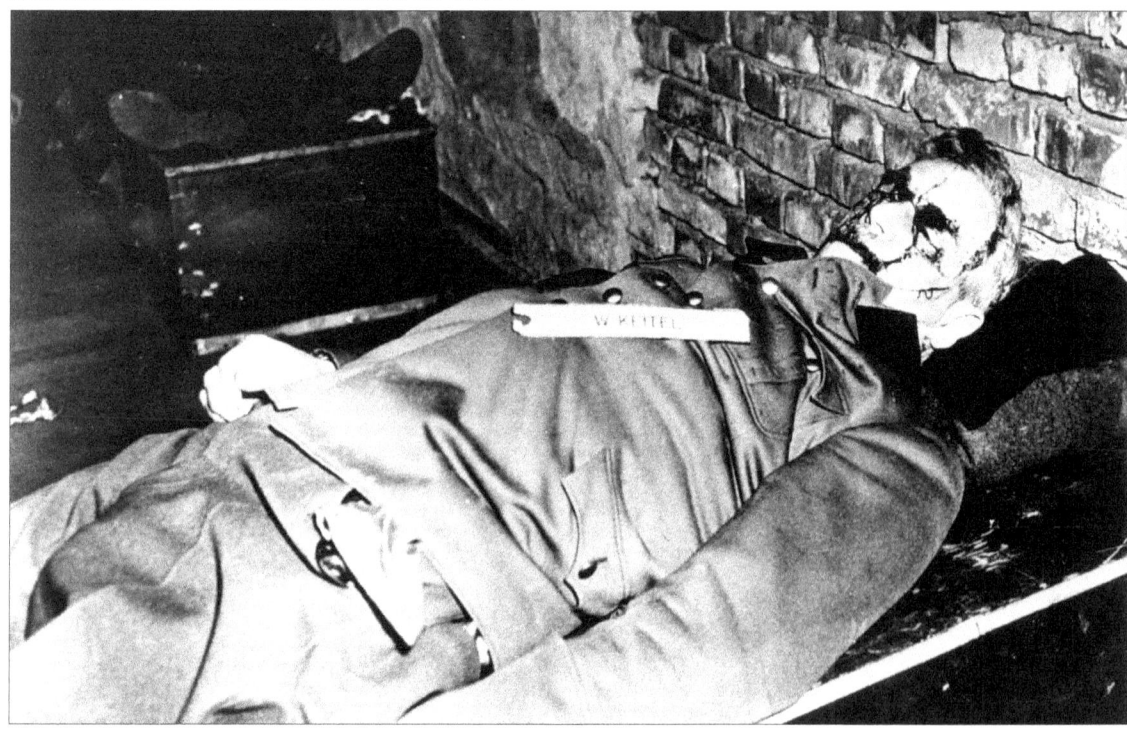

CONSIDERAZIONI FINALI

Come abbiamo visto, nel 1945 il "Tribunale Militare Internazionale" di Norimberga, rappresentante gli Stati Uniti d'America, la Repubblica Francese, il Regno Unito di Gran Bretagna e Irlanda del Nord e l'Unione delle Repubbliche Socialiste Sovietiche, accusò il Feldmaresciallo Wilhelm Keitel, ex Capo dell'Alto Comando delle Forze Armate, di aver partecipato a una cospirazione, di aver commesso crimini contro la pace, crimini di guerra e crimini contro l'umanità, o in alternativa di aver "autorizzato" o "diretto" tali crimini. Fu accusato di complicità nell'omicidio e nel maltrattamento di popolazioni civili nei territori occupati e di averne ordinato la deportazione come lavoratori schiavi; fu accusato di aver ordinato l'esecuzione di ostaggi e la persecuzione di specifiche sezioni della popolazione per motivi politici, razziali o religiosi. Un'accusa aggiuntiva contro Keitel e i suoi venti coimputati fu quella di aver saccheggiato proprietà pubbliche e private.

Tra gli uomini che detenevano realmente il potere durante il Terzo Reich, pochissimi raggiunsero il banco degli imputati a Norimberga: il più prominente tra gli accusati fu il Reichsmarschall Hermann Göring. Adolf Hitler, Führer, Cancelliere del Reich e Comandante Supremo delle Forze Armate e dell'Esercito; Heinrich Himmler, Reichsführer delle SS, Ministro degli Interni del Reich, Capo della Polizia Tedesca e Comandante in Capo dell'Esercito di Riserva; e il Dottor Joseph Goebbels, Ministro del Reich per l'Illuminismo Pubblico e la Propaganda, si erano tolti la vita e quindi non potevano essere chiamati a rispondere. Il Reichsleiter Martin Bormann, Capo della Cancelleria del Partito e eminenza grigia del Terzo Reich, era dato per disperso e presunto morto dal 1° maggio 1945.

In questa parte finale citeremo alcuni aspetti della personalità di Keitel, visto in merito ad alcuni aspetti curiosi, come il suo pensiero sugli italiani, l'amore per l'agricoltura, il suo rapporto intimo con Hitler e così via...

KEITEL CONTADINO
Wilhelm Bodewin Johann Gustav Keitel, questo il nome completo, nacque il 22 settembre 1882 a Helmscherode, una piccolissima frazione nella campagna della Bassa Sassonia, con poche decine di case e una chiesetta, nello stato federale tedesco di Brunswick, da Carl Keitel e Apollonia Vissering. Proveniva da una tipica famiglia tedesca del Nord, in cui virtù e obbedienza stavano sempre al primo posto. Suo padre era un contadino della classe media, un proprietario terriero indipendente, proprio come molti altri loro parenti. Wilhelm trascorse la sua giovinezza lavorando nella tenuta di famiglia. Sua madre morì nel 1888, poco dopo aver dato alla luce il fratello minore Bodewin[1]. Durante i primi anni, Wilhelm ricevette l'istruzione direttamente a casa sua. In seguito, frequentò il Ginnasio nella vicina Gottinga. I suoi risultati scolastici furono nella media.
Wilhelm sognava di diventare un contadino come suo padre. Questo, tuttavia, non si realizzò, poiché suo padre voleva continuare a gestire la fattoria da solo. Dopo gli esami finali, quindi si arruolò nell'esercito tedesco, nel *Niedersächsischen Feldartillerie-Regiment* 46, con il grado di Fahnenjunker (cadetto). In prigione, durante il processo di Norimberga, disse allo psichiatra Leon Goldensohn di aver optato per la carriera militare, semplicemente poiché non poteva guadagnare a sufficienza con l'agricoltura.
Con la morte del padre, avvenuta nel maggio del 1934, l'eredità familiare divenne realtà e finalmente si concretizzò nuovamente la prospettiva del lavoro dei suoi sogni: fare l'agricoltore. La spinta finale

---
1 **Bodewin Claus Eduard Keitel** (1888 –1953) Generale tedesco che ha prestato servizio come capo dell'ufficio del personale dell'esercito. Ebbe un ruolo importante durante l'attentato del 20 luglio del 1944. Keitel In qualità di primo ufficiale di stato maggiore si trovava in un giro di ispezione al Bendlerblock di Berlino, ebbe modo di verificare cosa stesse accadendo, apprese poi via radio che l'attacco era fallito e tornò immediatamente a Danzica. Confermò telefonicamente al fratello Wilhelm Keitel che Hitler era vivo.

▲ La grande fattoria del feldmaresciallo Wilhelm Keitel a Helmscherode.

a compiere il grande passo, mettere in soffitta spada e uniforme, fu il suo imminente trasferimento da Potsdam a Liegnitz, nella Bassa Slesia. Ormai non aveva più importanza che fosse stato promosso a maggiore generale solo ad aprile. "Da Liegnitz a Helmscherode, ci sono oltre 500 km, una infinità", annotò con orrore. Troppo lontano per poter supervisionare adeguatamente le operazioni agricole. Per questo motivo Keitel chiese le sue dimissioni il 1° ottobre del luglio 1934.
Sembra che Keitel dicesse davvero quello che pensava e voleva. Insomma, la sua richiesta era seria e motivata. Anche i suoi superiori lo compresero e gli offrirono prontamente tre sedi alternative relativamente vicine alla tenuta di famiglia: Hannover, Brema o Münster. "Ho subito rifiutato Hannover perché mia moglie non sopporta il clima", racconta Keitel. Dopo un po' di riflessione, la scelta cadde su Brema, che dato il suo fascino ovviamente era chiesta da molti. Ma Keitel non voleva saperne di partecipare ad un concorso. "Insistetti per Brema e ho dichiarato categoricamente che se Brema non era libera, me ne sarei andato sicuramente a Helmscherode."
Brema era un mondo completamente diverso. Un idillio in cui nessuno si metteva sulla sua strada. E che si trovava a una distanza ragionevole dalla sua tenuta vicina ai monti Harz. Almeno ogni due settimane Keitel poteva agevolmente controllare la situazione a Helmscherode. Una soluzione quasi ottimale perché: "mi veniva spesso concesso di prendermi tre giorni di ferie". E a Brema stette davvero bene, lui e la sua famiglia soprattutto la ambiziosa moglie, che di rincorrere anatre in fattoria proprio non voleva saperne.. Per Keitel, questo incarico indipendente a Brema era un compito che faceva proprio al caso suo. Secondo le sue memorie, lui stesso disse che era "molto divertente, perché finalmente ero indipendente e potevo non solo dare ordini, ma anche dare forma e organizzare le cose come volevo".

▲ Il generale Wilhelm Keitel decora la bandiera del suo reggimento a Brema nel 1934.

Non solo, anche l'ambiente cittadino gli permise di allargare la sua vita sociale, permettendogli di avere contatti anche al di fuori dell'apparato militare. Una delle persone da lui assai frequentate in quel periodo fu il famoso generale Paul von Lettow-Vorbeck, il tanto acclamato "Eroe dell'Africa orientale tedesca". Il combattente coloniale, ormai anziano ma ancora molto agile, aveva sempre un orecchio aperto verso i suoi pari; La sua casa in Colmarer Straße era spesso visitata dai coniugi Keitel. Non c'è da quindi stupirsi che abbia lottato con le unghie e con i denti quando, nell'agosto del 1935, venne a conoscenza del suo trasferimento al Ministero della Guerra del Reich. Il suo ricordo, a posteriori: "Ne fui molto colpito e lo dissi apertamente". Pregò i suoi superiori di "fare tutto il possibile per impedirlo". Perché: "non si era mai sentito così felice come soldato, e come uomo, come quando era comandante di divisione a Brema, e non voleva avere niente a che fare con la politica".

KEITEL E GLI ITALIANI

Il feldmaresciallo Wilhelm Keitel, capo dell'Oberkommando der Wehrmacht (OKW), nutriva giudizi piuttosto negativi e di disprezzo nei confronti degli italiani e delle loro forze armate, soprattutto nel contesto della Seconda guerra mondiale e del rapporto tra Germania e Italia dopo l'armistizio italiano dell'8 settembre 1943. Si stupiva ogni volta ad osservare il curioso rapporto che secondo lui, Hitler corrispondeva con Hitler. Nelle sue memorie, sia gli italiani, sia il Duce erano visti come degli inguaribili scrocconi sempre pronti a luvrare sulle loro posizioni.

Giudizi e atteggiamenti di Keitel verso gli italiani e le loro forze armate

Keitel considerava l'atteggiamento italiano come "incomprensibile" e criticava apertamente la condotta delle autorità militari e della polizia italiane, specialmente per quanto riguardava la protezione degli ebrei nelle zone di influenza italiana, come la Costa Azzurra. In particolare, egli denunciava

▲ Il feldmaresciallo Wilhelm Keitel si saluta amichevolmente con il Duce Benito Mussolini.

come la zona italiana fosse diventata una sorta di "Terra Promessa" per gli ebrei in fuga dalla persecuzione tedesca, facilitata dalla simpatia delle autorità italiane e dalla popolazione locale. Dopo l'armistizio dell'8 settembre 1943, Keitel emanò un ordine il 12 settembre che autorizzava la fucilazione sommaria degli ufficiali italiani catturati e l'impiego forzato di sottufficiali e truppa nei territori dell'Est. Questo ordine rifletteva una totale mancanza di fiducia e rispetto verso le forze armate italiane, trattate come nemici senza alcuna protezione giuridica o status di combattenti regolari. La pianificazione tedesca per affrontare una possibile-probabile "defezione" italiana (Operazione Achse) fu personalmente curata da Keitel, che nel maggio 1943 diramò direttive dettagliate per neutralizzare le forze italiane in vari teatri operativi, mostrando una chiara diffidenza verso l'affidabilità dell'alleato italiano adottando un atteggiamento di controllo e repressione preventiva. Keitel e il comando tedesco avevano una percezione negativa del morale della popolazione italiana e dei sentimenti filobritannici presenti tra l'alta borghesia e i militari italiani, considerati infidi e poco affidabili, come soprattutto nel caso del generale Mario Roatta, ritenuto equivoco.

Conclusioni

Il feldmaresciallo Keitel manifestava un giudizio di disprezzo e sfiducia verso gli italiani e le loro forze armate, considerandoli poco affidabili e spesso traditori, soprattutto dopo l'armistizio del 1943. Questo si tradusse in ordini durissimi e in una pianificazione militare volta a neutralizzare e reprimere le forze italiane, senza riconoscere loro lo status di combattenti regolari. Inoltre, criticava apertamente l'atteggiamento italiano nei confronti degli ebrei, che contrastava con la politica di persecuzione nazista. Questi aspetti riflettono la complessità e la tensione nei rapporti italo-tedeschi durante la guerra, con Keitel che in questo caso rappresentava la linea dura e repressiva del comando tedesco.

KEITEL E HITLER

Wilhelm Keitel fu uno dei più stretti collaboratori militari di Adolf Hitler durante il regime nazista, ma il loro rapporto fu caratterizzato da una forte asimmetria di potere e da una sostanziale sottomissione di Keitel alla volontà del Führer. Keitel, generale di carriera, fu noto per la sua obbedienza quasi incondizionata agli ordini di Hitler, che sottolineava la sua acquiescenza passiva anche di fronte a decisioni militari discutibili o dannose. Nonostante questa fedeltà, Keitel ebbe diversi contratti col Führer e almeno un episodio significativo di dissenso: nel dicembre 1941, durante la campagna contro l'Unione Sovietica, propose a Hitler di ritirare le truppe esauste davanti a Mosca per riorganizzarsi, ma fu duramente rimproverato e quasi portato al suicidio per la sua opposizione. Un'altra volta nei ricordi di Keitel si ribellò a Hitler quando si trattò dell'invio al fronte di principi provenienti da case reali che in precedenza avevano regnato. Hitler rifiutò di spedirli in prima linea per paura della cattiva pubblicità che sarebbe derivata in caso di loro morte. "L'ho trovato vergognoso", disse Keitel. Gli sembravano standard strani, specialmente se paragonati ad altre faccende assai più serie. Furono tanti gli episodi che evidenziavano una volta di più come Keitel fosse sostanzialmente incapace di influenzare le decisioni strategiche di Hitler, che si mostrava inflessibile in materia militare.

Keitel svolse anche un ruolo importante nello sventare il complotto del 20 luglio 1944 contro Hitler, mostrando la sua lealtà al dittatore fino alla fine. Dopo la morte di Hitler, Keitel firmò l'atto di resa della Germania agli Alleati, ma fu arrestato e processato a Norimberga, dove si dichiarò inizialmente non colpevole, salvo poi ammettere le sue responsabilità e mostrare un sincero rimorso per i crimini nazisti, anche se troppo tardi. In sintesi, il rapporto tra Keitel e Hitler fu quello di un subordinato fedele e sottomesso a un leader autoritario, con Keitel che raramente osò contraddire il Führer, rimanendo fino alla fine un mero esecutore degli ordini, anche quando questi portarono a disastri militari e crimini di guerra. Egli fu leale oltre ogni ragione: Wilhelm Keitel non avrebbe mai permesso che accadesse nulla al suo leader. Tuttavia, nelle piccole cose personali, ogni tanto si soprendeva del suo capo, ad esempio un concetto che non riusciva a concepire in Hitler, fosse che non avesse nemmeno mai imparato un mestiere.

Scrupoli morali messi sotto la sabbia

Nonostante la sua incondizionata "obbedienza al Führer", Keitel non fu mai una persona politica. Lo stesso Hitler non lo considerava un capo, ma un destinatario di ordini, un suo "esecutore volontario". Una volta fu particolarmente offensivo, parlando di Keitel in sua assenza ad altri gerachi disse: Keitel potrebbe al massimo ambire a fare il direttore di un cinematografo o il buttafuori." Un compito che Keitel presto si abituò ad accettare senza esitazione. Obbediva agli ordini e non si faceva turbare da scrupoli morali. Né nell'ordine di sradicare l'élite polacca, né nell'applicazione del famigerato Ordine del Commissario come mezzo efficace "contro gli ebrei, i principali sostenitori del bolscevismo".
Gli capitava anche di peggio, come quando di sperticava nel fare i complimenti a Hitler. I suoi elogi entusiastici del presunto talento militare di Hitler dopo la vittoria sulla Francia trovarono un'inaspettata e diffusa accettazione: l'esclamazione popolare secondo cui considerava Hitler "il più grande leader militare di tutti i tempi" fu poi abbreviata irrispettosamente in "Gröfaz", che altri non è che l'acronimo formato a partire dall'espressione tedesca *Größter Feldherr aller Zeiten* ("il più grande condottiero di tutti i tempi"). Fu impiegata, inizialmente come adulazione ma presto lo fu soprattutto con intento sarcastico, per riferirsi a Adolf Hitler durante il periodo della Germania nazista. Tuttavia ad Hitler questo generale massiccio dall'aria bonaria un po' doveva piacergli, se non altro perché gli concesse di far parte della ristretta cerchia degli Obersalsberger! Della squadra faceva parte oltre a Hitler: Bormann, Goring, Speer e appunto Keitel. Tutti con la loro bella casetta in quell'angolo di paradiso delle alpi bavaresi.

Il fardello dell'OKW Un uomo buono contro il male

Nelle sue memorie, Keitel afferma che la posizione di capo dell'OKW rappresentava un pesante fardello personale. Che il suo, nei fatti era un sacrificio oneroso, che accettandolo, aveva sgravato la cosa a molti. Trovava perciò particolarmente ingrato che molti di questi si divertissero a dileggiarlo alle spalle. Quando entrò in carica all'OKW nel febbraio del 1938, cessò di essere un uomo libero. Non ebbe più tempo per la sua famiglia cui era teneramente molto legato, un buon patriarca diceva. Le foto in famiglia mostrano spesso un ambiente disteso e a volte divertito.

Tuttavia, qualcosa non torna, doveva sempre essere a disposizione di Hitler, questo è vero. Si tratta senza dubbio di lamentele a volte strane, figlie della sua estrazione, della sua cultura. E tuttavia incredibilmente caratteristico dello stato d'animo di Keitel. Nei suoi appunti personali si dipinge spesso come un uomo rispettabile. Di nuovo anche nelle foto, non tanto in quelle da studio in cui riveste la sua pseudo immagine da junker prussiano che non era. Ma in tutti gli altri scatti rubati, spesso appare come l'unico sorridente fra tante mascelle rigide. Forse Hannah Arendt avrebbe usato anche con lui la definizione di qualcuno che incarna la "banalità del male", proprio come Adolf Eichmann. Soprattutto perché Keitel non era un arrivista. Nessuno che fosse consumato dall'ambizione.

Ma le cose andarono diversamente. Keitel non era perspicace e non ammise mai la sua responsabilità personale. Tuttavia, nelle sue osservazioni conclusive al processo di Norimberga, ammise che anche l'adempimento del dovere di un soldato ha i suoi limiti. Il suo ultimo desiderio, quello di una "morte onorevole da soldato" tramite fucilazione, non fu esaudito. Wilhelm Keitel morì impiccato il 16 ottobre 1946.

Le considerazioni degli altri, il carattere

Wilhelm Keitel era visto dai suoi colleghi generali e gerarchi nazisti come una figura arrendevole, spesso criticata per la sua acquiescenza nei confronti di Hitler, che gli valse dispregiativi come "Generale Jawohl" (generale sì) o il malfamato "Lakai" (lacchè) con Keitel per formare "Lakeitel". Un gioco di parole molto azzeccato. Numerose le testimonianze, anche raccolte nel dopo guerra, confermano che il Feldmaresciallo veniva chiamato da tutti in questo modo.

Il procuratore capo americano presso il Tribunale Militare Internazionale di Norimberga, Robert H. Jackson così ebbe a dire a proposito di Keitel: "Questa marionetta debole e volitiva ha consegnato un potente esercito, strumento di aggressione, al partito e lo ha indirizzato nelle sue azioni criminali. Nonostante fosse conquistato dall'ideologia nazionalsocialista, ebbe almeno il merito di mantenere una lucidità maggiore di Hitler di fronte alle sconfitte belliche.

CONCLUSIONI

Il ruolo di Keitel rimase alquanto ambivalente. Lo storico tedesco Werner Maser descrive Keitel come un segretario militare che dimostrava lealtà incondizionata verso il Führer, ma che non deteneva praticamente alcun potere. Durante il suo interrogatorio al processo, il testimone Bernd Gisevius ha tuttavia testimoniato:

"Keitel ricopriva una delle posizioni più influenti nel Terzo Reich. Può darsi che, come pensano tutti, Keitel non abbia influenzato Hitler in larga misura, ma devo testimoniare qui e ora che Keitel aveva un'influenza ben maggiore sull'OKW e sulla Wehrmacht. Keitel decideva quali documenti dovevano essere presentati al Führer. Era impossibile per l'ammiraglio Wilhelm Canaris o uno degli altri signori che ho menzionato, presentare un rapporto urgente a Hitler di sua iniziativa. Keitel prese il comando e non trasmise nulla che non gli piacesse o ordinò ufficialmente a questi signori di astenersi dal redigere rapporti simili. Keitel minacciò frequentemente anche questi uomini. Disse loro che dovevano limitarsi esclusivamente alle loro sfere di interesse e che non avrebbe potuto proteggerli in alcun modo per quanto riguarda qualsiasi dichiarazione politica critica nei confronti del Partito e della Gestapo, della persecuzione degli ebrei, degli omicidi in Russia o della campagna contro le Chiese e, come disse poi spesso anche in seguito, non avrebbe esitato a congedare con disonore questi signori dalla Wehrmacht e a consegnarli alla Gestapo. Albert Speer confermò in toto le parole dell'ex ufficiale dell'Abwehr. Un altro biografo ebbe a sottolineare: " Quei tre (Bormann, Lammers e Keitel) formarono formare un cordone invalicabile attorno a Hitler... tutti i militari potevano parlare con Hitler solo tramite Keitel.

Tutto fa pensare a questo: Keitel era un generale nazista. Ebbe come più volte ripetuto, poca influenza diretta su Hitler stesso, ma poiché era lui a stabilire quale capo militare potesse parlare con Hitler e quali documenti gli venissero presentati, era tutt'altro che impotente. Il suo ruolo andava oltre quello di un segretario. Sebbene Keitel non avesse consapevolmente subordinato la Wehrmacht al Führer – quella fu una decisione del dittatore stesso – fece poco o nulla per limitare l'influenza di Hitler, anzi, la ampliò. Qualunque cosa affermasse, Keitel protestò solo molto raramente contro gli ordini criminali di Hitler e anche in quel caso le sue proteste furono deboli. È noto, ad esempio che il numero due di Keitel, Alfred Jodl discusse spesso gli ordini con Hitler, riuscendo a minimizzarne alcuni, tra l'altro temporeggiandoli. Keitel, d'altra parte, invece non ebbe praticamente mai una seria opposizione a Hitler, anzi: aggiunse commenti disgustosi a molti degli ordini di Hitler, come: " *In Oriente, una vita non vale niente*". Certo, anche se avesse protestato con veemenza, probabilmente non avrebbe fatto molta differenza, dato che gli ordini sarebbero stati impartiti comunque. Per Keitel l'obbedienza era una virtù innata. Il suo atteggiamento nei confronti di Hitler di sottomettersi al punto da guadagnarsi persino la derisione dei colleghi.

Le sue parole dopo la guerra sono esempi di autocommiserazione: " *Non avevo alcun potere e come avrei potuto essere a conoscenza dei crimini?* " Senza di lui, i crimini di guerra sarebbero stati commessi comunque, ma non fece nulla contro gli ordini criminali di Hitler e fu un esecutore volontario dell'aggressione e della violenza nazista.

▲ Il feldmaresciallo Wilhelm Keitel in compagnia del feldmaresciallo Erwin Rommel, e Robert Ley. Archivi Polacchi PD

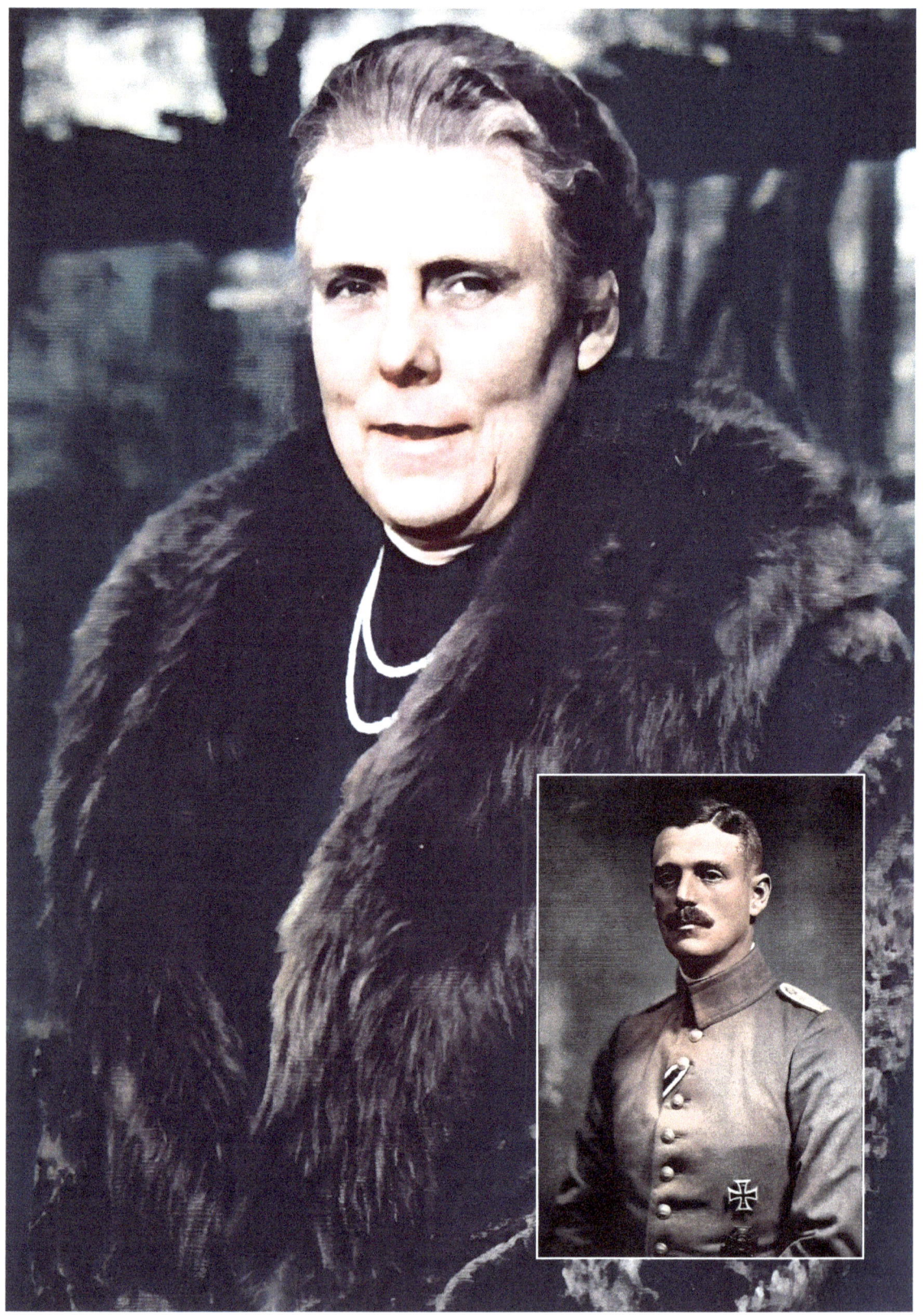

▲ La moglie di Keitel, Lisa Fontaine (1887-1959). Donna forte e ambisioza, fu sempre accanto al marito e gli diede ben sei figli. Nella foto piccola: il giovane tenente Keitel a inizio carriera militare.

INDICE

Prefazione - Wilhelm Keitel il mancato contadino sassone .... Pag. 5

Capitolo 1 - Come Keitel diventò capo del OKW a seguito di due scandali .... Pag. 11

Capitolo 2 - 1938-1940: dall'annessione austriaca alla campagna di Francia .... Pag. 23

Capitolo 3 - Preludio all'attacco alla Russia (1940-1941) .... Pag. 67

Capitolo 4 – La campagna di Russia 1941-1943 .... Pag. 93

Capitolo 5 - Estratti dalle lettere di guerra di Keitel alla moglie .... Pag. 109

Capitolo 6 – L'attentato del 20 luglio 1944 .... Pag. 113

Capitolo 7 - Gli ultimi giorni con Adolf Hitler – 1945 .... Pag. 115

Capitolo 8 – Riflessioni finali .... Pag. 145

Considerazioni finali .... Pag. 151

www.ingramcontent.com/pod-product-compliance
Ingram Content Group UK Ltd.
Pitfield, Milton Keynes, MK11 3LW, UK
UKHW060216240426
12048UKWH00030BB/1697